U0908227

崛起的長興島

——長興島的故事

《崛起的长兴岛》编委会 编

文匯出版社

图书在版编目(CIP)数据

崛起的长兴岛：长兴岛的故事 /《崛起的长兴岛》编委会编. —上海：文汇出版社，2015. 3
ISBN 978 - 7 - 5496 - 1427 - 1

Ⅰ. ①崛… Ⅱ. ①崛… Ⅲ. ①岛—概况—崇明县
Ⅳ. ①K928. 44

中国版本图书馆 CIP 数据核字(2015)第 050357 号

崛起的长兴岛

——长兴岛的故事

编　　者 /《崛起的长兴岛》编委会
责任编辑 / 文　夫
特约编辑 / 蔡德忠
总 策 划 / 周早根
装帧设计 / 周作诗　陆关涛
封面题字 / 朱昕英　黄　杰
插　　图 / 黄　杰

出版发行 / 文匯出版社
上海市威海路 755 号
(邮政编码 200041)
经　　销 / 全国新华书店
排　　版 / 南京展望文化发展有限公司
印刷装订 / 上海新岛印刷有限公司
版　　次 / 2015 年 3 月第 1 版
印　　次 / 2015 年 3 月第 1 次印刷
开　　本 / 787×1092　1/16
字　　数 / 310 千
印　　张 / 16. 75

ISBN 978 - 7 - 5496 - 1427 - 1
定　　价 / 58. 00 元

编 委 会

主　　编： 徐惠忠

编 委 会： 徐光明　徐亚军　樊敏章　张　宝

陈忠才　孙关明　王金山　徐忠如

序　一

沈祖炜

浩浩长江，西起青藏高原，奔流六千三百余公里，汇入了浩瀚的大海。

就在长江的入海口，上游来沙日积月累，沉积形成了如今的崇明三岛：崇明、横沙和长兴。其中长兴岛，最初是1842年露出水面的石头沙，而后又由鸭窝沙、圆圆沙、金带沙、潘家沙、瑞丰沙等小沙岛逐渐成形。经过一百多年的圩田围垦，这些小沙岛终于连成一片，成为面积达185平方公里的长兴岛。这里曾经是闻名于世的长寿乡、生态乡，盛产柑橘的上海后花园。

长兴岛是天工造物，是大自然的伟力造就的；长兴岛又是人力所为，是人类顺应自然规律，改造自然的结果。这两条都会激起我们由衷的赞叹！

得天独厚的自然环境和地理位置，注定长兴岛会成为上海城市发展和长江开发的战略空间。在改革开放和上海国际化大都市建设的进程中，长兴岛迅速崛起。上海市人民政府设立了长兴岛开发办公室，统筹长兴岛的规划与开发。上海人民的重要水源地青草沙水库在这里建成，长江口越江隧桥将上海中心城区与长兴、崇明岛紧密地勾连了起来。中国近代工业史上地位显赫的江南造船厂从黄浦江畔迁到了这里．生产大型港口机械的振华港机也在这里落户了。长兴岛东南岸的深水岸线成为现代海洋装备产业基地。正是这些重大工程，大大提升了长兴岛在上海城市功能布局和产业布局中的地位，同时加快了长兴岛工业化、城市化的步伐。原来长兴岛上长兴乡和前卫农场两个行政区下辖的农村地区，现已迅速走上了城乡一体化的发展道路。踏上如今的长兴岛，仍然可以领略风光旖旎的乡村美景，但也能感受到这里奔腾着现代化的洪流。

长兴岛正处在这样一个重要的历史转折点上。一些有识之士深感有责任把一百多年来长兴岛的历史记录下来，特别是长兴岛人的奋斗故事应该成为激励后人的精神财富。于是，在长兴镇党政领导的支持下，各位编委群策群力，发动了在长兴岛上工作过的老领导、老同志，以及土生土长的长兴岛人，一起打开记忆的闸门，让沉淀在脑海深处的各种历史信息汩汩地流淌出来。按照编委会的设计，各位撰稿人围绕长兴岛的历史沿革、物产风俗、人物业绩等主题，以自己亲历、亲见、亲闻，结合所思所感，直诉胸臆，于是这本融各种体裁的文稿于一体的《崛起的长兴岛——长兴岛的故事》问世了。同早先印行的《崛起的长兴岛——长兴儿女话长兴》堪称姐妹篇。这本长兴岛的故事分为历史篇、纪实篇、风情篇、诗歌篇、英模篇，就像一幅描绘长兴岛崛起的全景图。特别令人感动的是，几乎所有撰稿人都饱含着对故乡(或第二故乡)的一片深情，在记述长兴岛的各种动人故事的同时，也倾诉着自己的真情实感。这既是当代人对长兴岛历史的一个交待，更是对长兴岛未来的一种期许。我觉得这本书不啻是一种长兴岛的乡土教材，值得长兴岛人阅读，而且它的出版将大大丰富地方史志的内涵，在存史资政方面留下有意义的篇章。

说到长兴岛的发展前景，我觉得很有必要将这个岛屿放在长江黄金水道、长江沿江经济带大开发的国家战略上加以评估。上海是长江流域经济发展的龙头，港口的建设是最重要的战略支柱之一。此时，我不能不提及中国工程院院士、华东师范大学河口海岸研究院创始人陈吉余教授提了多年的一项战略性建议。陈院士指出，长江河口的南港—北槽深水航道已建成的两条向河口外伸近50公里的导堤，极大地改变了长江河口原有的动力结构，如果依托这两条深水航道，在长江口外深水区域建一个人工岛，把横沙东部的滩涂吹填起来，就可以与横沙、长兴一起，形成一个约500平方公里的河口串珠状岛群。在这里可以建20米以上的深水港区，可以建新的开发区。如果陈院士的建议能够付诸实施，那么既为上海拓展了发展空间，足以解决港口资源和土地资源不足的困难，也为长兴岛以及崇明、横沙的进一步发展画出了新的坐标。长兴岛一定会乘势而起，成为世界最大港口的后方基地。

我们这一代人真是有幸，经历着巨大的社会进步和历史发展。《崛起的长兴岛》记载的就是长兴岛的进步与发展。遵该书编委会之嘱，写上一些感想，权充序言，也是我对该书出版的衷心祝贺。

2014年春于上海

(作者为上海市文史研究馆馆长)

序　二

郭树清

四月的长兴岛，春意融融，春暖花开。我捧读着《崛起的长兴岛》的书稿，应作者的邀请来到长兴岛。从上海市区出发，仅用40分钟的时间就到了长兴岛。放眼望去，在暖阳的照射下，江面上波光粼粼，一片金黄，氤氲的水汽蒸腾着一幅海市蜃楼般的幻影，如纱如雾，恬静、婉约、旖旎。展现在眼前的是一片秀美的田园风光，清波荡漾的河道镶嵌在大片的绿野平畴之中，宛如少女的明眸脉脉含情。村树含烟，阡陌纵横，屋宇错落，宛若陶渊明笔下“芳草鲜美，落英缤纷”的桃源画境。举目四周，绿也如翠，橘花怒放，桃花若霞，梨花如云，那一块块油菜花金黄灿烂，麦苗葱绿，柳树依依，迎风摇曳，艳丽夺目，美不胜收。站在橘树旁，芳香扑鼻，吸一口，馥郁透骨，心境灿烂，仿佛走进了一幅笔墨秀润、清淡雅致的中国水彩画中的感觉。

我的故乡在崇明岛，与长兴岛一江之隔，虽然小时候曾来过长兴岛，以后，又随着长江隧桥的建成，这里成了我回崇明岛的必经之路，但多是路过错过，对长兴岛知之甚少。读了《崛起的长兴岛》一书，如一股暖暖的春风和着浓郁的乡土气息扑面而来，不仅使我感知感悟长兴岛，而且有种让我对乡土情愫怀有袅袅然牵扯不断的感觉。

长兴岛自1848年起开始围垦，并于1949年新中国成立后，通过自然淤积和人工围填，逐步由潘家沙、石头沙、金带沙、鸭窝沙、瑞丰沙、圆圆沙等七个小沙洲连成一体的海岛，有着优越的地理位置和自然环境，四季分明，气候宜人，资源丰富，素有“橘乡”、“净岛”、“长寿岛”之美称。长兴岛是一个文明的海岛，长兴岛人勤奋、吃苦、耐劳、务实、低调，其性格如地名那样明敞、开阔、大气、热情。长兴岛是一个繁荣的海岛。过去潮来一片汪洋，潮去成野草莽莽的荒冢累累之地，如今，高楼际天，绿荫遍地，花团锦簇，交通发达，民风淳朴，社会安定，人民生活富裕。

艺术源于生活，而对艺术的感知力同样源于丰富的生活。作者走进生活，深入生活、观察生活、体悟生活，不断地升华自己的境界，将生活的碎片在自我内心得以重组，这是他们发现美和挖掘美的过程。纵览《崛起的长兴岛》一书，题材丰富，内容详实，有历史岁月的回溯，有人间真情的倾诉，有世态风情的描绘，人们从一条老街、一座老宅、一个家族的盛衰、一个普通人的命运以及一片芦苇、一片竹林、一块田园、一个农庄的演变，或是叙事，或是状物，或是抒情，从中窥视岁月的沧桑，辨识历史的履痕。特别值得一提的是，从那乡音、乡情、乡俗的感性文字中，让人获得了宛然在目、身临其境的真切感受和率真自然的盎然情趣。

生活原来就是一部书，需要人以体验“阅读”。《崛起的长兴岛》一书的编写者，大多是在长兴岛工作岗位上退下来的老领导、老同志，土生土长的长兴岛人。过去，他们满腔热血建设长兴岛，而今，兴致勃勃地发挥着余热。书中记录的历史沿革、风流人物、田园风光、物产习俗、生态资源和发展前景等，他们既是亲历者，又是缔造者。

乡心抒乡土，文字感真情。倾注许多作者心血的《崛起的长兴岛》一书，喷着热情、吐着泥香，散发着阳光的色彩和温暖。乡人们款款走来时，她娓娓倾拆着长兴岛的前世今生，塑造长兴岛的形象，展示长兴岛的风采，向广大读者传递着春天的信息。

2014 年春于上海

（作者为上海市房产经济学会副会长、上海市作家协会会员）

前 言

徐惠忠

绿色海岛，蓝色梦。江海明珠新长兴，这块风景四季如画，并有得天独厚的深水海岸线的地理位置和“三净”的长寿宝地，如今正以海洋装备岛基地领军的崭新雄姿向世人展示出气壮山河的战略风采，呈现新常态化发展的一道又一道风景线。

在去年出的《崛起的长兴岛——长兴儿女话长兴》书稿基础上，经过大家的努力，时隔一年，《崛起的长兴岛——长兴岛的故事》一书又与读者见面了。这是一本记述长兴岛人文的书，其出版，是值得海岛儿女庆贺的一件喜事。本书从不同的视角生动地反映了长兴人民的历史沧桑，并见证了海岛惊人的巨大变化。它以朴素而简洁的语言热情颂扬了长兴人民勤奋勇敢的执著意志，以及建设好家乡的坚定信念和表现出的智慧力量。书中“围田建海岛，圩名留青史”、“乱世厚卜镇”、“唱支山歌给党听”、“长兴岛功能变奏曲”、“一座摧不垮的钢铁长城”(海塘)、“镇浪荡”、“爱的奉献”、“一位痴情于学前教育的奇人”以及“长兴方言”等文章，字里行间都深深的洋溢着浓厚的乡土气息。这些文稿大都是长兴土生土长的“土作家”所写，让人倍感亲切。

当然，《崛起的长兴岛——长兴岛的故事》一书从筹划到编辑的过程中，还存在着一些不尽如人意的地方。但不论怎样，该书还是有许多引人入胜之处，若静下心来细读一下，一些鲜为人知的动人故事和独特的世间感言，会让你豁然打开亮堂堂的心灵窗户。

《崛起的长兴岛——长兴岛的故事》一书，从策划到编辑出版，有幸得到上海市文史研究馆馆长沈祖炜、上海市作家协会会员郭树清的指导。本书得以成书，离不开长兴镇党委、政府的大力支持关怀以及有关人士的热情赞助。此外，著名书法家朱昕英还特意为本书题写书名，文广站黄杰题写副标题。在此，我谨向为该书付出辛勤劳动的各位作者和热心的读者朋友们一并表示衷心的感谢和崇高的敬意。

最后我衷心地祝愿家乡的儿女一代更比一代强，长兴岛的明天一定会更加灿烂！

2014 年秋于上海

目录 Contents

风情篇

诗歌篇

英模篇

历史篇

长兴岛的历史，是一部抗争史、奋斗史、创业史和发展史。从一百七十多年前的荒无人烟的小岛发展到今天高楼林立、车流如梭、风景如画的“小上海”。

尽管“历史篇”收录的文章不多，但以管窥豹，可见一斑。从“围田建海岛、圩名留青史”一文中可以领略长兴农民战天斗海的豪迈气概；从“乱世厚朴镇”的娓娓描述中，可以真切地领略到旧社会的真实面貌，懂得人民群众是真正的历史创造者。如今，历史又翻开了新的一页，人们正以前所未有的热情在创造着新的生活，新的梦想，新的世界。

长兴岛的诞生

袁仲明

万里长江，从它的源头青藏高原出发，跨过高山、穿过峡谷、越过平原，一路蜿蜒东去，流入大海。

滔滔的长江水当它的最后一刻来到宽阔的入海口时，水的流速完全放缓，江水中挟带的大量泥沙终因流速放慢而逐渐沉淀下来。这些不可估量的泥沙日复一日、年复一年积淀在了它的入海口，并与西奔流向的东海潮水相互交融、相互作用，慢慢地形成了许多大小不等的泥沙堆积体。当这些泥沙堆积体愈积愈大、愈积愈高露出江面、露出海面后，它们就变成了在地质概念上的一个个形态各异的泥沙小岛。

这些大小不一的泥沙小岛最先出现在它入海口的近处，继而向它入海口的远处扩展、伸延。崇明岛的西北端是长江入海口的最近处，因而崇明岛成形的时间最早，它早在公元620年前就已露出了水面，现成为了我国的第三大岛。

在崇明岛的南面，成形时间晚于崇明1 200年左右的长兴岛，也是一个由鸭窝沙为中心的多个小沙岛汇合而成。现岛域面积185平方公里。

在崇明的东南方向，长兴岛以东，地处长江入海口最远最外端的横沙岛，成形的时间最晚，沙岛的面积也最小。现岛域面积52平方公里。

综观崇明、长兴、横沙三岛形成的原理、形成的时间、沙岛胎体成形的过程以及成形后的地质、地形、地貌，无一不是长江入海口的泥沙长期积淀的一个结果，这是有科学依据的一个结论。

在这个科学的结论里，已经回答了一个问题，万里长江是孕育长兴岛的一位伟大的母亲，长兴岛是万里长江的一个儿女。

一个岛的形成，是大自然因果作用力的一个显示，是大自然的一个馈赠。但就这样简单地一个解释和结论，显然是不完整的。因为在大自然的因果作用力之外，还有人的因素。是人将这些分散的泥沙小岛紧紧地连结在一起，是人将这些游移不定的沙岛彻底地稳固下来，并还有办法，能叫它“日长夜大”。就今日长兴岛形成而言，人的因素相当大。

地域面积 185 平方公里的长兴岛，它的形成和稳定里面凝聚了大量人的力量，如果没有人去造就它，或者说，如果没有成千上万的长兴人组织起来去挑泥、筑岸垦拓它，去筑丁坝、去筑海岸护坡打造它，那么可以想象，这些仅靠泥沙积淀成的小沙岛，今天也许还是一百多年前的那个老样子，这些沙岛上依然是水草丛生、荒毛野荡，也有可能，原来的这些沙岛早被东海潮水的暗流冲毁，不见了踪影。

据史料记载，长兴岛雏形露出海面的时间约在公元 18 世纪初至 19 世纪中叶。在最先露出海面已有几十年的石头沙上，粮户黄志石招募民工挑泥筑岸围起了第一个圩田，这是长兴岛上最早围垦的首个圩田。自 19 世纪中叶至 20 世纪初叶的六七十年间又相继围垦了“鸭窝沙、圆圆沙、金带沙、潘家沙、瑞丰沙”等大大小小的二百多个圩田。这几十个大小不等的圩田又逐渐连结一体，并起名叫“长兴沙”。长兴沙是长兴岛早期的名字，直至今天始终没有变更过。

长兴岛是谁起的名，没有史料记载，难于考证。打开中国地图，人们可以看到，以“长兴”二字命名的地方有三个，一是浙江的长兴、二是辽宁的长兴、三是上海的长兴。三个地方一样的名字有着三个不一样的地质地貌，辽宁的长兴也叫长兴岛，而以长兴二字命名的地质结构是沙岛的、地处长江口的长兴岛在我国则是独一无二的。“长兴”这个名字响亮有深意，无怪乎，同名同姓的我国有三个。

长兴岛上所有的圩田都是由一条条海岸为屏障，以阻挡潮水的侵袭。毋庸置疑，没有海岸，就没有长兴岛。据较完整的统计，截至 20 世纪 70 年代末，岛上三百多条纵横交叉的内圩、外圩的海岸它的总长有五百多公里，其中环岛海岸近八十公里，三百多条的海岸还不包括在 20 世纪前后已经坍淹江中的几十条海岸。这长五百多公里海岸的泥土全是人用铁锹、扁担、泥箩作为工具，用肩膀一担一担挑出来的。可以说，这几乎是长兴的先辈们前后花了一百多年的时间逐年围筑起来的，是几代长兴人用汗水、鲜血和生命垦拓出来的。

依岸高 8 米，岸顶宽 5 米，岸底宽 20 米来估算，这五百多公里长的海岸总量有多少立方米的泥土？这个计算出来的数字是惊人的。而且，在这个惊人的数字里，没有半点机械动力的作用参与其中，纯粹都是人的本身的力量。这种力量凝聚的是一个创举，是长兴人开天辟地的一个伟大创举。

历史昭示人们，人的力量是强大的，人的力量也是有限的。只有当人正确地认识自然,顺应自然的客观规律,又去积极地应对自然,那么人与自然的一切才会发生巨变。

长兴岛诞生的同时,也诞生了一种精神——一种长兴精神,一种长兴人不惧劳苦,前赴后继,奋斗不息的崇高精神。

(作者为崇明县文史研究会会员)

围田建海岛　圩名留青史

陈忠才

翻开长兴岛的历史画卷,变迁的过程历经沧桑。那么,让我们从长兴岛的先辈们围垦的数百个圩中领略一下他们的豪迈气概,顺应自然的伟力……

北兴村:

解放圩是长兴岛家喻户晓、最有名气的一个圩,位于北兴村中部,村委会所在地,东南距镇政府约 1.5 公里,1950 年由中国人民解放军组织围垦,故名。

境内共有六个圩:解放圩、德兴圩、德盛圩、三村圩、联合圩、工人圩(其中工人圩与光荣村相连接,德兴圩与先锋村相连)。

光荣村:

十年圩位于光荣村中部,村委会所在地,东南距镇政府驻地约 2 公里,1959 年围垦成圩。因时逢国庆十周年,故名。

境内共有四个圩:十年圩、交通圩、小交通圩、工人圩。

先锋村:

新增字圩位于先锋村南部,村委会所在地,东距镇政府驻地约 0.5 公里。原为老增字圩坍塌部分,民国十一年(1922)重建,故名。又名外增字圩。

境内共有五个圩:新增字圩、艺字圩、老开荒圩、老增字圩和七圩。

先进村:

田福圩位于先进村中部,村委会所在地。东距镇政府驻地约 500 米。1921 年成圩。

境内共有 13 个圩:田福圩、四圩、小原字圩、八圩、先进圩、劳动圩、徐春富小圩、新开荒圩、勤俭圩、福字圩、稻字圩、德林圩、大原字圩(其中大原字圩与丰产村连接)。

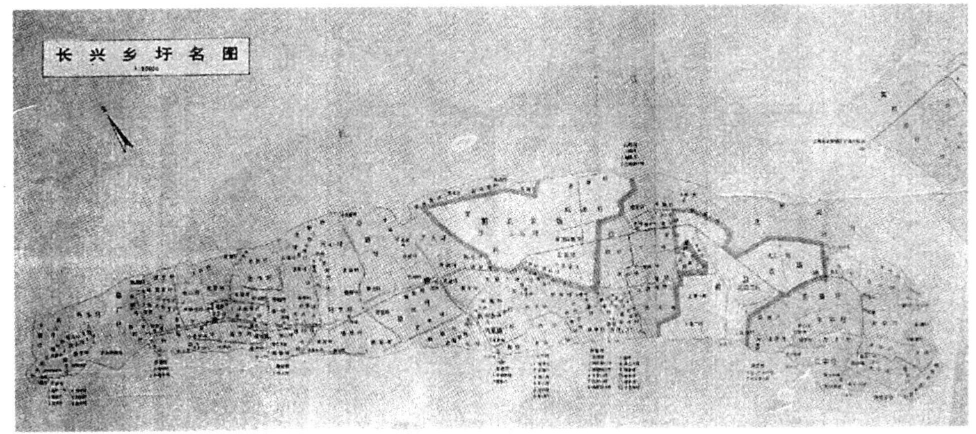

丰产村:

徐小圩位于丰产村东北部,村委会所在地。距镇政府驻地约0.5公里。民国四年(1915)由徐姓围垦成圩。规模小,故名。

境内共有18个圩:徐小圩、洪桥圩、桂字圩、原德圩、渡口圩、周小圩、坟墓圩、芹字圩、兴字圩、庆字圩(与新港村相连)、牛棚圩、五星圩、老圩(1844年围垦成圩,是长兴岛鸭窝沙上围垦最早的第一个圩,故名)。还有六圩、长小圩、三角圩、大原字圩(与先进村连接)、马小圩、德林圩(与先进村连接)。

红星村:

利字圩位于红星村北部,村委会所在地。距镇政府驻地4公里。民国三十三年(1944)由南汇人张阿六招人围垦成圩,取圩名。

境内共有八个圩:利字圩、德隆圩、德祥圩、德茂圩(又称讨饭圩)、南兴圩、固字圩、长字圩和小南兴圩。

长征村:

河形圩位于长征村西北部,村委会所在地。东南距镇政府驻地约4公里。原为支河,1964年切断通往长江的出口后围成圩,故名。

境内共有九个圩:河形圩、爱国圩、建国圩、弄堂圩、同心圩、协兴圩(与团结村连接)、小同心圩、北新圩、生建圩。

团结村:

永字圩位于团结村东北部。民国十四年(1925)由崇明人张关永组织围垦成圩,故名。

境内共有18个圩:永字圩、互助圩、丰字圩、大三圩、小三圩、十八圩、小八圩、永隆圩、协兴圩、祥字圩、崇一圩、崇二圩、崇三圩、崇四圩、崇七圩、合作圩(与潘石村连接)……

潘石村:

长字圩位于潘石村北部,村委会所在地。东距镇政府驻地约 6.5 公里。民国十三年(1924)围垦成圩,故名。

境内共有 14 个圩:长字圩、增建圩、增产圩、崇一圩和崇二圩(与团结村连接)、洪字圩、团结圩、合作圩、北兴圩、永隆圩(与团结村连接)、小长字圩、永兴圩(与建新村连接)、丰产圩、友谊圩。

建新村:

小地字圩位于建新村西部,村委会所在地。东南距镇政府驻地约 8 公里。民国三十五年(1946)围垦成圩,故名。

境内共有八个圩:小地字圩、进步圩、永兴圩、平字圩、水巡圩(与创建村连接)、小长字圩(与潘石村连接)、长字圩(与潘石村连接)、友爱圩。

创建村:

小安字圩位于创建村东南部,距镇政府驻地约 7 公里。民国十七年(1928)围垦成圩,故名。

境内共有 22 个圩:小安字圩、小地字圩、大地字圩、大年字圩、小年字圩、小有字圩、小星圩(又名冰厂圩)、工农圩、大有字圩、三鑫圩、万宝圩、水巡圩(与建新村连接)、永字圩、合心圩、合龙圩、合群圩、百乐圩(1986 年围垦成圩,以“86”的方言谐音取名百乐圩)、创小圩、远字圩、窑厂圩、联群圩和鸭棚圩。

石沙村:

林字圩位于石沙村中部,村委会所在地。距镇政府驻地约 12 公里。清光绪七年(1881)围垦成圩。前身为林家滩地,故名。

境内共有 19 个圩:林字圩、胜利圩、顶通圩、南恒字圩、倪小圩、慎字圩、德字圩、复兴圩、杨兴圩、坑郎圩(又名旱田圩)、光明头圩、光明二圩、庆九圩、西果园圩、刘小圩、西南恒字圩、合字圩、四化圩和天赐圩。

新港村:

楚字圩位于新港村南部,原村委会所在地。距镇政府驻地约 3.5 公里。民国十二年(1923)围垦成圩。

境内共有 35 个圩:楚字圩、祥字圩、周二小圩、油萎圩、拖拉机桥小圩、窑厂圩、第字圩、渡口圩、新港十二队小圩、新港三圩、新港六队小圩和新港六队小洪间、粮字圩、坟墓圩、张家小圩、庄字圩、吉字圩、连字圩、行上圩、庆字圩、正字圩、功劳圩、永字圩、奶牛棚小圩、中康圩、毛豆小圩、长风圩、丰新小洪间、大康圩、门字圩、小康圩、小洪间、小古字圩、小长风圩和小庆字圩。

长明村：

长明三圩位于长明村北部，村委会所在地。西距镇政府驻地约 4 公里。民国三十一年(1942)金带沙上围垦的第三个圩，故名。

境内共有 17 个圩：三圩、小星圩、三角牌子圩、二圩、四圩、老圩(是金带沙上第一个圩)、牛棚圩、老小圩、地远圩、沙小圩、抗美圩、宝太圩、建设圩、南圩、南小圩、瞿祥凤圩和鹅棚圩。

大兴村、庆丰村：

大庆圩位于大兴村、庆丰村境内。西距镇政府驻地约 8.5 公里。1969 年冬季围垦成圩，正值庆祝建国二十周年和中共九大召开，故名。

跃进村：

六十敏小圩位于跃进村北部，西距镇政府驻地约 7.5 公里。东至鳗鲤港，南、西邻前卫农场，纵横各 200 米。1958 年由虹口区农场(前卫农场前身)围垦成圩。

境内共有八个圩：六十敏小圩、西仁字圩、企农圩、红旗圩、信字圩、跃进圩和跃进五、六队小圩(现都被江南造船集团征用)。

同心村：

农建圩位于同心村北部，元东村西部。西距镇政府驻地约 9 公里。系 1956 年元沙围垦的第一个圩。

境内共有四个圩：农建圩、忠字圩、平字圩和仁字圩(现部分被江南船厂征用)。

农建村：

和字圩位于农建村中部，原村委会所在地。西距镇政府驻地约 10.5 公里。民国三十二年(1943)围垦成圩。

境内共有五个圩：和字圩、小新圩、合兴圩、农建圩和农建三队圩。

新建村：

义字圩位于新建村中部，原村委会所在地。西距镇政府驻地约 10 公里。民国三十一年(1942)围垦成圩。

境内共有四个圩：义字圩、炮台圩、新建圩和丁丰窑圩。(现已被中船二期工程动迁征用)

合心村：

天字圩位于合心村中部，村委会所在地。西北距镇政府驻地 10.5 公里。民国十四年(1925)围垦成圩。

境内共有六个圩：天字圩、天字小圩、地字圩、西地字圩、孝字圩和丁丰窑圩(与

新建村连接)。(现已被中船二期工程动迁征用)

丁丰村:

平字圩位于丁丰村中西部,西北距镇政府驻地 9.5 公里。民国三十六年(1947)围垦成圩。现部分已被中船二期工程动迁征用。

境内共有五个圩:平字圩、合作圩(与元东村连接)、孝字圩(与合心村连接)、忠字圩(与同心村连接)和天子圩(与合心村连接)。

海星村(又称长兴渔业村):

仁字圩参见同心村仁字圩。民国十六年(1927)围垦成圩。(将被中船集团动迁征用)

元东村:

合作圩位于元东村东北部,西北距镇政府驻地 8.7 公里。1962 年围垦成圩。

境内共有三个圩:合作圩、毛竹圩、合心圩(与农建村连接)。

前卫农场:

小五星圩位于前卫农场西南部,东邻长明四圩,南至渡口圩,北接五星圩,1958 年围垦成圩。

境内共有六个圩:小五星圩、工农圩、三高新圩、五星圩、跃进圩和金沙圩。(部分已成海洋装备配套基地)

经历史考证,长兴岛最早围垦的圩岸是光绪二十三年(1843)石头沙上第一个圩。鸭窝沙上(1844)围垦的第一个圩(俗称老圩)位于今丰产村境内。南沿今中海船厂基地连接长江,北至六圩,东西长 1.12 公里,南北宽 700 米。那么,如果您是生在新社会、长在红旗下和共和国一起成长过来的人以及一些上了年纪的老前辈,都会清楚的记得在今创建村水闸南侧与石头沙东南沿万人挑大坝刹灌宫的热烈而又壮观的劳动场面。接下来是 1986 年位于创建村与石沙村之间,南北均临长江,东西长 900 米、南北宽 1 000 米,以“86”的方言谐音取名的百乐圩。随着时代发展,技术进步,十几年前长兴供电公司(长兴电厂)在先进村北沿头围垦的梦思园所在地取名叫电厂圩和前几年在岛的东北沿原长征圩(已坍塌)重新围垦的圩(马付元组织招人)都是用吹沙灌浆技术进行围垦,面积 4 000 亩左右。

忆往昔峥嵘岁月,看今朝百尺竿头,更进一尺。当您掀开这篇史记的时候它会带你走进过去的那些艰苦岁月,并让您深切地感受到我们的祖辈们是那样地勤劳勇敢、艰苦奋斗、脚踏实地,硬是用泥络扁担两头担土,在那潮来一片白茫茫,潮落一片水汪汪的滩地上围圩造田求生存。那种执著而艰苦的劳动场面,正是古人描写的“白浪茫茫与海连，平沙浩浩四无边，暮来朝去淘不住，遂令东海变桑田”那样充分有力地概括了长兴岛的历史沧桑。这里，我们千万不要忘了过去的先辈们是如何用肩膀担土围滩造田的艰苦岁月。率先带头在长兴岛上围垦造田的先后有：黄志石、陆吉恒、刘洪奎、杨贞松、倪小毛、张关荣、杨鸿兴、瞿祥凤、黄兆禄、沙玉珍、龚志贤、沙金达、朱竹舟、顾品祥、黄老洪、汤宝其、张锦周、顾维新、张阿六、徐应发、周二良、周二狗等徐姓、丁姓、马姓和林姓。最有名气的是中国人民解放军组织围垦的解放圩，男女老少都知道，但它的来历很多人都还不太清楚。还有原市交通局、上棉二厂等工人组织围垦的圩名知道的人就更少了。

忘记过去，就意味着背叛。先辈们打下的基础，后辈们永远不会忘记：他们的业绩将与世长存。

乱世厚朴镇

樊敏章

说起厚朴镇,年纪稍大一点的人都知道,它位于长兴岛鸭窝沙南岸,今新港村12～13组之间。随着时代变迁,它已经消失得无影无踪,留在人们记忆中的只是关于厚朴镇的一些传说。

一、小镇之由来

据长兴乡志记载:厚朴镇始建于1880年左右,距今有一百三十多年的历史。它位于新港村的三圩港。当初有个叫袁云山的人,居住在这里,称称柴,做做卖鱼生意。后来人们纷纷将自己的东西拿到那里交易,渐渐形成集市。就这一部分的记载不能真正体现厚朴镇的来历。笔者曾于2000年前访问过当时90岁、原住居民顾伟功老人(当地人都叫他顾老末)。据顾老伯说,厚朴镇起初叫"旱卜镇"。为什么叫"旱卜镇"?因为当初条件艰苦,大家聚在这里,搭点柴棚屋,做点小买卖。做生意的有:渔民、当地居民、渔商、小贩,还有一些是来自全国各地靠泊在这里的船民。由于历史的原因,更有一些土匪、游击队等各路人马鱼龙混杂于此。"旱卜"是长兴方言"旱吃卜赌"中的两个字,意思是将就将就。这就是说,人家在这里做做生意,"寒度寒度"、"将就将就"。

清朝末年某一天,崇明有个沈探花(清时科举榜名)来到"旱卜镇",觉得这个地名比较俗气,就将"旱卜"二字改为"厚朴",寓意厚道朴实,如此而得名。然而,不知哪一年,又有人觉得这个名字还是不好,仍是"旱卜"的谐音,易被误解,故改名为东兴镇,但当地居民不把它叫作"东兴镇",只叫作"东镇"。当时,鸭窝沙上有两个比较出名的镇,西为陈家镇,东为厚朴镇。因其地理位置在东,故为东也;兴,当时的

厚朴镇一角

厚朴镇已是较繁荣兴隆的小集镇，故为兴也，二者相合，取为镇名。

三圩港纵深 4 华里之多，在镇的中间向西又有一条横港。经过一百多年的海浪冲刷，三圩港已经缩短了一半之多。它面向长江口，这里具有十分丰富的渔业资源，是咸水和淡水的交汇处，因此多种鱼类的繁衍都要在这里路过，有的长期在这里生存。渔民从圩港内航船出发，向上可以捕捞到江苏的浏河、靖江、江阴一带，向下可以直达东海。因此吸引了大批的渔民前来捕捞，渐渐地三圩港成了长兴岛名副其实的渔港。过去，海星村的渔民就生活在这里。

笔者近日又访问了现今 89 岁的原居民黄竹梅和现已 84 岁的沙根才二位老人，他们对镇上的店家作了详细的介绍。原"厚朴镇"所开的店家有：汤二郎公司茶馆(合伙经营的，由陆发郎管理)、顾老末茶馆、黄从文茶馆、周金奎茶馆、倪友才茶馆；河东有陆和尚茶馆、张品郎茶馆店，河南有唐胜华茶馆、徐桂香茶馆、沙玉珍称鲜、龚志元南货店、郁钱郎肉店、黄早林杂货店、陆三郎豆腐店、毛香郎羊肉馆、沙龙海鲜行、陆老虎旅店、陈杏江盐店、陶品郎豆腐店、王金元早饭店、沙和尚杂货店、黄才奎豆腐店、顾才荣早饭店、茶馆店、陆连大杂货店、黄仲文旅店、北沙人染布店、沙金达轧米厂、粮店、陈才郎药店(人称药材郎)、杨胜甫铜匠店、宋庙发什货店(店名招牌宋长顺)、黄文甫糖担、蔡根甫糖担、陈志元木匠店、郁文周理发店、徐小元理发店、俞永福称鲜、陈洪才月饼店、吴杏青药店、朱祝仙杂货店、吴玉成杂货店、郁志明杂货店、马贵发杂货店、吴大海打铁店，等等。镇上有长兴岛第一所国立长兴小学、庙宇一座，供奉着孟姜菩萨，管理者杨志成。镇东 200 米处有天主教堂一座，管理人黄再清、陈文秀夫妇。由此可见，当时的厚朴镇非常热闹和繁华了。

二、芦荡泛潮汐

芦荡海滩，从三圩港向东绵延十几公里直达圆沙尽头，再向前看白茫茫一望无边。一张张渔网在太阳映照下，泛着闪闪白光，每张渔网以百米开外的距离间隔开来，有序地散插于海滩之上，遥望甚为壮观。渔网的北面是一片片野生的关草、朴草、野茭白和芦苇，从"水白滩"上开始生长，依次排列，成梯字形直达岸边。大约一二里路不等，均有一条自然的小港，隐没在芦苇荡里。成群的水牛放牧于此，水牛啃食着鲜嫩的水草，就像一部收割机，舌头一卷一卷"哗嚓哗嚓"地卷割着，悠然地甩着尾巴，扑打着牛背上的马蜂蝇，并时而低头吃草，时而昂首张望。

……渐渐地，海床开始骚动，发出风卷大树时断时续的"沙……沙……沙……"声，那声音能传出五六里远。人们称之为"海床响"。潮水开始涌动，远处烟波浩渺,突然前方竖起一道白浪,足有一米多高,那是潮头,潮头成一字形排开,异常猛烈,犹如一群脱缰的牯牛,狂奔而来;似月亮之手驱动着它,从下游推向上游:潮头过后,潮水又像疾速奔跑的牛背,一跃一跃地,滚滚向前,潮流携带着泥沙和成群的鱼儿,但见水面上不时地跃起许多条鱼,大的四五斤,小的鱼孙拇指大,“咯咯咯咯”地追逐着……然后分散到草滩、芦荡和小港深处去了。

三、野荡见渔人

每当鱼汛来临之际,渔民们都要进行一番隆重的仪式,竖着幡旗,穿着袍衣,摆出香案,供着猪头,面向大海,一位长者手持法器,作法似的口中念念有词:“……哩哩米,喇喇来,小余鱼(凤尾鱼)白虾满网来,芦根头奈丝氽开来。”一帮子渔民紧跟着群起而念,祈求圣灵保佑,出海平安,祈望着丰收。那场面就像赶庙会一样热闹,念过两天两夜经文之后,便驾驶着斗篷似的行风船出海捕捞去了。但见那船头顶上白浪滔滔,小船忽隐忽现,每当分撒渔网之时,小船就像在龙头上跳舞,虎口中拔牙,凶险万分。然而不管怎样,每年都有渔船倾覆海中,时常出现翻船人亡事故,那凄惨的场面让人撕心裂肺。

到了清明时节,渔民们将血红的渔网,由北向南往海里延伸,每张渔网以百米开外的距离间隔开来,竖立于海滩之上,远远望去甚为壮观。等到海水消退之后,只见那渔网上挂满了刀鱼,雪白一片,在清晨的阳光照耀下,闪烁着亮晶晶、明晃晃的光。这时的帆船、渔网和海滩在春风的吹拂下,看上去蓬蓬勃勃、一片生机,如画一般,给人以一种身处仙境的感觉。当渔民满载而归的时候,总有儒老幼童倚依在岸边一角,焦急地等待着。

上岸之后,将鱼儿分散到各处渔行,过后,男人们来到酒店、茶馆,喝酒的来盆花生米、几片豆腐干,再弄点猪头肉,比划着行酒令:“六六大顺七匹马,八仙过海满堂红。”茶馆内总有一男一女两个人,男的手持三弦,女的抱着琵琶弹奏出“咚咚隆咚咚,咚咚隆咚咚”的开场曲,说唱着薛仁贵征东,小方卿落难唱道情的评书,其乐曲悠扬动听,渔民们这才如释重负,缓解了数日的疲劳。这真是:**春江景色美,野荡见渔人;孰知渔民苦,帆影风波里。**

四、火烧厚朴镇

厚朴镇上曾经发生过两次火灾。其中一次是 1947 年腊月,是夜时分,一居民在半夜里睡梦中打翻了取暖用的烘缸，火星烧着了被头，点燃了帐子，火苗上窜，燃起了熊熊大火，并借助西北风的威力，顷刻间火光冲天，越烧越猛，全镇居民措手不及。据当事人顾阿婆(顾希良母亲)回忆，在慌乱之中，脑海里唯有拼命抢救自家财物，烟熏火燎中，不管被子还是其他家具，只要能触及的物品，统统扔到家宅边河沟(三圩港)里。事后发觉，自家茶馆店里的茶壶、茶杯都在慌乱中扔河沟(三圩港)里了，真让人哭笑不得。虽然众人全力扑救，终因火势猛烈，无力扑救，只得舍命拼抢各自财物，但见得一片混乱声中，妇幼老弱哭天喊地。正在这时，突然间一户居民家中发出了乒乒嘭嘭的爆炸声，原来还有土匪游击队遗留下来的枪弹，到处乱飞，吓得居民们四野里逃生，那惊心动魄的场面着实难于言表。等到第二天一看，全镇一片狼藉，荡然无存，这真是：**"旱吃卜赌"到如今，百般心血化灰烬！**

五、善人汤二郎

说起汤二郎，此人在镇上开了家公私茶馆(数人合伙)，在上海杨树浦八大段开设渔行，厚朴镇渔民捕捞的鱼，都通过他用冰鲜船运送到上海。汤二郎在三圩港东面的新开港口，有一座冰厂，每到冬天结冰之时，老百姓在冰水田里为其挑冰，储存在冰厂之内，到了夏天取出冰来装上船，然后将鱼放在冰内。这是纯天然的冰，新鲜的鱼，通过冰装，鱼仍然鲜美无比。汤二郎曾经和一批做生意人，其中有朱七斤、周安青，多次将枪支弹药送到苏北新四军根据地。老一辈的人都认为汤二郎是个好人。据他们讲：凡是认得他的穷人，生活困难需要帮助，只要寻着汤二郎，他总能慷慨解囊，奉送与你，不需要归还。

六、暗杀朱庆安

厚朴镇上有个名叫沈云庆的人，是个地主，家有三厢瓦房数间，此宅位于镇的西市梢，今邢爱娟、沈正岳宅地段。沈云庆生有二子，长子名叫沈振祥，幼子名不详，其幼子在一次玩耍枪支时不慎走火自毙了。沈云庆早在 1940 年前就去世了，其宅三面是房，少说也有六七间瓦房，有几间空关着。1940 年某日有个名叫朱庆安的人带着一家老少，其中有妻子、阿舅夫妇及女儿，还有丈母娘等共六人，来到沈云庆家租了几间房子。生活了一段时间后，才知道这朱庆安原来是个土匪游击队队长，因此人家称呼他朱队长。

那是十月初的一个夜晚，旱卜镇上经过一天劳作的人们都已关门打烊了，皎洁的月光笼罩着寂静的渔港，时隐时现的月影透露出几分诡异。沈宅堂屋内亮着油灯，朱庆安独自黯然地坐在八仙桌边，就着清茶一杯，不停地吸着水烟，神情沮丧。或许是逃难生涯勾起了他的辛酸回忆，回忆起自己的坎坷身世不禁黯然神伤。自幼父母双亡，从小跟随一帮混混浪迹街头巷尾，悔不该当初成了土匪游击队长，做了不少坏事，今天总算做了件好事，不禁脸露喜色。正在他喜忧参半之际，突然眼前黑影掠过，头颈凉意直透心窝，来不及回过神来，朱庆安的项上人头已经搬家。待到第二天人们发现，他还是端坐在藤椅里，人头却不知去向，一家六口被残杀了四人，剩下丈母娘和阿舅的女儿，躲在灶口头柴堆里才幸免于难。

后来据说朱庆安是因为向地下党告密才招此杀身之灾，这情景引得四路八脚的人来看：哎呦！那什基个啦(怎么会这样)，作孽作孽，罪过罪过。围观者个个惊骇不已，有胆小的见后，吓得夜里睡不着觉，接连做噩梦。再说朱庆安的人头被杀手取走了，或许是拎着报功领赏去了。这真是：**若看三国与水浒，厚朴镇上样样有。**

七、火拼东洋人

厚朴镇上生活着两种人，渔民和镇民，俗称船上人和岸上人。这两种人虽然来自不同地方，并且语言不一样，却十分融洽，相安无事，从无争斗发生。但是，镇上鱼龙混杂，土匪游击队、海匪、国民党部队是常客，东洋人、日本鬼子也曾光顾，领头的腰间别着盒子炮(手枪)，跟班的手持老步枪，有的土匪背着大刀，横行霸道，地方势力“维持治安”。一天来了几个日本人，被土匪游击队得罪后，便回到吴淞，开着一艘小汽艇，向三圩港扑来，只见汽艇上架着机枪，准备报复。此时镇上有个名叫郁二郎的人，伙同一批土匪游击队员，从家里拿出一挺麦克瑟水机枪，架在笔者祖父樊灿青的房顶上，准备火拼。在这千钧一发之际，镇上有位极具威望的人物，汤二郎，人称汤二伯，此人是个“三开”人物，同共产党新四军，土匪游击队，国民党队伍，甚至日本人都有生意来往。危险在即，他只身登上日本人汽艇，同翻译几句话下来，碍于面子，东洋人只得悻悻地开着汽艇回去了，因而化解了厚朴镇上一场灾难。

事隔数日后，厚朴镇游击队应横沙土匪头子范巧林邀请，去他那里参加一个娶亲喜宴，厚朴镇十兄弟之一的顾根清等人一起赴宴。顾根清乃是游击队里的机枪手，同时也是笔者祖母的妹夫。

一行七人驾着行风船从三圩港出发，此时正值日落挨黑十五夜，月上星辰快落水，乘着滔滔滚滚的夜潮一路向东驶去。不料，冤家路窄，正好与迎面驶来的日本巡逻艇狭路相逢。日本人见到中国船只进行挑衅滋事，叽里呱啦叫嚣着要求该船马上停下来接受检查，殊不知那木船上人不予理睬，继续赶路。眼看叫不停，鬼子兵举起枪来就朝行风船开火。这时行风船放慢速度一个左转向浅海滩驶去，日本汽艇以为他们要逃跑，于是开足马力紧追其后，当木帆船航行至要浅不浅处，突然来了个 180 度急转弯，避开了紧追其后的日本汽艇。那愚钝的鬼子兵，由于汽艇高速航行，一下子冲上了浅滩，搁浅在那里，就像支鱼铲滩，动弹不得。

说时迟那时快，经验丰富的游击队员顾根清见机行事，端起机枪"突突突"一阵猛射，汽艇上鬼子猝不及防，三个鬼子应声倒下。这时日本兵乱作一团，纷纷跳下船来，一伙人与游击队对抗，另一伙人推船，可是潮水已退，搁浅的汽艇不管你怎么推，就是动弹不得。怎奈日本人人多势众，火力威猛，擅长斗智斗勇的游击队员，眼看寡不敌众，取得小胜后，也不恋战，拔起船篷直朝横沙方向驶去，气得日本人站在海滩边"八嘎八嘎"嗷叫不停。这真是：**识得天时与地理，好比竹竿捅飞机！**

八、谁的观察站

据 89 岁的高同全回忆，他 18 岁那年随父亲来到长兴岛鸭窝沙，父亲用了 12 担米钿，买了周小方宅(此宅是崇明一户粮户遗留在这里，一直空关的)。当年横沙岛上以范巧林、宋云其、吴老九为首的土匪部队来到厚朴镇，把高同全全家三间房子两间强占了，住了三个号头(月)，这帮人都是川沙张阿六手下的土匪部队。他们走了以后，又来了一个崇明人，住在他家南房头里，这个人一天到晚东游西荡，不做啥事体，可又在他家南山头芦巴上开了个窗口，房间里任何人都不允许进去的。原来此人每天向海里观察来往船只，是一个情报站，一年以后，此人回去了。后来高同全在他家的树底下挖出了两只大电筒，又在 1975 年翻建房子时，在那间房子的地底下，挖出了三灰箕像酒瓶一样粗的电池，这是发报机使用的干电池。此情报站究竟是国民党的还是新四军的，至今是个谜。

九、杀人不眨眼

有一天，高同全到镇上去玩，走到茶馆看人家推牌九(那些都是范巧林部队的人)。这天正好崇明来了一对夫妻，他俩穿着整齐，手提皮箱，借住在王金元家里的小阁楼上。被土匪们看见后，强行挟持，叫那个男的参与推牌九。当一副牌等到要翻牌开启的时候，土匪范巧林保镖黄龙生，拔出手枪，往桌子上一拍，凶狠地说："你们谁敢再开牌?"然后借口说崇明来的那对夫妻是坏人，要拉出去枪毙。高同全看到这种情景后,吓得赶忙逃开了。只听见两声枪响,那对崇明夫妻被土匪打死在镇的桥底下,他们的皮箱财物也被土匪们洗劫一空。这真是:**乱世土匪真猖獗,谋财害命乱杀人!**

十、活埋地下党

还有更惨烈的事件在镇上发生。有一天,崇明又来了一对夫妻带着个十来岁的儿子,他们不知什么原因,避难来到厚朴镇,借住在当地民房里,准备定居在本地,据说是新四军地下党成员。不想崇明赶来一帮子十几个人,据说是国民党209师部队的人,个个带有枪支,在一个漆黑的夜里将那对夫妻抓了起来,然后敲开了居民曹大明(化名)与沈汉江(化名)的家门,强行将他俩带到新开港口,命令他俩把那新四军地下党员一家三口全部活埋,曹、沈两人吓得一身冷汗,在国民党那帮人的看押下,颤抖着挖坑,战战兢兢草草地将那三人活埋了。跌跌撞撞回到家里,吓得魂飞魄散,躺了三天三夜都起不了床。过了几天,由于埋得太浅,被野狗扒开,叼着死人肚肠满地乱跑。这正是:**土匪恶霸来当道,草菅人命天地怨!**

十一、枪运新四军

据88岁的黄明玉老伯伯回忆:那年他家住在新开港河滩头,一天早晨起来,看到自家宅边的柴垛好像被翻动过,掀开一看,啊呀,里面全都是原捆原箱的枪支弹药。这么多的武器,从未见过,他慌忙把它盖好逃回家中。事后又悉隔壁陈小义家中也有。据了解原来是汤二郎在半夜里,用自己那艘载重20吨,当时在长兴岛最大的"老黑龙"船,偷运武器,中转到这里,生怕白天暴露目标,所以安排在夜里装船,赶上潮水,继续北上,运往苏北新四军革命根据地。上海解放后,有一天,八大段鱼市场上开来了四辆轿车,车上下来了全副武装的解放军战士,二位首长走在前面,见人便问哪位叫汤二郎。当时汤二郎闻讯后,吓得拔腿就逃,以为是来捉拿他的。"不要怕,自己人。"为首的首长说。原来是虚惊一场。等心情平静镇定后,首长说"请上车",便把汤二郎接到部队里,请客招待喝酒去了。如此之后,汤二郎在历次政治运动中没有挨过整,因为他为共产党打江山作出过贡献,也算是有功之人。

十二、乱世出英豪

从小生活在厚朴镇上的人当中,出了一位将军,名叫李海波;另有一位军分区副司令员，名叫王英。

李海波原名李国照，小名李宝宝。1945 年参加新四军。李海波的父亲人家都叫他李队长，同苏北新四军有密切来往，并为地下党工作。

李海波在镇上从小就是一个小孩子头头，同龄人当中没有一个不听他的。他身材高大，聪明机智，组织能力强，所以一起玩的孩子从小也称他为队长。在同孩子们一起玩时，他手握一柄木头大刀，大刀上写着“上斩昏官，下斩污史”，领着一帮孩子一起玩。玩着玩着，他想出了一个办法：将镇上几个要好一点的人结拜为十兄弟。据现年 81 岁高龄的郁汉明老伯回忆，这十弟兄为：周安青（电影《51 号兵站》原型人物）、吴汉玉（后任新兴大队党支部书记、长兴海塘所党支部书记）、顾兴中（亦名顾元达，参加过中国人民志愿军抗美援朝战争）、顾文英（亦名顾小生，解放后担任长兴乡农会主任，无党派人）、陈桂生、郁汉范（亦名郁二郎）、李国照（亦名李海波）、顾根清、黄志清、郁汉模（亦名郁才郎）等。1945 年某日，李队长将儿子李海波，通过地下党组织送往苏北参加了新四军，同去的还有周安青。由于周的父亲怕儿子此去连累家庭，因此，待要出发时，把自己儿子拦了下来。李海波参军后，由于足智多谋，打仗勇敢，一步步晋升，最后成了沈阳军区参谋长、授中将军衔，又曾任驻苏联大使馆武官。李海波还是学雷锋运动的发起人，雷锋当年就在他的部队。

李海波没忘幼时同伴，曾在 1960 年只身回来，没有带一个警卫人员，拜访了吴汉玉、赵川法、笔者父亲樊银其，当夜就住在虞根清（虞培康父亲）家里。李海波去世后，将骨灰埋在了新港村所在地冥园内，由虞培康家照看，后来又迁到上海公墓。

另一位人物叫王英。王英原名叫黄志才，从小没有了母亲，由其叔父黄奎郎带大，长大后去上海当学徒。抗战爆发后，于 1938 年 8 月在杨树浦难民所，经地下党介绍，参加了新四军，时任苏北军区作战科科长，曾在战斗中多次负伤。王英参军后曾十二年未同家中通讯，家里人以为他已经不在人世了。因此，据王英妹妹王竹梅回忆：当时父亲认为哥哥已去世，便在烧羹饭（祭祖）时多放了一只饭碗，算是哥哥的一份。等到解放后，终于有一天王英回家乡了，当时全家老小都喜极而泣，抱头痛哭。王英后来担任了南通军分区副司令员。这真是：**大浪淘沙烈火炼金刚，小岛无名乱世出英豪。**

十三、敲诈厚朴镇

1946 年某日，上海浦东来了十几个戴平顶帽，身穿黑衣裳的人，老百姓管他们叫柏油桶。他们仗着那身狗皮制服，挨家挨户搜刮敲诈勒索，并且敲诈的名目十分离奇，对老百姓征收各种捐税，什么门面捐、宅地捐、马桶捐、烟囱捐，只要叫得出，什么都要捐。那领头的颇有些功夫，四五个人都近不了他身。哪晓得镇上的自卫队也不是吃素的，与他们打了起来。由于大家都没带武器，因此空手搏斗，只见镇上人徐川林、徐士林等人被他们打翻在地，眼见就要吃亏，只见汤二郎侄子汤毛囡从家里拿出一支盒子枪，大吼一声，你们统统走开，一挥手拎起枪来，只听"砰"的一声，那最凶狠的家伙应声倒地，一命呜呼，其余的人用麻绳捆绑起来，送到崇明县衙去了。此事发生后，镇上就更不太平了，镇民们不知道那些人是什么来路，生怕日后报复，便纷纷逃离家园，出去避难。镇上只剩些老年人，其余的都逃走了，有点钱的人，逃往崇明，租间房子住下来，没钱的逃到金带沙(近长明村地界)，等到一个月后，探听探听风声，感觉没动静，然后陆陆续续回家。这真是：**自古乱世出枭雄，强龙难斗地头蛇。**

十四、亡魂铁塔下

在厚朴镇西南方150米处，有一座铁塔，那是鸭窝沙最高的建筑物，其历史已有一百多年了。据80岁老人黄文明讲，最早的时候是座木塔，建在三圩内樊杏清宅南。由于海塌，在黄文明九岁那年，将塔建在周金山宅上，木塔改成铁塔。后来又遭海塌，最终搬迁到该处，如今仍然耸立在海岸边。这座铁塔可谓是长兴岛最古老的建筑物，就像武汉的黄鹤楼毁了又建，建了又毁。它是航空航海的标志物，也见证了长兴岛百年来的历史，历经了清朝、民国和新中国成立后的各个历史阶段，称得上历史的遗迹。

铁塔下面是一片亡坟，约有四亩土地，那是块无主墓地，无墓碑无名字，无人祭拜，无人上坟，杂草丛生，十分凄凉。这里埋葬着无数的亡灵，有遭绑架杀害的，有遭暗杀的，有公开枪毙的，有被海盗劫杀的宁波船船民，还有长江内被水雷炸沉的小货轮上的船民。总之，这里都是屈死的亡灵，是块冤魂之地。由于无人管理，经过了多少年风吹雨打，那坟地上尸骨遍地，暴露在外，在春去秋来的岁月里，述说着亡灵的冤魂。这是一处十分恐惧的地方，走路的人，谁也不敢接近，尤其是到了夜晚，更是可怕之极，那坟堆里时常隐现的鬼火(磷火)，飘忽忽地跟在走路人的背后，叫人毛骨悚然，因此，许多人凌晨上镇时只得绕道而行。

到了20世纪60年代中期，在以粮为纲的号召推动下，为了增加粮食种植面积，人们平整土地，开荒造田，将那块墓地中的白骨骷髅一起填埋于旁边的一只官宫潭

里(官宫潭是堤岸决口后形成的深潭)。

笔者在1964年12岁时,与小叔叔樊龙祥一起在铁塔旁的小水沟里拷鱼,水拷干后,正要抓鱼时,只见明沟里布满尸骨,又在一个死人骷髅里爬出两只螃蟹。惊奇的是,那螃蟹的形状从未见过,那蟹壳是红的,脚是扁的,没有脚爪,一对螯既长又红,形状怪异,吓得我俩连鱼都不要,拔脚就跑,回到家里告诉老人们,他们讲也从没见过这种怪物。老人讲,这不是蟹,是传说中的魑,非常毒,碰不得,咬到哪里,烂到哪里。这真是:**乱世亡灵魂不散,怪物出在骷髅中;漫漫血泪已湮灭,留得此文为鸣冤!**

十五、竹梅逃难记

据现年89岁的黄竹梅老人回忆,1937年时她才12岁,某月的一天来了十来个江北人,举着日本太阳旗,高喊着大东亚共荣的口号,对当地人说些皇军要来保护你们之类蛊惑民众的话语。这种汉奸行为激怒了厚朴镇人,在小毛团(汤毛团)的带头下,大家人人动手,一起联合起来共同对付这十来个江北人,这几个汉奸哪里是镇上人的对手。待到一顿毒打之后,将他们捆的捆,扎的扎,有的拴着跑,有的剥光衣服,像扛猪猡、四脚朝天抬着走。小毛团愤怒地说:"我晓得你们要做汉奸,叫你们没有好下场。"这批人在本镇地方势力的押送下,不知弄到啥地方去了,后来据说是枪毙了。镇上人的爱国行为,分明是抗日行为,而小小的一个厚朴镇,在日本人眼里,哪容得你胡来,不久,有消息说日本人要杀过来了。听说日本鬼子杀过来,那还了得!日本人是无恶不作的,烧杀抢掠,奸污妇女,样样干得出来。黄竹梅虽然只有12岁,但人已出落的水灵、漂亮,她父亲为防止不测,非常害怕,带领全家赶快逃命。和他们一起逃走的有:与她同年龄的一个小姐妹戴根娣一家、唐川郎(唐志明祖父及父亲唐长法)一家,以及上海卖水果逃到长兴岛的名叫钱雄的小商贩一家人。因为戴根娣小姑娘人也长得貌美,她父亲干脆给她剃个光头,女扮男装,并在上路前,脸上抹些锅底灰,不男不女,衣衫褴褛,形同乞丐。逃到崇明小明港,哪晓得崇明已被日本人占领。黄竹梅一行人借住在一家地主家里。地主事先得知日本人要打过来,早已逃之夭夭,留下一个管家看宅。当夜,住下来,但到了半夜里,忽听外面锣声大作,有一帮人手里举着用草盖头浇上火油点燃的火把,大声呼喊:“强盗来啦,强盗来了!大家捉强盗啊!”一听强盗要来,人们都从睡梦中惊醒,连忙起来,赶紧奔逃,可逃来逃去,逃往何处呢?正在大家慌不择路之际,但见眼前路旁有一圈坟地,四面大树参天,形似一个宅地,慌忙钻了进去,卧在坟堆里,心想唯有此处才有安全?!这时,谁也不敢作声,可心里头怦怦乱跳,脑海里老是担心着强盗、日本人会不会突然出现在面前,还有身边那裸露着骷髅头的坟堆,真希望脚下有个地洞钻进去,那该多好!但屋漏偏逢连夜雨,忽见一队日本兵开着汽车,亮着车灯开过来,当汽车灯照过来时,大家憋住呼吸卧在地上,一动都不敢动,看着日本军车绝尘而去,大家才缓过神来,慌忙离开。直到现在黄竹梅老人想想还后怕。黄竹梅说当时那辆日本汽车就开到了他们居住的那个宅院里,将地主家60条棉被以及有用的财物,统统抢走。还有隔壁邻居肖末郎的嫂子是个寡妇,也被日本人强奸了,这个寡妇觉得没脸见人寻死寻活,说以后怎么见人,怎么做人,不想活了,邻居们纷纷安慰她,同时更增加了对日本人的仇恨。

日本人走后,黄竹梅她们继续逃亡,逃到了南堡镇,在那里待了近一个月后,黄竹梅父亲是个撑船的,崇明那里有他的同行,搭乘他们的船回到家里。

再说小毛团,因得罪了日本人,最终被日本人抓去了,关在上海法租界不久被日本人杀害了,尸体也没找到。这真是:**万恶旧社会,可恨鬼子兵,生命存在多不易,岁月沧桑话过去。**

后记

厚朴镇的历史是长兴岛的一个缩影。记述这段历史旨在为了让我们这代人及后代,不要忘记那悲惨苦难黑暗的旧社会,让我们认识到只有在新中国,劳苦大众才得以翻身解放,才能过上幸福安定的生活,并随着科学水平的不断提高,人民生活越来越好,对比之下,即便是当年厚朴镇的财主老爷,也不及当今普通老百姓的物质生活条件。

最近,厚朴镇这一带居民马上就要动迁了,伴随而来的是举世瞩目的海洋装备岛企业的扩建,人们的期望终将变为事实。在结束本文之际,我要感谢厚朴镇那些老邻居,老伯伯老妈妈们。他们听说我要写这段历史,都积极响应,不断回忆,将脑海中储存的信息回忆出来,并对原住居民店铺一家家梳理过去,唯恐遗漏,再三核实。终于将原始厚朴镇面貌挖掘出来,浮出水面。同时要感谢本书主编徐惠忠同志和蔡德忠老师对我本文的支持与肯定,感谢文化馆黄杰为文章配插图,感谢文化馆刘萍女士为我整理修订打印。另外,我在文中提到很多人的名字,无论好坏,我并无恶意,旨在对旧社会的鞭挞和对新社会的歌颂。

祝福长兴，我的第二故乡

苏应奎

老友徐光明、徐惠忠、陈忠安送来一摞文稿，说是准备为崛起中的长兴岛再编一个集子，让我先睹为快，理由很简单：因为我一直把长兴当作自己的第二故乡；且在老一辈长兴人眼里，大家都把我视为手足兄弟。

岁月荏苒。离开长兴已有多年，思念之情日甚。这种感受，诚如2013年诺贝尔文学奖得主莫言所言："你在这块土地上的时候，或许你感觉不到它跟你有多么密切的联系。一旦当你离开了这个地方，你就会产生一种魂牵梦绕的感受。"

记得早年长兴建有一个经过登记的社团组织联谊会，联系了一大批曾去长兴工作、生活过的老同志、老同事，每年金秋橘子成熟季节，邀请大家"回娘家"一起叙旧，其乐融融。近年停止了此项活动，未免有点遗憾。

作为第二故乡，我和长兴岛的结缘，始于20世纪50年代初。当时我在宝山县委办公室任职，经常随时任县委书记的冯仁堂同志上岛工作。那时迎风破浪乘坐民船，然后赤脚涉水在马家港鸭窝沙上岸的情景，至今历历在目。第一次采访报道长兴岛解放圩移民的长篇通讯《他们在那里安家立业了》(用笔名牛禾)的情景，又仿佛就在昨天！那是1956年，上海市区一批生活在社会底层的贫困劳动人民，包括人力车工人、三轮车工人、舢板船民、马车工人共605户、1 721人，迁来解放圩安家落户，开始新的生活。他们用劳动和汗水融入长兴，和岛上老农一起，为建设新长兴作出贡献。通讯首发于创刊不久的《宝山报》，后又被上海《解放日报》(11月12日)转载，转载时配发该报摄影记者赵立群在解放圩拍摄的三幅现场照片。很快，江苏和中央人民广播电台又都作了跟进报道(宝山县时属江苏省管辖)，在社会上产生了广泛影响。半个多世纪过去，发表此文的报纸都已发黄变色，粗糙的文字所记下的真实记录，仍让我们沉思、回味。

天有不测风云。70年代"四害"横行时，我被"发配"到长兴岛上的干校劳动，后又

"控制使用"在长兴公社工作,同来长兴公社的,还有曾任宝山县县委副书记的杨金声,和曾任杨行公社社长的胡林周同志。他俩当时的处境似也不很妙,我们三人因此惺惺相惜,同甘共苦,以后成了可信的好友。长兴岛的艰苦岁月是刻骨铭心的,同时也使我受益匪浅。正是在长兴岛那些年的磨炼,让我真正懂得了人生的意义所在。岛上淳朴、善良、勤劳的劳动人民和基层干部的品格,他们对家乡对故土的深情,他们吃苦耐劳的精神,他们待人接物的真诚……更深深教育着我激励着我走好人生的每一步。这些在创作《长兴岛,我的第二故乡》《长兴岛诗情》等散文中都有所表达。又因为长兴岛独到的生态环境所营造的清新空气,让我这个身心受到无端伤害的人,慢慢得以愈合"伤口"——这或许也是我在长兴那几年收获的"副产品"之一吧。在那些快乐的日子里,我曾有机会随岛上渔民出过近海打过鱼,曾与公社武装部的同志到过现在因建水库名扬上海的青草沙(当时还是无人岛)抓过鱼虾和蟛蜞;还时常与胡林周晚上无事"苦作乐",在蹲点附近下小店拷两斤黄酒,用面盆到潘石水闸买几斤螃蟹,一醉方休(我还清楚地记得,当时螃蟹四角五分一斤)……这些都成了现在美好的回忆。再次感谢几位老友给了我又一次忆念长兴的机会。

翻读本书一篇篇文稿,海岛长兴的巨变和崛起是多么令人振奋啊!与昔日相比,完全可以用"翻天覆地"来形容。记得在长兴的日子里,曾收集过一些解放前流传在岛上的民谣,现在还记得的就有"住末住格滚洞厅,门搭用点布条筋,西北风来自开门,风扫地来月点灯。朝天困看见满天星,侧身困看见走路人,合扑困看见地狱门"等句。这说的虽是旧社会岛上穷人的"住",但也可见一斑。

历史翻开了新的一页。长兴人民告别贫穷步入小康迎接富裕。长兴岛翻天覆地的变化大都发生在改革开放这三十多年的时间段。长兴和祖国同步在改革开放的大道上!

展望未来,崛起的长兴将更加美好。据长兴岛开发办称,长兴岛总体规划已基本形成,正在着手实施。今日沪上媒体纷纷以"长兴岛打造都市后花园"、"长兴岛构建生态文明岛"、"长兴岛走上'四化融合'发展路"(四化:工业化、城市化、生态化、海洋化)等标题作了报道。前景灿烂的长兴,更加令人鼓舞!

祝福长兴人民!

祝福我的第二故乡!

(苏应奎,男,1935 年出生,宝山区罗南东苏村人。1951 年参加工作,1954 年入党。曾在宝山县委、松江地委、上海市农村党委工作。1982 年调任新民晚报社、任记着、编委、党组成员、以及党组办主任,新闻编辑部主任、专刊编辑部主任等职。主任记者、散文作家。退岗后受聘文新报业集团特邀新闻研究员、《上海改革》、《上海作家》特邀编辑、东方网特约评论员。出版有散文集《秋日品梦》、散文诗集《美丽》、杂文集《凡人快语》等)

苦难的童年

顾希良

我的老家是在崇明岛保安镇(现合作乡)。祖父顾鸿涛擅长中医内外科。他在镇上开了一个药店,加上祖母出嫁时候带过来的十几亩地,家景比较好。

父母亲年轻时跟着祖父学中医。父亲偏于中医内科,母亲偏于中医外科和小儿科。他们结婚后曾在平安镇开过药店,由于经营不善而倒闭。迫于生计,父亲到上海先当店员,后开个烟纸店,日子还过得去。

1937 年七・七卢沟桥事变后,日本侵略者于同年 8 月 13 日发动对上海的战争。他们狂轰滥炸,父亲的小店被炸成废墟。父母亲死里逃生来到鸭窝沙(即长兴岛前身六个小岛中间一个)厚朴镇。他们先借住在周金奎老人的一间东向草房里。第三年,我就出生在这间又矮又小又暗的房子里。当我三四岁时才借住到另外的地方,所以直到现在这间茅草房还留在我的脑海里。

当时鸭窝沙是六个小岛中最大的一个。厚朴镇又是这个岛上最大的集市中心。那时候这个镇的南面离长江边才三百多米远。镇上的人经常能听到南面海浪的吼叫声。

在厚朴镇中间有一条河从三圩港口直接通到北部,河里还有一条往西走的支河。镇上有四五十户人家。分别住在两条河的两边。

镇上除河东有两三家住砖瓦房以外,其余人家全部住在简易的草房里,搞点小本经营的小买卖。他们有卖肉的,有卖豆腐的,有卖纸烟糖果的,有卖面食的,还有卖茶水的,反正是八仙过海各显其能,各谋其生。

我家初来乍到,没房没地没本钱。父母亲只能靠自己学到的中医本事,给人看病和采卖药材挣点钱来养家糊口。那个年代老百姓穷呀,得了病能顶的顶,能抗的抗,内科病人就诊的比较少,外科的疮疖及小儿科的多一些。有上门就诊的,有要求出诊的，这些都是母亲的事。母亲小时缠过脚，小脚走起路来比较费劲，出诊就辛苦了，特别是下雨天或路远的病人家，出诊一次就得一两个小时，甚至大半天时间。我们看在眼里，但有什么办法呢！这样干了几年，无奈之下只好在镇东面靠河边借了两间草房，放上两三张桌子做起生意来，有时候做面食店，有时候开茶馆店。为了广开财源，另外租了十来亩地。

这样一来事情就特别多，父母亲既要看病又要做生意，地里的活只好请帮工，再就是把我们动员起来一块干。

富人家的小孩子吃得好穿得好，除了上学就是玩；我们是吃不好穿不好，还要我们干活。我记得我很小就会做家务，扫地擦桌、烧火洗碗都能干。那时人小灶头高够不上，只好放个小凳站上去才能洗筷洗碗。为了增加收入，家里每年总要养猪养羊养鸡鸭。为了少吃饲料少花钱，父亲给我们每天割一大篮猪草或羊草的任务。这个任务在夏秋两季因为草长得多，比较好完成。深秋和初春这些草少了，有时要走很远的地方才割到。那季节天气冷，双手冻得像红萝卜，手发麻了还得找猪草割，直到满了一大筐才能回家交差。

那时候我们家经常缺钱没米熬日子，有时候家里连买火柴的钱都没有，还得等母鸡下蛋，我拿上热乎乎的蛋去小店换火柴。外出借米是经常的事。父母亲出去借，我们也出去借。因这里的老百姓忠厚老实，加上父母亲人缘好，一般总能借到。不过也有为难的时候，第一次到人家借米好开口，第二次去，特别是上一次借的还没有还清时，就不好意思再借了。我和二哥顾希仁只好在人家宅沟边转来转去不敢进人家的门。想想借不到家里没米下锅了，最后还是硬着头皮走进去借。这种有上顿没下顿，有今天吃的不知道明天吃的在哪里的苦日子真难过呀！

我们弟兄几个小小年纪就得干活，还要和父母一样节衣缩食。别人家吃干饭能吃饱肚子，我吃稀饭也不让吃饱。父亲也吃得少，一点都不浪费，每次吃饭总要用舌头舔碗，把碗舔得光光的。舔不到的地方用手指头刮，把碗里的饭粒弄的光光净净。由于吃不好吃不饱，父亲的身体越发虚弱。别人家大人的肚子是平的、鼓的、挺的，我父亲的肚子是往里凹的。弟兄们的吃也是受到限制的，只能半饥半饱，来了亲戚朋友连饭桌也不能上，靠在灶头上吃。

家里穷没钱花，吃饭困难当然穿衣也不会如意。富人家的孩子一年四季有新衣服好衣服穿，我们家就不一样了。就连父母亲也没有几件衣服替换，我们小孩就更不用说了。老大也许能穿件新衣服，轮到我老三只好穿旧的补的了。那时候的冬天比现在冷多了，每年河里沟里都结冰，冰还很厚，大人小孩都可以到冰上玩。天气严寒最苦的是穷人家的孩子。我记得渔民家的穷孩子衣服又破又薄，甚至连双鞋也没有，光着冻红的脚在船上或地上走。我虽没光脚但棉鞋是旧的不保暖,身上的衣服又少又旧,头上也没帽子戴。这样从头冷到脚,鼻子里的鼻涕能不流吗?那时候没有手绢,办法很简单,用左右手的棉衣袖子来回擦,时间一长,两只袖子上积了光光的亮亮的一层鼻涕。就这样也没有一件替换的棉衣,甚至冬天穿的内衣也很少有替换的,时间一长就生虱子,多的时候它会爬到外面来。虱子咬了以后,身上会发痒,这就让大人帮助搔,或者弟兄之间互相搔。晚上等我们睡下后,父母亲坐在豆油灯下给我们捉虱子。虱子一般藏在内衣的缝子里并在那里下卵,父母亲就沿着缝子找,见一个捉一个压死一个。有时小虱子和卵太多了,他们就用嘴咬,我们能听到啪啪的虱子被咬死的声音。在这个时候,我们才感到了父母的爱和家庭的温暖。

解放前夕,我们好不容易买下了原来借人家的两间草房,算是有了自己的家。不过这房子的前后左右都是用芦苇秆编成的墙,房顶上又是用稻草铺的。这种墙缝隙很多,风能从外面吹进来,阳光能从外面射进来,屋内屋外温度差不多,所以它有冬冷夏热的特点。这种房最难过的是冬天,家里简直和外面一样冷。晚上我和二哥睡一张床,床上垫被薄,盖的一条被子又旧又僵硬。我们两个人晚上怕睡,早晨怕起。因睡的时候被窝里是冰冷冰冷的不想钻进去,不过还得钻,钻进去以后兄弟俩互相抱住对方的脚取暖。第二天早晨被窝里暖和了,外面却很冷,就不想起来。等父母催叫几次才勉强爬起来。

从1948年到1950年的三年里,我们家遇到了两次火灾一次水灾。家里又回落到一贫如洗的境地,而且欠下新债旧债累计有四千余斤大米。后两次遭灾,好在有人民政府帮助,要不后果不堪设想。

我们家乡是1949年解放的,1950年12月开始土地改革,我们家分到了十来亩地。解放了,苛捐杂税没有了,地租也没有了,就一般人家而言,通过自力更生吃穿是不用愁了,而我们家里不一样,一是我家有地没劳力没耕牛,二是我家因三次灾害负债累累。这样种地还得请帮工,工钱也得一千余斤大米;欠亲戚朋友四千来斤大米债还要还。家里的12亩地正常年景能收四千来斤稻子,折合大米也就是三千来斤,这样除了帮工的工钱,全部用于还债还差很多呢!这样秋天还债,春天借,形成了有规律的恶性循环。

家里多灾多难,大哥顾希明、二哥顾希仁小学也读不下来。大哥14岁离家去上海何福奎炉灶厂当学徒。我也两次辍学,一来交不起学费,二来需帮助家里做家务和割草喂猪、养羊,有时还要做一些力不能及的农活。1949年大水灾,三圩破了,给我们家分了挑土护岸的任务。别人家都是大人们挑泥,而我们家父亲有病,母亲小脚,小弟顾希乔才六岁,只能是二哥和我去。那时二哥只有13岁,而我10岁。我们二人还没有泥络担(挑泥工具)高呢,怎么挑呀！我们两个只好用两只手抱泥一点一点往上传。没多少时间,弄得我们满脸、满身都是泥。搞了几天人家都完了,我们还差得多,最后还是在亲戚朋友们的帮助下完成了任务。

1950 年家里第二次遇到火灾后,父母亲无奈,又要我停学养鸭子。那时我才 11 岁,因自小得不到温饱,身体长得又小又瘦,像我这个年纪养鸭做帮手是有的,但独立操作是没有的。另外养鸭又是一个技术活,怎么办呢？我首先到养鸭能手黄文明那里请教。他告诉我鸭子各个阶段的喂养办法和注意事项。

大人一下给我抓了一百只小鸭,我们在地上用芦苇席子围了个圈,下面铺了稻草,把黄毛绒绒的小鸭全放进去,然后根据人家的经验来进行管理。例如:晚上要起来把鸭子拨拉开,防止鸭子抱团出汗。大米用水泡涨以后喂小鸭。最难的是挖蚯蚓,用的主要工具是野钉耙(农具)和一只小木桶。这个钉耙有七八斤重,耙柄有三厘米左右粗,我身单力薄手小,手勉强能握住把柄,握得远了还拿不起,只有握到靠近钉耙的地方,才能举起来挖蚯蚓。没有多少时间手上就打起泡。为了完成任务咬着牙忍痛也要挖到蚯蚓。蚯蚓这个东西不是什么地方都有,自己挖了几次以后知道它的规律了,一般在柴堆下面,倒脏水的地方,肥沃的田边。找到好的地方,两三个小时也能挖三四斤。回去把蚯蚓切碎喂小鸭。每次喂的时候发出一种"哟啦"的呼叫声。用不上多少时间,我只要喊出这种声音,鸭子就一边叫一边跑到我身边等喂吃。它们逐渐听我指挥,这时候我才感到养鸭的乐趣。等它们长到一定程度,就把它们赶到河里、明沟里、稻田里,找小鱼、小虾和蛸蜞等东西吃。它们在外面吃野食越多,回来吃的食料就越少,也就越省钱。为了节约饲料省钱,我利用蛸蜞晚上出来的规律,自己背上竹篓提上小方油灯到明沟里捉蛸蜞,有时一个晚上一两个小时也要捉好几斤,第二天把它们砸碎和米糠混在一起喂鸭子。

从小鸭到成鸭一般要喂 60 天。我第一次喂技术不到位,用了 65 天时间才把鸭子喂到四五斤重,父母亲很开心,为了奖励我,他们让我一起坐船到上海卖鸭子,还给了我 2 000 元钱(旧币,相当于现在二角钱)。我不知道有多高兴。听到人们说上海瘪三(小偷)多,自己怕被瘪三偷了这 2 000 元钱,在公共汽车上一只手抓住横杆,一只手揿住这 2 000 元钱,就怕让人偷了自己的钱。此情此景,现在想起来觉得好笑极了。

卖了鸭子,父母亲感到我老在家干活,不上学、不读书,没文化将来怎么办？他们下狠心克服困难才让我第三次上小学读书。

(作者为上海建设银行石化专业支行原行长、党组书记)

长兴沙的往事

黄元章

长兴岛在20世纪六七十年代由于下放干部，知识青年上山下乡，特别是市属前卫农场在长兴的围垦开荒，流动人员的来来往往，大陆上的人对它逐步熟悉起来了。但早期它不叫长兴，那时七个小沙各不相连，各有各的名称。这说来非常有趣……

我们都知道，祖国的地形是西高东低。长江中上游江面狭窄、水流急。真如电影《一江春水向东流》，它日日夜夜、分分秒秒、浩浩荡荡、永不停歇，带着万亿吨的泥沙向长江口汹涌而下。因长江口面宽口大，地势平坦，水流缓慢，泥沙大量沉积。但江面流速不均，形成南北水槽，也就是南北航道。夹在两槽中间的流速更慢，所以从西向东40公里左右内，先后冒出大小不一、形状不规则的小沙。

据说(再前已塌了的在这里不提)最早是1842年露出水面的石头沙，以后陆续出现鸭窝沙、潘家沙、金带沙、瑞丰沙。

涨沙时水流每秒20厘米之内，泥沙才开始沉积，经过少说三四年，多则七八年或更长时间才露出水面。当海拔在一米以上流速更慢，并长出芦苇、关草、野茭白等杂草。海拔达到一米五时农民开始挑泥筑岸，围垦造田。

但是，大潮汛时不能挑泥筑岸。农谚："初一、月半子午潮。"上午九点多涨潮，下午三点多退潮。你怎么能挑泥筑岸？弄不好潮来，跑不了而淹死。农谚又说："初三潮十八水，眨眨眼溢到嘴。"杭州湾钱塘江观潮高峰正是"初三，十八"。那是每月两次水位最高时间。小汛是"初八、廿三"，挑泥筑岸最适宜，可以整个白天突击挑泥筑岸。一般的圩，用五六个小汛期基本能围好，这样大汛来时海水就进不来，然后按标准加固完工。每只小沙都是这样一个圩一个圩逐步围起来的。现在如果要找到早期圩岸所在地，那大部分找不到了。因为在20世纪70年代，五个小沙连成一个整体后,靠外海边的岸加高加宽,岸堤外还筑石护铺,伸出海边沉丁坝,非常牢固。所以,里边的老岸平整后,有的种庄稼,有的已建住宅区。

崇明上沙保安镇以北,北沿公路一带,现在就是红星农场范围内,在1934年全部坍到海里。50年代又涨起来,才有现在的红星农场。“火烧一半,海坍精光。”在那时“富搬城,穷搬沙”的人群中,笔者一家与其他无家可归者一起来到鸭窝沙德茂圩挑泥筑岸。当时德茂圩的人大多边讨饭边挑岸。所以“讨饭圩”出了名。崇明北沿现在的各农场位置,在那年代都遭到海坍因而有不同程度的苦难史。七个小沙围成的圩,也有两百多个,而且个个都有圩名,其中鸭窝沙面积最大,围的圩最多,也是政府机关所在地。当地有识人士有的用数字取圩名:“老圩、二圩、三圩、四圩……”有的用汉字取圩名:“利字圩、长字圩、固字圩、兴字圩……”也有叫“德龙圩、协心圩、同心圩……”后来把圩名编成顺口溜:“长兴增福寿,永固庆康庄;门地莲金槐,田园艺稻粮。”

据当年亲身经历的施正奎老师介绍,民国政府时期,宝山县官府,感到七个小沙又小又分散,为了便于管理,设一个区,要有一个统一的名字。在这种情况下他们在顺口溜中选“长字圩、兴字圩”的字头作为七个小沙的统一地方名……长兴沙,也是政府部门叫的长兴区。

在解放前,长兴统一了七个沙的名称。但是沙与沙之间还是不太来往,因为来往必然通过摆渡才能相互往来。也有为了省摆渡钱,等落枯水涉水过江。但不了解涨退潮每天推迟48分钟的规律,结果有的未到达对岸,潮水来了而淹死,那是常有的事。

七个小沙(1960年左右坍了一个瑞丰沙,1961年原属川沙县横沙区管辖的圆圆沙划进宝山县长兴区。随即由原“区政府”改为“乡政府”。结束了郊县不设区的规定。所以仍然七个小沙),要在地理上连起来,战胜这样那样的灾难,保证沙上居民生命安全。这是党和人民政府始终考虑的迫切任务。所以投入大量资金,大沉丁坝,减缓水流,加快沉积泥沙。最后集中七个小沙的劳动力,突击挑泥围岸。终于在1971年,东西长28公里,南北宽二至三公里,面积85平方公里,人口三万八千多的长兴连成一片。结束了七个小沙互不相连,一百多年来各自涨涨坍坍、坍坍涨涨永不固定的局面。现在成为《上海市交通地图》上人们看见的一个完整的长兴岛。

(作者为中共长兴乡棉油厂原书记)

长兴岛的新奇事物

1. 一舰名叫“长兴岛”

1987 年 3 月 1 日,中国人民解放军海军北海舰队原“北救捞 121 舰”被命名为“长兴岛号”。该舰由上海江南造船厂制造,1978 年 8 月下水,1982 年 5 月 22 日出厂服役。船长 156.8 米,宽 20.6 米,船高 41.7 米,最大排水量 12 904.3 吨,续航力为 180 000 海里,自持力 90 昼夜,抗风力 12 级。

“长兴岛号”命名以后,北海舰队委托有关单位以该舰为原型,通过微缩,制作模型赠送给长兴乡人民政府。长兴乡人民政府为此举行了隆重的受赠、安放仪式。

2. 母鸡生怪蛋

1989 年 6 月,长兴乡农建村一农户饲养的一只母鸡,每隔三四天就会生怪蛋,而且连续产 7 只怪蛋后恢复正常。每只怪蛋重 185 克,长 8 厘米,直径 5 厘米。敲开后见有三层外壳,最里面一层是软壳,外面两层都是硬壳,蛋白、蛋黄与普通鸡蛋无异。

3. 海豚死于北海滩

1994 年 3 月 13 日,先进村村民李早根等在先进村北海滩发现一条搁浅死亡的怪异大鱼。该“鱼”体长 4.22 米,高 0.95 米,最大体围 2.6 米,约有 2 吨重。后报上海水产研究所,经专家鉴定,这是一条长吻海豚,属国家二级保护动物。长兴岛海滩发现长吻海豚,这在历史上还是第一次。

4. 飞机起降先进河

1994年,长兴乡柑橘节期间,乡旅游公司向苏州旅游公司租用一架“小蜜蜂号”飞机尝试作环岛航空观光。飞机起降于先进河。历经10天的航空观光,使不少岛民第一次有幸空中观赏家乡的美景。

5. 硕大无比的山芋(红薯)

2004年,先进村村民季宝兰在收获自家种植的山芋时,发现多只硕大无比的山芋。经称重,最大的一只山芋居然重9.5斤。

6. 大个土豆形如羊

2004年,先进村村民姚汉民在自家自留田里收获土豆(洋山芋)时,从土中挖出一只重1.4斤的洋山芋。这只洋山芋不但个体大,而且长得状似一只小山羊,有头、有眼、有鼻、有耳、有尾。《新民晚报》记者对此进行了采访和报道。据专家认定,土豆形如山羊是由于土壤挤压等原因造成的。

7. 怪异甲鱼现长兴

2004年11月5日,先进村七组朱学良在八于河内捕获到一只十分怪异的甲鱼。该甲鱼体长40厘米,背宽20厘米,龟甲周边有25只棱角,甲背上也长有13只棱角,其中背中央的5只棱角尤为突出，头部最宽处有6厘米以上，尾巴长15厘米。该甲鱼全身为棕黑色花纹。消息传开以后，前往朱家观看的人络绎不绝，连一些八九十岁的老人也说从未见过如此怪异的甲鱼。

8. 陨石降临长兴岛，“销声匿迹”41年

2007年1月25日上午，上海科技馆举办的科普大片《宇宙大碰撞》首映式上，首次展示了两块总重26公斤的陨石，这是迄今为止在上海地区唯一发现的两块陨石。

据上海科技馆研究员杨松年介绍，这两块陨石是1966年夏天落在长兴岛前卫农场北部江边的，其重量当时在我国发现的石陨石中名列第二，目前排名第六。杨松年透露，当年有关方面有意在中国办世界性陨石展，为了神秘感和可看性，有关这两块陨石的消息当时没有对外公开。

由于一定的原因那次展览没有办成，没想到这一“藏”就是41年。

据上海自然博物馆介绍，20世纪80年代该馆工作人员曾走访发现陨石的长兴岛农民。该农民说，陨石降落时，他家的牛棚被撞破了。当时现场不止两块，还有一些搬不动的。

上海唯一发现的陨石首次露面(见下图)

(图为大陨石，重20公斤)

注：资料来源于2007年《长兴乡志》

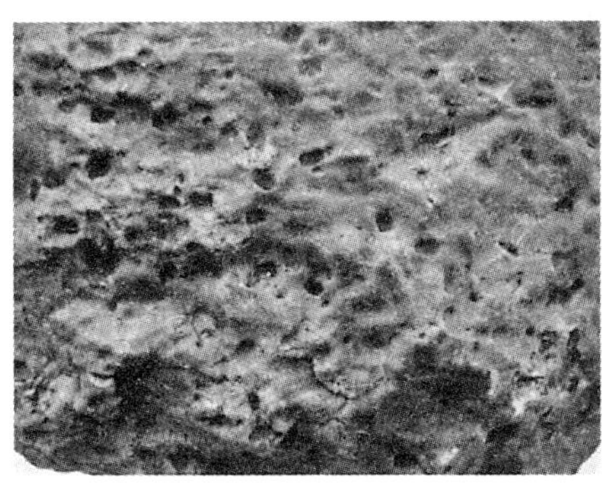

海岛人物传略

世纪老人

蔡银宝,女,住长明村4组,2004年,她年龄105岁。她生有3个女儿和1个儿子,最大的女儿年龄81岁,儿子最小也已经70岁。解放前,丈夫30岁时在一次翻船事故中死亡,她一个人把4个孩子拉扯成人。解放后,日子一天天好起来。但她一日三餐粗茶淡饭,也不挑食,只是喜欢喝点黄酒。她生性非常开朗,乐于帮助他人。她家五代同堂,人丁十分兴旺。蔡银宝是长兴岛历史上最长寿的老人。

2006年4月,蔡银宝因病医治无效去世。

资深老中医

陆柱尊,男,1921年12月8日生,上海宝山人。现住凤凰镇凤滨路120弄7号。

1940年,陆柱尊就读于中国医学院,于1944年7月修业期满,获得毕业证书。毕业后,他曾在1945年至1947年任长兴区东兴乡乡公所、长兴乡乡公所副乡长,也担任过自卫队副队长,并加入了国民党组织。1948年至1950年,他在中央印制厂(建国后改名为"人民印制厂")工作;1951年,他在上海市税务局虹口分局任职至1954年。1955年3月,他被上海市军管会军法处以反革命罪判处有期徒刑7年。1955年至1979年,他在安徽某劳改农场服刑,刑满后留场行医。1980年,他被落实政策允许回乡,进入长兴卫生院工作。1985年3月,经上海市高级人民法院裁定,虹口区人民法院重审,对他在解放前任职和解放后判刑7年的事实重新判决,作无罪平反。

1980年1月至1988年8月,陆柱尊任长兴卫生院中医主治医师。他中医知识精通,医德高尚,医患关系融洽,曾多次被医疗部门记功授奖。1984年至1988年,他撰写的中医理论和实践文章有30篇被《上海中医药杂志》《江苏中医》《河南中医函大》《中医函大》《伊春医药》及其他科技报刊采用发表。

1988年8月,陆柱尊退休。他退休后在家继续为群众做中医诊疗服务。

陆柱尊是长兴乡唯一一位解放前就获得高级知识分子称号的健在老人,又是一位颇有造诣的老中医。

道教人物

朱麟瑞,男,1912年生,崇明海桥人。1929年,只读了两年半小学的他开始信仰道教,并自学成才。1932年,他从崇明迁移到长兴岛潘家沙定居。起初,他仅在潘家沙地区开展道教服务,后来渐渐发展到整个长兴岛,也经常去横沙岛进行道教仪式。

朱麟瑞从事道教六十多年,精通"吹"、"打"、"写"、"念"、"青"、"忙"、"佛"、"道"等教规教事。他一生带有徒弟十多个。尤其是他的一手好毛笔字得到众人赞美,其大量手书经本,至今仍由他的弟子保存着。他是长兴岛上道教的主要传教人之一。他在老年时被吸收为宝山区道教协会会员。

2000年正月廿九日,朱麟瑞因病去世,享年89岁。

灵魂工程师

陈启明,男,1941年11月生,家住长兴乡先丰村。他大学文化学历,具有中学高级教师职称。

1987年7月,陈启明调入长兴职校,任校长、中共党支部书记。之前,他在长兴中学工作。

在长兴职校的十几年里,他坚持上下求索,执著奋斗,使一所地处海岛的薄弱学校发生显著的变化。他于1989年被评为上海市优秀教育工作者;学校获得"上海市中级职业技术学校办学水平良好"证书和宝山区德育工作先进集体、宝山区学习陶行知先进单位、上海市实施燎原计划示范校等光荣称号,也取得了改善办学条件、扩大规模效益、稳定七个专业等十大成果。他的主要著述有报告文学《农村育人之路》,被出版并选送至国家教委;德育论文《对职业班学生加强思想教育和管理的探索》,获上海市农村中小学德育论文二等奖,并被选送 1992 年全国德育工作研讨会交流:管理论文《以陶为师,办好职校》《向管理要效率,向管理要质量》等,均被发表或获奖。他的个人传略被选入《中国当代职业技术教育名人大观》、"中国专家人才库"。

硕士和博士

1. 陆嫣,女,1970 年生,家住长兴乡建新村,比利时鲁文大学博士,原潘石中学英语教师。

1996 年,经上海市天主教协会主教金鲁贤推荐,陆嫣去英国剑桥大学留学,攻读教育学硕士学位。1997 年,她转入比利时鲁文大学继续深造。2003 年,她获得了博士学位。在博士毕业论文答辩会上,有陆嫣的导师和全家人,还有一些国家的知名导师,她的妈妈陆守兰也被特邀参加。在会上,她安排了一定时间用荷兰语进行答辩(荷兰语被认为是一种很难学的语言),得到了全场导师的热烈喝彩和鼓掌。

获得博士学位后,她留校在对外翻译部工作。她精通中、英、法、荷兰、德五国语言。2004 年,中国某代表团访问比利时,比方派她做中方翻译;2005 年,比利时某代表团回访中国,她随比方代表团来祖国访问并担任比方翻译。她的娴熟、出色的翻译受到了中外双方领导人的赞扬。

2. 陆杰,男,1968 年生,系陆嫣的哥哥,原长兴中学教师。1999 年 10 月,他受妹妹的影响去比利时留学,攻读硕士、博士学位。2003 年,他转入加拿大大学就读,专修对外贸易。由于是自费留学,他只能边读书边打工,学习、生活十分艰辛,但他有信心坚持修完学业。胡锦涛主席访问加拿大时,陆杰作为留学生代表之一到机场迎接。

3. 顾鸿,男,1961 年生,长兴乡鼎丰村人。1982 年上海工业大学毕业,毕业后曾在上海跃龙化工厂、铜带厂工作。他在工作中坚持自学,1989 年又考入上海交通大学就读,1992 年取得硕士学位,留校当讲师 3 年。1995 年,新加坡到上海交大招生,由于他外语成绩特别优异,被新方录取。经过 3 年攻读,他在新加坡获得了博士学位。1999 年,顾鸿进新加坡"荷兰公司"工作,成为一名资深工程师。

4. 杨峰光,男,1977 年生,长兴乡大兴村人。1999 年 7 月,他在上海大学就学 2 年,又去瑞士留学,攻读硕士研究生。在取得硕士学位以后,他进入联合国某部门实习两年。后杨峰光学成回国,进入法国驻上海领事馆工作。

献爱心

1. 陈士元,长兴乡石沙村人。2000 年 10 月,由陈士元个人出资 12 万元的石沙中心路桥改建工程竣工。该桥原为乡建桩式混凝土桥梁,改造后成为石砌、涵洞式桥。

2. 张小兰,原长兴乡农建村人,曾任党支部书记数年。1974 年,她户口迁出随军。后她丈夫韩国祥转业后夫妇俩又去上海市区工作定居。2000 年,她与丈夫及两个女儿一致决定私人出资为家乡农建村修筑一条水泥道路,以方便父老乡亲出行。总投资 10.5 万元(她两个女儿各出资 2 万元)建成的这条水泥路,全长1 200 米,宽 2 米。该路于 2001 年国庆节期间建成并通行,并被命名为“爱心路”。

民主党派人士

黄阿宝,男,1952 年生,长兴乡长征村人。2001 年初,51 岁的黄阿宝经人介绍和他自愿提出申请,要求加入中国国民党组织。同年 9 月 18 日,民革上海市嘉定区总支委员会正式批准他成为国民党党员。2005 年,黄阿宝的组织关系转到崇明县,又于 2006 年转到宝山区。

黄阿宝是解放以后至 2005 年长兴乡历史上唯一一个加入国民党组织的人。

资料来源于 2007 年《长兴乡志》

纪实篇

滚滚东流的长江，用她的乳汁哺育了一个神奇而美丽的海岛——长兴岛。在改革春风的吹拂下，如今，她变得更加妖娆多姿，充满着青春的活力。海洋装备岛的建设，令人瞩目；高水准高质量的水务建设使人称绝；长兴电网的发展，叫人感叹；打造长江第一滩的蓝图已经画就。岛美、水美、人更美。海岛儿女用智慧和才能，奉献和爱心，在各条战线上辛勤耕耘，为家乡添美。

“纪实篇”中的多篇文章，就是一幅幅精美的图画，让我们看到了岛上人甜美的笑容，美丽的心灵和为把中国梦做得更美、更好、更圆的那种执著和韧劲……

长兴岛“功能”变奏曲

陈忠安

2005 年 5 月 18 日，经国务院批准，长兴、横沙两岛划归崇明县管辖，并实施三岛联动规划。在此前后，上海市人民政府将上海的第二大岛——长兴岛功能定位为“海洋装备岛”，是上海的 6 大产业基地之一，也是国际一流的现代船舶、港口机械制造基地。此外，长兴岛还是上海重要的水资源地之一，是上海社会经济和生态建设协调发展的示范地区。我半辈子的日常生活起居和工作，都是在长兴岛上度过的。我目睹了长兴岛“功能”的变迁，亲眼见证了长兴岛从最初的鱼米之乡，20 年前成为上海暨全国著名的柑橘之乡，近几年又发展成闻名海内外的海洋装备（岛）之乡的全过程。

“一年好景君须记，最是橙黄橘绿时。”

金秋十月的夜晚，站在上海港机长兴基地北侧，我家新落成的花园式楼房二楼，推开窗户，映入眼帘的是振华港机和上海港机宏伟林立的起重机塔吊与岸桥以及一幢幢高楼大厦。宏伟高大的建筑物上面五颜六色的灯光把长兴岛中西部地区的村庄照得透亮，远处潘园公路上一辆辆大卡车、小汽车、摩托车鱼贯而过，靓丽标致的农民别墅错落有致，近处田野里一串串橘香飘逸的柑橘时隐时现，令人馋涎欲滴。谁能想象到，一百五十多年前，这里竟是一片“沙泥滩和芦苇荡”。

据宝山志史料记载：长兴岛是由众多的小沙洲逐步连缀而成，至 1850 年咸丰年间已形成了 7 个小岛，但仍是“潮来一片白茫茫，潮落处处芦苇荡”。长兴岛处女地被围地开垦一百五十多年来，岛上一代又一代的农民“日出而作，日落而息”，世代以种植粮棉和捕鱼为生，是颇具江南风貌的“鱼米之乡”。在我中小学学习时期，正值我国遭受三年自然灾害，我也曾在田地间跟大人们一起“拔秧莳稻”，劳动了好几年，并为贫困的我家挣得了一些工分收入。直到十一届三中全会后，长兴岛农副业结构发生了显著变化，绝大部分粮棉油田被柑橘树替代。长兴乡和岛上前卫农场的柑橘科技工作者，经过努力实践改写了上海地区不产柑橘的历史，昔日的"鱼米之乡"演变成上海及全国城乡闻名的"柑橘之乡"。风光秀丽气候宜人的长兴岛，是一座美丽的岛屿，它三面临江，一面临海，有着优越的地理条件和独特的气候环境。她得天独厚的自然条件是该岛因地处长江口，受长江水体包围，水体调温作用显著，冬季巨大水体释散热量，使其气温比上海其他地区高出2至3度，因而具有冬暖和降温缓和的适宜种植柑橘的优越条件。20世纪60年代中，上海市果品公司曾提出"南橘北移"和"北苹南下"两个口号。60年代末，长兴乡从红星村、长明村两个村办果园试种柑橘开始，先后攻克了"栽种成活关"和"早期结果丰产关"，历经了三个阶段的十多年发展，全乡柑橘种植面积超过了可耕地的60%以上，达3.5万亩，总产五万多吨，已成为上海地区主要的柑橘生产和出口基地。1988年岛上前卫农场的"上海蜜橘"首批出口加拿大和新加坡，使中断多年的上海口岸鲜果出口获得恢复，因而得到了时任上海市市长朱镕基的首肯；1993年长兴乡生产的柑橘已先后出口加拿大、新加坡、俄罗斯和东欧等海外市场，颇受外商青睐。长兴岛因远离外界的污染源，生态系统完善，大气清新度维持在一级水平，故长兴岛被当年的朱镕基市长誉为"土净、水净、空气净"，是"上海难得的最后一块净土"。1990年10月朱镕基在视察长兴岛时，在宁静的前卫农场留宿了一夜，他对当时陪同视察的宝山区、长兴乡和前卫农场的干部提出："要把长兴岛建成鱼米之乡、花果胜地、旅游景点。"

上海市前卫农场在20世纪五六十年代围垦的金带沙的六千多亩土地，在20世纪七八十年代都先后种植了"温州蜜橘"，并取得了显著的经济效益和社会效益。1988年10月，在该场"柑橘北缘大面积高产种植技术及推广"的鉴评会上，来自全国各地的柑橘专家们一致认为：前卫农场橘园建设的规模及其规范化、商品化、良种化程度以及学术水平和生产水平，不仅处于国内领先地位，而且接近和达到国际水平。原中国柑橘研究所所长叶荫民先生说："你们不愧为全国第二园，前卫农场的橘园是名副其实的中国北缘第二园。"(全国第一园是广东的杨村华侨柑橘场)1989年11月，全国各地19个省市的一百多位柑橘和果树专家，云集"全国第二园"——前卫橘园"实地考察"，许多著名柑橘专家和果林界的权威人士认为：前卫柑橘园能够多年持续高产、稳产和高效益，是我国北缘地区种植柑橘的一个先进典范。

四面环水的长兴岛有59公里的海岸线，尤其是南海岸有1 000米宽12米深的深水岸线,这独特的深水岸优势,为开发长兴岛迎来了一个前所未有的大机遇。自2000年底以来,在长兴岛南海岸已新建了世界规模的港机出口基地,特大型造船基地,使一望无际水草丛生的南海岸滩涂瞬间建成了昼夜通明、热闹非凡的造船基地和港口机械出口基地。

髫年时我在长兴岛上的红星村生活了好多年,而今,在离红星村不远的地方,放眼远眺,跃入眼帘的是数十台高入云霄的起重机和岸桥,这是世界著名企业振华港机集团公司先后投资50多亿人民币建造的世界规模最大、技术一流的港机出口基地。当年市政府特许给予振华港机3 500米海岸线和2 100万平方米滩地。振华港机一期、二期工程先后在2000年11月28日和2001年11月22日开工,两期工程占地面积156万平方米;每年生产160台岸桥和20万吨以上的钢构件,年产值从40亿元一直攀升至250亿元。振华港机在全球大型港口集装箱机械占有世界80%以上市场份额之后,着手开辟水上大型浮吊市场,2007年研制成功了第一台4 000吨浮吊,2008年研制的7 500吨浮吊刚问世就立即引起全球关注,韩国之星重工已于2008年5月初向振华港机定购一台8 000吨浮吊,西欧一些大型企业也有意定购1.2万吨和2.8万吨大型浮吊。振华港机研制成功目前全球最大的水上大力士——7 500吨全回转自航浮吊,将成为全球海上新巨无霸,将为我国海洋工程作出更大的贡献。7 500吨的海上浮吊是振华港机在海洋工程领域刷新的一项世界纪录。此前,全球7 000吨以上的海上浮吊只有两台,都在欧洲服役,这台7 500吨浮吊采用了大量振华港机自主研发的产品和技术,这是振华港机的骄傲。

振华港机在2008年下半年中标韩国釜山码头近5亿美元订单,签订制造30台双40英尺集装箱岸桥和109台全自动轨道吊。振华港机是全球最大的集装箱起重机制造商,目前港机产品已出口到世界各地一百二十多个港口,遍及全球72个国家和地区,集装箱起重机业务量占世界市场份额八成上下,已连续8年稳居世界第一,其自主研发的双40英尺集装箱岸桥更被视为21世纪集装箱码头的更新替代产品。

此外,为了支持上海在2010年举办世博会,大型国企上海港机生产基地从浦东南路搬迁落户到长兴岛,并已于2007年10月12日在长兴岛顺利建成投产。上海港机长兴基地占地面积47万平方米,拥有650米深水岸线和380米重载码头。上海港机是中国港机的发源地,该长兴岛基地建成标志着上海港机进入新一轮发展阶段,它的建成投产必将成为中国港机制造业新的里程碑。如此变化谁能想象到:8年前振华港机和上海港机的长兴基地,原是先锋村和红星村,以及团结村的一大片农田与零星的农民住宅楼,以及马家港以西一大片荒芜的滩涂和芦苇荡。而今眨眼工夫,这里已今非昔比,令世人刮目相看。

随着长江两岸经济格局的全新定位和 2010 年上海举办的世博会选址，五年多前江南造船厂要迁移，就看中了长兴岛南海岸深水岸线资源。上海市府当年就特许 8 000 米海岸线，用于规划和建设规模最大的特大型造船基地，这在中国造船史暨世界造船史上是绝无仅有的。该海岸线的长度超过了上海地区所有船厂岸线的总和。2004 年 7 月中央军委主席江泽民为江南造船厂题词“江南长兴”，这四个苍劲有力的大字，包含了江南的未来和远景。同年 5 月温家宝总理听取了公司领导关于江南长兴造船基地建设规划的汇报。江南长兴造船基地占地面积 12 平方公里，已建成并将建我国最大的特大型造船基地，一期工程占地 5.6 平方公里。2005 年 6 月 3 日，在江南船厂建厂 140 周年纪念日，江南长兴一期工程开工建设，仅一年多后的 2006 年 9 月 26 日，江南长兴第一艘船——16 400 吨的化学品船开工建造，并于 2007 年 5 月 22 日胜利下水。江南长兴每一艘船下水，其意义深远非同寻常，它向世人宣告江南长兴的第一条造船生产线已经形成。2008 年 6 月 3 日，在江南造船厂举行建厂 143 周年暨胜利搬迁长兴岛中国江南长兴基地一期工程竣工庆典上，中共中央政治局常委、全国人大常委会委员长吴邦国，中共中央政治局常委、国家副主席习近平，中共中央政治局委员、国务院副总理张德江、王岐山发来贺信贺词，中共中央政治局委员、上海市委书记俞正声，市长韩正出席庆典，国家发改委副主任张国宝、国资委副主任金阳、海军副司令员张永义中将、中国船舶工业集团公司总经理陈小津在仪式上致辞，对于长兴基地的历史使命，陈总做过这样的描述：长兴基地是了不起的世纪工程，它的使命就是提升中国造船工业的有效竞争力，改变世界造船工业的格局。

在短短的三年多时间内，经过“江南人”及其广大民工兄弟 1 000 多天的日夜奋战，长兴岛的东南角一大片芦苇荡和荒芜的滩涂已经变成热火朝天的船坞和大型车间。长兴造船基地已承接造船订单一百余艘，共计一千四百多万载重吨，合同交船期已排至 2011 年。2008 年 7 月，江南长兴与中国远洋运输(集团)总公司签订了 5 艘“巨无霸”——即每艘 11.5 万吨散货船建造合同，该船总长 254 米，型宽 43 米，型深 20.8 米，设计吃水 12.2 米，结构吃水 14.5 米。在一期工程建成的基础上，中船集团将抓紧启动长兴造船基地二期工程，并在 2009 年初已开工建设，计划 2012 年左右投入生产，广大“江南人”将竭尽全力努力把长兴造船基地二期工程建设成为世界领先的高科技船舶和海洋工程生产基地。

“一石激起千层浪。”世纪之交，大开发带动了大发展，大发展带动了大变化。近几年来，在长兴岛 88 平方公里的这块热土上，到处呈现一派生机勃勃、蒸蒸日上的振奋人心的景象，从中央到地方，各级领导都十分重视和关注长兴岛的开发建设与发展。

2006年,中共中央总书记、国家主席胡锦涛,中共中央政治局常委、全国人大常委会委员长吴邦国先后去长兴岛考察,为规划建设长兴海洋装备岛和社会主义新农村的建设指明了方向。胡锦涛总书记临别时对乡党委书记施永根和乡长秦文新说:“你们这个岛很重要,希望你们为大企业做好配套服务工作,建设好海洋装备岛,同时发展好自身经济,关心好群众,努力建设社会主义新农村。”中共中央政治局常委、国家副主席习近平在上海工作期间,专程去长兴岛先后考察了振华港机长兴基地和中船集团江南长兴造船基地,他说:“长兴岛非常重要,是我们上海的重要产业建设基地。”2007年6月14日和11月12日,市委书记俞正声和市长韩正先后视察了发展中的长兴,俞书记在视察长兴时指出:“要让更多的产品走出国门,将长兴打造成世界著名的造船岛。”韩正市长视察长兴岛时在充分肯定长兴发展同时,指出“要加快长兴海洋装备岛建设”。

为了加快建设,更快、更高效地推进长兴海洋装备岛进程,2008年4月中旬和4月底,市委和市政府先后召开常委会研究决定建立“长兴岛开发建设管委会”,副市长艾宝俊任管委会主任。当年5月29日韩正市长出席长兴岛开发建设管委会揭牌仪式,副市长兼长兴岛开发建设管委会主任艾宝俊致辞,揭牌仪式当天管委会办公室及开发公司举行了第一次会议。

此外,从中央到地方,全国各地方的新闻媒体对开发建设中的长兴岛极为关注并争相报道。2008年6月17日中午,中央人民广播电台经济之声和上海第一财经频道联合制作、长三角地区15城市电台现场同步直播《全国经济联播》——中国长三角特别节目——《活力长兴岛》。直播现场设在振华港机长兴基地交通码头,来自中央人民广播电台经济之声和上海财经频道及长三角地区广播电台的四十多位新闻工作者,及部分振华港机的工人聚集在直播现场;振华港机的总裁管彤贤先生及港机长兴基地副总裁刘建波先生,来到直播现场,向全国亿万听众讲述了振华港机艰辛的创业史和努力奋斗后取得的骄人的业绩。中船江南长兴基地的副董事长、党委书记张海森先生也在直播现场讲述了江南造船厂为了支持上海举办2010年世博会,以及为了中国船舶工业的崛起,而迁至长兴岛,建造了目前最大的造船基地,先后投资近153亿人民币,设计建造三条造船流水线,总设计造船能力为450万载重吨。长兴乡党委书记施永根先生也在直播现场,讲述了这几年来长兴建设海洋装备岛的进程及发生的一系列翻天覆地的变化。为了了解广大听众对长兴海洋装备岛的知晓程度及让更多的人知道长兴,让更多的有识之士加盟长兴岛建设发展,直播节目还特设了和听众互动交流的短信平台,在1小时的直播中,共收到近百条短信。有一位朋友的短信说:“长兴兴旺发达,政府领导功不可没。”

大机遇带动大发展,大发展牵动大动迁。在三年多时间里,长兴乡先后有一千九百多户农民支持大发展,经历了大动迁,2008 年还有 3 000 户农民被动迁。这些失地农民离开了居住数十年的家园,搬迁到新地方,曾经耕种几十年的粮田被填平了,刚盖不久的楼房被推倒了,但长兴人民以博大的胸怀,克服种种困难,大力支持海洋装备岛的建设。伴随着打桩机开进滩涂芦苇荡,沉睡了一百多年的长兴岛,迎来了前所未有的巨大变化,崛起了闻名世界的海洋装备制造基地。当大家看到数十万吨巨轮络绎不绝地驶离长兴造船基地,宏伟高大的港口机械设备从振华长兴基地装运到全世界一百二十多个港口,长兴人民欢欣鼓舞,充满喜悦,更充满着期待和殷切希望。我作为一个生长在长兴又曾在长兴乡人民政府和乡党委班子工作过的一员,见证了长兴岛功能的变化颇感自豪!

建设好长兴海洋装备岛,是国家战略、上海重点、崇明关键;加快长兴海洋装备岛建设,功在国家,利在人民!我和长兴人民一样,热切地期待着。

原载:《风卷红旗》2009 年 11 月

水务，打造了长兴岛的美丽

徐光明

1958 年，上海市医药公司的下放干部，在红星村一户农民的草墙上书写了一条特别醒目的大幅宣传标语“把长兴岛建设得像西湖一样美丽”。这条标语的内容着实道出了小岛三万人民群众的一个伟大的梦想，也集中反映了岛民毕生奋斗的伟大目标。56 年后，在中国共产党的正确领导下，经过全岛人民群众和几代水务人的努力拼搏和精心打造，这个名不见经传的江中小岛如今像大姑娘芙蓉出水，格外诱人，光彩夺目。人说“杭州西湖美”，它比西湖更美，真是好梦连天，梦想成真！今年五月的一个偶然的机会，我跟着长兴海塘管理所的领导成员，在环岛堤防岸线上，慢节奏地兜了三个多小时，绕岛一圈，实地察看了长兴岛的独特风光和一日千里的变化，真是心情激动，感慨万千！

一、防汛道路整洁宽广，到处绿树成荫

长兴岛有 74 公里的堤防岸线，它像一座摧不垮的钢铁长城，保卫着长兴岛 13 万人民群众的生命财产安全。昔日“七尺圩堤八尺浪，大潮一来泪汪汪”、“小灾年年有，大灾三六九”的水害横行的惨剧已经成为历史。人们在环岛大堤的保护下，安居乐业地从事各业生产，全力推进社会主义新农村建设和长兴海洋装备岛建设，集中精力建设小康社会，为尽快实现党的十八大提出的两个百年奋斗目标而努力奋斗。2003 年以来，党和国家充分利用长兴岛得天独厚的地理优势和自然资源，全面开发长兴岛。坚固的“南堤”、“北堤”迎来了新的“客人”，振华港机和百年江南造船厂等大型企业驻扎在“南堤”20 多公里深水岸线周围，解决上海一千多万人口饮用水的“青草沙水库”驻扎在“北堤”大半个长兴岛周边，长兴岛已经逐步形成了一

个“景观旅游岛、上海水源岛、海洋装备岛”的格局。

走在百里海塘的防汛道路上，觉得异常宽广、明亮、整洁。常年奋斗在堤防线上的管理员们，他们并不因为三十年未见“水害”而高枕无忧，而是时刻洞察着堤防上“哪怕是一丝一毫”的隐患，做到细致到位，万无一失。十几个养护段的养护员，他们既是一线大堤的“心理医生”，又是保护周边环境的“整容师”，把长兴岛包装得端端正正，漂漂亮亮。站在大堤上举目瞭望，晴空万里的白天，“南见浦东高烟囱，西见宝山小吴淞，北见崇明老祖宗，东见横沙静和动”，漆黑一片的夜里，星光和灯光遥相辉映，胜过于当年上海黄浦江两岸的夜景！

二、万来亩滩地，披着一身绿装

滩地，也是塌地。过去的长兴岛，十万亩面积，得有一半是岸塌“吐”出来的滩地。经过几十年的合理围垦，现在已有五千多亩的“绿滩”。长兴岛素有“南塌北涨，春长夏缩，游移不定”的自然态势，通过年复一年的水务建设，20 世纪 70 年代就基本上控制了这种“水害”一触即发的危险局面。石头沙西边的“中央沙”，原是一片变化多端的滩地，现在已经得到了围垦开发，整个面积有十多万亩。中央沙活像个“生态博物馆”，那里展示着难得见到的野鸟飞禽以及多种多样鱼类、野生植物。再到长兴岛东北边观看，这里原是一望无际的“水白滩”，现在也已围垦开发，已成为崇明本土人和南汇人承包的大型果园基地，几万亩格子化的田园里，尼龙大棚内全种上优质西瓜。由于是在净土的田块上种出来的瓜果，市场十分抢手，产高利厚，深受种瓜人和吃瓜人的厚爱。

由于大企业用地的扩展，许多滩地已被吹泥机填高加厚，成为工业用地。目前仅有的近五千亩滩地，还展示着当年的风姿：芦苇青青，茭白嫩嫩，蟛蜞横行，野草生生……

三、环保建设，使长兴岛变为一座水上乐园

2003 年以前，长兴岛一千多条沟渠河道还发挥着为几万亩农田灌溉的作用。十年之后，随着海岛用地的深度开发，许多河道沟渠已经填没，新的排水系统得到了重新整合，或者说，大型企业的驻扎登陆，彻底改变了原有水系网络的作用。驻岛水务机构面对新的通水格局和新农村环保建设的需求，迅速地跟上了海岛建设的步伐，除调整开设新的水系网络以外，还派出了大量河道保洁队伍常年清理各类

生活、工用、农用、建筑垃圾，清理打扫交通大小要道，清理有关河道垃圾，用环保工人的辛勤汗水，为长兴岛生存环境、生产环境、工作环境做了整容。由于长兴岛人口的急剧倍增，环保工作经受了严峻的挑战。但全体岛民面对新的形势迎难而战，用他们的聪明才智，保持着河道整洁，道路整洁，农户周边整洁，尽最大可能还原于净水、净土、净地之原貌。不但如此，他们将着重于绿地建设，堤防、河防、路旁，到处栽上了各种树木、花草，建起了无数个"家庭公园"、"公共公园"。环保建设有力推进，使长兴岛变为一座"水上乐园"。

四、"一"字形水闸，展示着新姿新貌

在长兴岛南岸沿线，六个重要港口，原来在20世纪六七十年代建造的水闸，有的设备陈旧，有的部件残缺，有的已变成了危闸，已经不适应海岛建设以及通航通水的需要。2010年以后，国家和集体投入了大量资金，对其进行"改朝换代"，在原地扩建、改建和新建。现在新造的七座水闸，设备一应齐全，办公房宽敞明亮，环境整洁优美，很有现代化气质，为长兴岛的自然风光增添了一道特别亮丽的风景线。

在这里值得一提的是，在长横渔港码头，新落成的大型豪华的"渔港水闸"，背坐长兴，面朝横沙，十分高大宽敞。这座水闸将作用于元沙地区通水通航，它直接服务于江南船厂等大型企业。闸房周围绿树成荫，花香鸟语，美色无比。

随着水务管理设施的更新，管理人员几乎是清一色的年轻大学生，他们静心专注地站在水闸管理一线，实行科学化、制度化、现代化的管理，守护海岛，服务长兴，贡献自己的青春年华。

五、本着"全岛一盘棋"的工作理念，服从大局服务长兴

随着长兴海洋装备岛建设和社会主义新农村建设的加快推进，驻扎在海岛的水务管理队伍，从"全岛一盘棋"这个大局出发，在做好自身建设的同时，更好地为服从大局，服务长兴，做出自己应有的贡献。

首先，长兴海塘管理所的领导班子具有建设长兴、服务海岛的紧迫感和责任感。他们集中全力开展党的群众路线教育，深入学习党的十八大精神，不断提高为民服务意识，广泛征集服务意见和建议，主动跟上海岛建设的步伐，一切服从、服务于建设大局，更好地发挥水务事业在海岛建设中的独特作用。

其次，在新的形势和新的条件下，坚决打造一支"拉得出，推得动，做得好"的年

轻化、知识化的水务专业管理队伍，不断提高他们“制度化、科学化”的管理水平。

再次，就是增强忧患意识，做好一年一度的抗台防汛工作，在长兴岛抗台防汛指挥部的统一领导下，做到“召之即来，来之能战，战之能胜”，加强堤防养护和巡逻，堵塞各种隐患，确保一岛平安！

把“长兴岛建设得像西湖一样美丽”的伟大梦想已经基本实现，勤劳的岛民和长兴水务管理成员又以百倍的信心千倍的努力，正在为实现“景观旅游岛、上海水源岛、海洋装备岛”的伟大目标而继续奋斗。

（作者为中共宝山县某人民公社原党委副书记）

唱支山歌给党听

——写在迎接中国共产党诞辰90周年的日子里

徐亚军

20世纪60年代初,我穿着军装加入了中国共产党,同时被评为所在部队学雷锋标兵,出席了南京军区学习毛泽东思想积极分子代表大会。自从那时起,一支亲切朴实、催人奋进的歌永远地铭刻在了我的心中:“唱支山歌给党听,我把党来比母亲,母亲只生了我的身,党的光辉照我心……”这支歌伴随着我战斗、工作、生活,走过了人生中的峥嵘岁月。我的家乡是一个曾经被叫作“鸭窝沙”的小岛——长兴岛。我父亲是一个土生土长的海岛人。父亲对我讲,解放前岛上百姓生活极其贫困,住的是“环筒舍”(即圆弧形的芦苇棚),穿的是“九串领”(即用麻草编织成的蓑衣),烧的是“泥涂灶”,吃的是“扁担顿”(即一天只吃早晚两餐)。即便如此,岛上人还是喜欢一边劳作一边唱山歌,当时有一支山歌这样唱道:“泥涂灶,八百斤,吃仔上顿旡下顿,环筒舍,滚龙厅,朝天困仔看见满天星,侧身困仔看见跑路人……”解放后,党领导勤劳智慧的长兴人民团结一心,艰苦奋斗,建设社会主义的新长兴,岛上人民奔上了社会主义的康庄大道。当年“鸭窝沙人”在山歌中唱到的“耕田不用牛,点灯不用油,吃穿不用愁,活到九十九”这些盼想一一变成了现实;“楼上楼下小洋房,电视电话电灯光”也早已成为美好生活的“初级阶段”。现在岛上居民开始过上了电气化、网络化、现代科技和绿色环保所带来的温馨、舒适、便捷的幸福生活。特别是跨入新世纪以来,上海振华港机、江南造船厂、中船集团等大型企业在岛上落户,气势宏大的长江隧桥和青草沙水库的建成启用,更是给这个名不见经传的小岛插上了腾飞的翅膀。长兴岛正沐浴着党的阳光,按照中央和上海市委、市府批准的“海洋装备岛”开发建设规划,开创更加美好的未来。

岛上有一位喜欢说顺口溜、唱山歌的农民,年轻时曾经参加过长兴岛农民诗歌比赛,一口气唱了新旧社会对比 60 个“头”(即每一句话后面都带有一个“头”字),一时被岛上群众传为佳话。如今这位饱经风霜、淳朴善良的民间歌手已年逾古稀,然而开朗、幽默、风趣的性格还是没有变,唱起山歌仍然“涛声依旧”。一次我和几个朋友特意前去拜访,请他“忆苦思甜”。提起旧社会,老人顿时陷入痛苦的回忆中:“旧社会,痛断肠,穷人苦处哪能讲。鸭窝沙,芦苇荡,七尺圩岸八尺浪;碰着台风塌精光,十年要有九年荒;吃辛吃苦呒依靠,六十不到见阎王”……唱到今天的幸福生活,老人布满皱纹的脸上露出了舒心的笑容:“新长兴,好风流,丰衣足食乐悠悠,家家住的小洋楼,手机电脑样样有,水泥马路通到宅角头,汽车摩托遍地走。”这位老人用山歌这种海岛人喜闻乐见的情感表达方式,生动地刻画了长兴岛新旧社会两重天的情景,表达了岛上人民群众对中国共产党的无限热爱,无限深情。

70 年代初,我从部队转业到家乡长兴岛发电厂工作。作为一个有着三十多年电业工龄的“长电人”,亲身经历了长兴岛电力建设从无到有,从小到大,不断发展的艰苦奋斗历程,同时也见证了家乡长兴岛脱胎换骨、天翻地覆的巨大变化。记得在临近退休那一年,我曾采访撰写过一篇通讯《闪烁的龙珠——长兴岛的昨天、今天与明天》(全文近 6 000 字并配有十多幅图片,刊登在《华东电业》“欠发达地区小康行”专栏)。文中我把家乡长兴岛比喻为万里长江这条“巨龙”口中一颗闪烁的明珠,是党的阳光照亮了这一方颇具神秘色彩的热土,使她放射出璀璨的光……此后,我因退休离开了火热的工作岗位,然而,爱党、爱电、爱家乡的“三爱情结”至今一直萦绕在我的心头。作为一个也曾为新长兴建设拼搏、奋斗过的共产党员,心中总有一种“唱支山歌给党听”的渴望与自豪。是啊,“鸭窝沙”飞出“金凤凰”,“长电人”用心点亮“龙珠”,这是一支值得永远吟唱的歌!

我喜欢听家乡的山歌,我喜爱《唱支山歌给党听》,那无比亲切感人的旋律会永远荡漾在我的心中。

(作者为长兴供电公司原总经理工作部主任)

关于长兴电网

金欣如　徐忠如

长兴供电公司承担长兴、横沙两岛人民生活、生产任务。解放前无发电设备。解放后党和政府大力发展电力事业，经过几代长电人的努力，长兴、横沙两岛电力从无到有，实现了大跨越。由几台小发电机组到可靠供电21万千瓦实现两条220 KV上海电网与江苏电网"双电源"供电。

长兴岛作为"十一五"时期国家战略重点建设的海洋装备基地，长兴电网紧紧围绕国家电网公司"一强三优"的战略目标和"三抓一创"的工作思路，以"全面、协调、可持续"的科学发展观为指导，为海岛经济的高速发展提供可靠的电力保障，是长兴供电公司扎实推进全面接轨上海电力的步伐，促进又好又快可持续发展的关键。

一、长兴电网的历史

长兴、横沙两岛位于长江口，现有面积212.34平方公里。其中：长兴岛面积160.6平方公里。南距上海浦东约7公里，北与崇明相隔约10公里。东临东海。两岛是由长江入海水流中泥沙淤积而成，形成约160年。入住居民约130年。1949年解放后，岛上居民从政治上翻了身，但是由于特殊的地理条件，交通不便，经济发展相当滞后。"要想富，先修路，要想甜，先有电。"党和政府为了帮助海岛人民脱贫致富，1962年，经上海市第二商业局规划，选址于红星港南岸民生村，建成了"横沙发电厂"；1965年，经上海市计划委员会批准，以华东电管局在长兴岛长风圩所办的上电农场发电车间为基础，成立了"长兴岛电厂"。

为了贯彻"精兵简政"方针，提高管理水平，1974年经上海市经济委员会批准，长兴、横沙电厂两厂合并，定名为"上海市长兴岛发电厂"，实现厂网一体化管理。

合并后两岛共有发电设备容量 7 704 千瓦，6. 3～10 千伏输配电线路 128. 3 公里，挂接用户变压器 152 台共 14 510 千伏安，发电量 1 350 万千瓦时，由华东电管局直管，经济上独立核算。1985 年，长兴、横沙四台老式发电机组相继报废，改由崇明通过 35KV 海底电缆向两岛供电。由于海缆容量限制及单电源供电可靠性差，长兴、横沙电力供需矛盾十分突出，1997 年 1 月，上海市政府决定由上海市电力公司出资建设长兴岛第二发电厂，并将该项目列为 1998 年市政府重要实事工程，同年 12 月建成投运。2002 年 12 月，长兴岛实行厂网分开，上海市长兴岛发电厂更名为上海长兴供电公司，并于 2003 年 1 月 1 日成立运作。2002 年前的长兴电网，只有三座 35 千伏变电站，4 条 35 千伏线路，20 条 10 千伏线路，电网则是最简单的辐射型供电网络。最高负荷不到 1. 5 万千瓦。电网管理依靠当时的马家港变电站值班人员，进行简单的发令操作，没有调度机构管理。此时的长兴电网属纯农村电网，用户为纯农村用户，年售电量 5 000 万千瓦时并且连续 10 年零增长。2002 年 9 月，电网调度所正式成立，下设调度组、操作班、远程通信班，调度所全面负责长、横两岛 35 千伏、10 千伏和 380 伏电网的安全、经济运行，到 2002 年底长兴地区马家港站、先进站创建实行无人值班站，横沙地区新民站为有人值班站。2005 年以前，长兴电网的电源点仅有长兴岛第二发电厂（2×1. 2 万千瓦）和崇明—长兴 35 千伏崇兴 351 线（1 万千瓦），整个电网的供电能力只有 3. 4 万千瓦。

二、促进海岛经济发展，提高人民生活质量，加大电网改造力度

经过老一辈长电人艰苦奋斗，到 90 年代中期两岛电网已初具规模。但由于受发展过程中各种条件限制，网架结构薄弱，10 千伏线路半数是“二线一地”，供电可靠性差；低压电网变压器布点少，线路供电半径大多在 1 公里以上，电压质量达不到标准，部分地区居民用电电压仅 150～160 伏；加上线路陈旧和管理原因，低电压线损高达 300%以上，农村居民电价一般在 1 元/度，部分高达 2～3 元/度。

为了适应海岛经济发展，改善地区投资环境，提高人民生活质量，在上海市电力公司的关心和支持下，长兴供电公司发扬长电人艰苦奋斗，勤俭办企的优良传统，为长兴电网的建设辛勤耕耘，取得了较好的成效。1998 年，两岛开始了近 40 年来第一次有计划、有步骤的电网改造。经过两轮农村电网改造，基建项目有新民站输变电、红星站改造、创建站输变电、先进站输变电、长兴电网调度等工程，共立项 82 个，总投资 1. 55 亿元，新建 35 千伏变电站 3 座，主变压器从原来的 3 台共 1. 5 万千伏安增加到 7 台共 4. 02 万千伏安；35 千伏安线路从原来的 2 路增加到 8 路共

45公里;新增和改造10千伏线路共152公里;10千伏出线由原来的12路增加到30路共281公里;配电变压器由原来的278台增加到424台,共5.5万千伏安。自1971年7月长兴—横沙铺设投运第一条10千伏水底电缆起,使两岛电力联网取得了互补的好处。但是由于“小港”潮汛水流湍急、“鸿槽”既深,又容易变迁,使沉放在水底的电缆无法埋深或覆盖,甚至在鸿槽上处于“搁空”状态。每当台风季节,小港是唯一避风的天然良港,许多在长江口捕捞的渔船和过境船只纷至沓来进港避风。尽管在两岸设置“禁止抛锚”警示标志,有瞭望哨所专人值班,以及护缆船在“缆区”游动宣传巡视,但仍防不胜防,经常使海缆遭受外力损失。最厉害一次导致横沙地区失电4天,对横沙岛的工农生产和居民生活用电造成相当严重的影响。在上海市政府的高度重视下,由上海市电力公司出资规划设计了“长兴横沙输变电大跨越”工程,在长兴、横沙两岸竖起两座108.8米高的铁塔,在距离1.519公里宽的江面上架设双回路35千伏线路2.141 3公里,从根本上解决了横沙岛因海缆故障造成的供电不可靠问题。通过大规模电网改造,使两岛电网规模容量比原先翻了三番,使海岛的投资环境得到改善,网架得到加强,结构更为合理,大大减少了检修停电范围,提高了安全可靠性和供电质量,全网供电可靠率达99.6%,电压合格率达98%以上。此外,两岛共48个村2.5万户居民全面实行一户一表同网同价,仅此一项,每年减轻农民负担360万元。

三、以科学发展观为指导,确立科学规划和建设发展的思路,共谋可持续发展道路

随着社会经济的持续发展,加快电网建设,基本满足海岛客户的需求是长兴供电公司近几年的主旋律。

坚强的电网是确保电网发展的可靠保证。加强配电网建设一直是电网建设的主要工作。2003年由于地区负荷的增长,对于网架可靠性等要求越来越高。当时配电网的规模较简单,供电可靠性较差,只有35千伏变电站5座,10千伏及以上线路35条,10千伏及以上架空线及电缆长度只有340公里左右,整个电网的供电能力仅3.4万千瓦,根本无法满足电网发展和长兴地区经济发展的需要。2003年以来,上海市电力公司下达给长兴供电公司用于电网建设的项目总共36项,累计完成投资10 794万元,由此电网规模和网架结构大大增强。特别是2005年崇明—长兴110千伏联网供电后,电网电源有:崇明陈家镇站—长兴站110千伏海底电缆18万千瓦,上海长兴岛第二发电厂两台1.2万千瓦发电机组及崇明—长兴岛35千伏

海底电缆 1 千瓦,合计电源 21 万千瓦。供电可靠性得到了很大提高。2008 年底,长兴电网规模已增加到 220 千伏(110 千伏)变电站 1 座,35 千伏变电站 6 座,10 千伏及以上线路 74 条,10 千伏及以上架空线及电缆长度 546 公里,新增各类配电站 23 座。与此同时,经过几年来的技术改造,电网主设备情况得到很大改善,站内开关无油化达到 100%,绝大部分主变压器改为 s9 型低损耗变压器,主保护大都升级为微机型保护,设备可靠性大大增强。

在建设坚强电网,为世界一流企业用电提供可靠保证的同时,近几年长兴供电公司仍坚持做好低压电网建设和改造工作。根据长兴地区供电服务对象的性质,除了近几年进驻长兴岛的世界一流企业.还有原先广大的农村用户,同时做好这两方面用户的供电服务工作,是长兴供电公司科学可持续发展的重要体现。为此在一期农网改造结束以后,长兴供电公司相继又进行了二期农网改造和新农村电气化村建设工作,花大力气对低压电网进行改造,2003 年以来上海市电力公司总共投入资金 5 457 万元。经过改造,农村低电压情况得到了明显的控制和改善。

通过 2003 年以来的电网建设,长兴电网供电能力和供电可靠性等指标大大提高,长兴供电公司的售电量从连续 10 年零增长转变为连续 8 年的高速增长,由 2003 年 1.311 亿千瓦时增加到 2008 年 7.493 亿千瓦时,售电量每年呈 40%左右速度增长。同时供电可靠率由 99.708%上升到 99.883%,电压合格率由 98.22%上升到 99.778%,综合线损失由 5.95%下降到 5.27%。高速发展是长兴供电公司最近几年的主旋律,2009 年 6 月,长兴电网已实现与崇明 220 千伏联网,2009 年 10 月,实现与上海浦东 220KV 联网。长兴电网的用电由上海电网和江苏电网组成“双电源”同时供应,安全可靠性就大大增强了。长兴岛已定位为海洋装备岛,是上海六大产业基地之一。随着长江隧桥工程的建成,长兴岛将融入上海大格局之中,这是长兴供电公司千载难逢的好机遇,预计长兴电网 2010 年负荷将达 25 万～30 万千瓦时,售电量 12.0 亿～15 亿千瓦时,人均年售电量超过 1 000 万千瓦时。长兴电网的发展,是用科学发展观指导电网建设的结果,是走可持续发展道路的结果,是全面贯彻落实科学发展观的结果。

随着两岛社会经济快速发展,很多大型企业纷纷落户长兴岛,具有代表性的世界一流企业有:振华港机,年产值 25 亿美元,世界市场占有率 78%;中船长兴基地,规划年造船能力 800 万载重吨;还有中海、青草沙原水库等。

长兴供电公司紧紧抓住海岛经济跨越式发展的好机遇,自我加压,既循序渐进,又求快速进步,提出“十一五”末全面接轨上海电力的目标。在市区供电公司专家组的指导帮助下,长兴供电公司全体干部职工团结一致,努力奋斗,在原纯农村电网管理模式的基础上较好地完成了向入驻长兴岛的世界一流大企业按照上海电力要求提供一流服务的转变。近几年来，长兴供电公司先后获得了国家电网公司一流县供电企业、国家电网公司电能损耗管理先进单位、连续四届上海市文明单位荣誉称号。

同时，长兴供电公司依托长兴海洋装备岛的快速发展，结合社会主义新农村的建设，以市场需求为导向，加强电力市场预测与分析，规范优化营销流程管理，加快业扩接点时间，为业扩客户尽量早送电，增加售电量。坚持以优质服务为宗旨，夯实营销服务基础，树立“大营销，大服务”理念，实现管理模式的更新，通过推进服务流程优化，更新服务手段，推行营销体制改革，规范行业流程，加强营销安全风险意识，强化营销安全风险管理，完善抄表队伍管理，持续改进服务，为不断实现客户和公司价值共赢的发展局面打好扎实基础。

长兴供电公司以提高运用科学发展观分析和解决实际问题的能力为抓手，着力创新营销服务及市场开拓的方法和手段，不断加深对国网公司“四个服务”和“三个责任”理念的理解，提高了对国家电网公司“三个十条”、上海电力“双十条”的执行力，不断深化“服务观念全员化、服务内容规范化、服务方式多样化、服务手段信息化”，不断提升优质服务的水平。针对两岛的特殊情况，长兴供电公司突出个性化服务，对落户的世界一流企业按照上海电力一流的标准做好服务，对广大农村地区按照“新农村、新电力、新服务”的要求去做好，95598 服务热线正常运转。同时选择对政府和居民有影响的工程作为亮点工程，强化了后台支撑保证作用，提升了接待服务水平。由于注重行风建设，针对海洋装备岛快速发展的需要，及时走访重要客户征询意见和建议，掌握第一手资料，为服务好大客户打好基础，因此，长兴供电在上海市零点调查公司近几年的测评中得到了好评，也在两岛体现了国网品牌和上海电力的好形象。

长兴电网的发展是可喜的，她的未来是可预见的，这是在上级党委的正确领导下，在地方政府的关心支持下，以其强大的凝聚力和动员力，以其科学的领导和战略决策，沿着改革开放的轨迹壮大起来的成果。长兴供电公司面临跨越式发展的大好机遇，以科学发展观为指导，抓住 2010 年上海世博会的契机，以加快“两个转变”、建设“一强三优现代”公司为导向，以国家电网公司“诚信、责任、创新、奉献”的优秀企业文化核心价值观为引导，把“努力超越，追求卓越”落实到行动上，以“发展、人才、和谐”为主线，以“管理是永无止境的追求，奉献是人生最大的乐趣”的理念，号召全体员工内心深处“安心海岛，爱公司胜似爱家”，并以“一分耕耘，一分收获”的心态对待工作，营造“在工作中学习、在学习中工作”的氛围，让公司全体干部、员工自觉地在发扬长电人艰苦奋斗、勤俭办企的优良传统中携起手，充分发挥地方政府和长兴岛开发建设管理委员会的作用，推动“政府主导，各方参与，企业实施”的电网建设联网推进机制建设，加快电网建设，使长兴电网在安全稳定运行中更好地服务于海洋装备岛社会经济的发展，扎实推进全面接轨上海电力的步伐，促进长兴供电公司又好又快可持续发展。

弄潮儿向潮头立

——长兴万亩柑橘园与施品佳

傅家驹

谁是弄潮儿

拍摄上海美景的摄影家，从飞机上俯视长兴岛，眼前顿时一亮，但见郁郁葱葱一片，翠绿得似可滴出水来，无不欣喜若狂。原来岛上五万多亩可耕地中，有两万亩覆盖着成片橘林。从大办柑橘园算起，不过15个年头多点，这个斜卧在长江口的狭长小岛上，竟如天方夜谭般冒出了三百多个大大小小柑橘园，乡有、村有、企业有、队也有，甚至一个单位办上好几个。别小觑这一只只小小橘子，它是乡里的支柱产业，是乡政府的一只收入大盘子，是全乡农户一年开销的"银行"。柑橘丰产丰收，农户生活甜美；柑橘歉产歉收，农户蹙紧眉头。

说起柑橘事业的发展，人们自然会联想到一个人，众口一词说出一个名字——施品佳。施品佳是怎样一个人？1945年出生，今年55岁，1.74米的个头，五大三粗，壮壮实实，是条搞农业的好汉子。他是乡农业公司，后来又是柑橘公司的干部，自从分工要他抓柑橘后，就和柑橘结下了不解之缘。日子风风火火般过去，现在人们翘起拇指说他是柑橘专家，有人说他钟情柑橘，是个"橘子迷"。"大橘子"这个绰号不胫而走，远近闻名。各级柑橘会议，只要施品佳一到，就有人指指点点说："'大橘子'来了。"在长兴，认识他的人都会说：他是个工作认真、不打牌、不跳舞、不会娱乐的人；是个心胸豁达、热心交友、秉性随和、没有花花肠子的人；是个钻研技术、对技术精益求精，心细得宛如姑娘绣花，说话不会曲里拐弯、直心快语、一不小心就得罪了谁、造成误解和隔阂的人；是个舍得花钱、千方百计寻觅与购买各种柑橘技术资料、五六千本垒起来的书有他两人这么高，却不会把家里生活营造的舒适丰富的人;是个抓住了柑橘发展的黄金机遇,迎着潮头而上的弄潮儿。可以说,柑橘事业的发展有他的辛勤汗水,有他的甜酸苦辣,有他的憧憬追求,有他的闪亮梦境。自然,这里必须说清楚的,也绝不是闲笔,在中国现在的体制下,办成一件事都不会也不可能是个人行为,柑橘事业的发展有党的政策指引,有党和政府的具体领导,有上级各部门的支持帮助,有同级方方面面人士的关怀扶持,有下面同志的劳心劳神,合力苦干。我这里说到的一些事,正说明是集体力量的成果。为了叙述方便,恕我将材料适当集中,点到了施品佳个人的名,十分自然。施品佳是大家的一分子,成绩和贡献,和众人分拆不开,有时候难分谁重谁轻,谁先谁后,就把施品佳作为一个集体的代表吧。

机遇汹涌似潮头

说起机遇,改革开放到 80 年代中期已显露头角,党中央和上海市委决定农业改制,减种棉花,改种其他经济作物。长兴乡乡长施连根和当地农业战线上摸爬滚打在一起的人(包括施品佳)商量后,提出了一个大胆的设想——改棉种橘。应该说,长兴种植柑橘的客观条件如气候土壤等是具备的,或者说,长兴岛的小气候由于一股暖流影响,是适宜种植柑橘的北缘地区。再说岛民有种橘历史,目前全岛有柑橘 177 亩,无论怎么说,总还是个基础,是事业起步的一个出发点。可是"改棉种橘"的设想如何变为具体行动呢?他们又勇敢地提出"建立万亩柑橘园"的目标。乡党委、乡政府赞同了这个设想和目标。可如何落实到全岛农民的具体行动中呢?主观条件上算算账,差了一大截。但是,这一伙人的精神状态很好,他们认识到条件不会从天上掉下来,必须自己去创立,世上办成任何事,不能等、靠,而要振奋精神,迎着困难上,要创造与改变条件,也就是说要自主、自立、自强。

事有凑巧,好事成双。恰好市科委设立了"星火计划",本意是扶助培育有前途的产业,使星星之火,可以燎原。长兴的万亩橘园打算能否列为项目呢?如果可以争取列入,那么对事业起步,可以频添助力,乘风破浪。

星火计划项目自有其申请条件和程序。施品佳作为抓柑橘的副经理,和干部们忙了几天,草拟出一份《长兴万亩橘园可行性报告》,报送市科委,参加"星火计划"项目评估审议会议。这事儿头一遭办,虽然写出了报告,心里还是觉得没有底。可也奇了,好事儿凑成了堆。施品佳那天吃饭,竟挨在市科委项目负责人一桌上了,十分自然谈起了万亩柑橘园。那位同志没有打官腔,诚恳说道:你们那份报告我看过了,思路不够清晰,论据不够充分,评估打分会吃亏的,实际上你们条件还不错很有希望。我这里有份汇报提纲，你们是否看了再抓紧准备一下，下午按提纲要求口头汇报，效果可能会不一样。施品佳大喜过望，一头钻进去，利用会前短短时间，调整思路，突出重点和基本条件。下午轮到发言了，半个小时说得头头是道，有理有据，折服了评委，获准通过列项，而且是全上海果园唯一批准的一个。

首炮打响，信心倍增。搞万亩橘园，是开天辟地的第一次，困难定然不少。施品佳想到：千难万难，期望值高，可能是第一难。这是改变长兴经济面貌的大事，领导要求高，而且只准成功，不准失败；再说，这是农民走向富裕的大事，千百双眼睛都盯在柑橘树上；凡此种种，都形成巨大压力，压在农业公司（柑橘公司）上，压在施品佳身上。

是机遇，也是挑战，看你怎么办。施品佳认识到，开弓没有回头箭，工作一旦起步，容不得半点疏忽，只能因势利导，力排万难。在万亩柑橘事业起步初期，施品佳当上了宝山县第七届（最后一届）政协委员，以后又是宝山区第一、第二届政协委员。

这像一股暖流流向全身，给他增加了无穷力量。施品佳深深认识到政协委员称号是光荣的，领导的信任和事业的要求，就是鞭策，也是动力，为了不使光荣褪色，就必须抖擞精神，披荆斩棘，勇敢奋进！

过关斩将所向披靡

重担在肩，施品佳既大胆又谨慎，他暗暗拿定主意，邓小平对改革开放事业是"摸着石头过河"，这句金科玉律对我们也完全用得上，就这么干。

砻糠搓绳起头难。白手起家，要过六关：资金、规划、栽培、品种、植保、销售。没有捷径，只有一关关闯，没有花哨可耍。一串锁链，只能一环环解开。施品佳啊，施品佳，越过高山，灿烂美景就在前方。

资金是事业起步的滋润剂。"星火计划"立项已经批准，是块金字招牌。加上磨嘴皮子游说，确能够感动"上帝"，各方伸手支持：上海工商银行贷款50万，上海市果业公司借款15万。65万数字不算多，紧算简用，恨不得一元钱掰成两半用，可步子终于迈动了起来。

制定规划时，乡党政领导及时提出"三个轮子一起转"，即乡级、村级、队级都要办。那时候，上上下下积极性很高，落实亩数不算太困难，关键是起步必须严格按一定规格办，不留后患，拒绝返工。规格之一是种植必须连片，不仅是一个队的小连片，还要求相邻几个单位开辟果园都必须靠近连片。连片，便于管理指导、检查、植保防治、采摘、运输;除此之外的原因,柑橘和水稻对水的要求不同,减少插花田,利于各自生长。规格之二是每个田块行距统一,道路明沟设置统一,垄高垄隔统一,防风林障建设统一。这些工作的具体落实,依赖会议布置远远不够,全乡26平方公里范围内的每座橘园,施品佳以及农业公司领导,都要下去踏田查看,田头商议统一。可以说,这工作是艰巨的,别的不说,光自行车的轮胎都磨破好几副呢!

品种搭配,起步时要注意,以后随着市场需求,年年都要调整,不能一劳永逸。毫不夸张,初时当家品种仅三个:黄皮、尾张、朱红。朱红从苏州洞庭湖东山引进,果形小,糖度不高,核多,是个淘汰品种。当前亟须引进当家的优良品种,而且早、中、晚上市茬口搭配必须做到科学合理,经济效益才好。为了引种,种柑橘的大省都跑遍了,施品佳足迹印遍广东、广西、湖南、湖北、福建、江西、浙江、江苏、四川省的土地。那时候经费少,力戒奢华,不坐飞机,不住宾馆,能省就省。橘苗偏僻处价低,人劳累点,费用降低了。北方省份陕西,虽说是高纬度地区,有的地方小气候适宜,柑橘长得不错。为引进一种冰糖橙,虽远在陕西城固县,也千里迢迢西去。陕西气候多变,突然寒流袭击,冻得发抖,想买厚衣,当地没有他那种大尺码。有时道路不清,一次和路匪擦肩而过,可能由于施品佳看来身材魁伟,颇有膂力,对方未敢动手,听说后来者就遭到毒手,劫走财物,挨了痛打。施品佳三下江西也不轻松,火车到南昌,换乘长途汽车,10个小时颠簸,下车再换长途汽车,又是10个小时硬座上颠簸,下来到柑橘园还要两脚走,要不是好身体,骨头都会散了架。到浙江路近也好走,但是品种杂、假货多得国内闻名,不少单位对其都咋舌却步,唯独施品佳艺高胆大,在长期的引种实践中,练出了过硬的本领,哪怕闭着眼睛,摸摸叶距、叶片,对品种的把握也能做到八九不离十。

功夫不负有心人。柑橘品种没多少时间就增加到14个,现在已经增加到三十多个了,而且年年有新品种,年年要淘汰,淘汰率一般掌握在500亩左右,因为适度淘汰,保证了年年出新。现在早熟特早熟品种(国庆前上市)有宫川、兴律等八九种,中熟有尾张、黄皮、满头红等十多种,晚熟有清家、伊优柑、芦柑、哈姆林及种甜橙、脐橙等15个左右的品种,基本上满足了市场需求。施品桂也真是个有心人,他一认准,就引来品种,把握不大时小面积种植。他把自已宅前宅后一亩多地辟作了一块小小的试验田。就在这块不大的试验地里,参观者会发现种了二十多个新品种。施品佳会娓娓动听地告诉来访者哪些是甜橙,哪些是美国引进的名品脐橙,哪些甜橙脐橙不久就会走上水果店的货架,等等。品种树种在自己家门前,不为别的,主要是为了可以勤观察,作记录、做试验,摸准每一个品种的脾性,找出符合长兴岛要求的,以大胆推广。相比于成片柑橘园来说,这仅是豆腐干那么大的一块地，可作用倒不小。小小一块地，完全有资格称之为柑橘进入长兴的门户，是接受各种检验的关口，是观察特性的场所。可以说，有了这一块“基地”，有了这一关，长兴万亩柑橘的发展过程，才能避免大起大落、低谷惨败。

多问益智自学成才

栽培这一关，对大多数人来说，难就难在是一张白纸。过去是棉花水稻，现在是柑橘树苗，光一整套技术术语，就完全是新套套，听了记不住，说起来拗口。走熟的路子不能走了，再难也要干。初期，就有过不是笑话的笑话：修剪果树要使其三叉成形，便于迎接阳光，窜条坐果，可是有的竟把果苗修剪成观赏的黄杨树球一般，使人啼笑皆非。于是施品佳他们每年都举办了不少学习班，有季节班，有各类对象班，如场长级的、果园队长级的、妇女主任级的(大量管理工作在第一线的是妇女)、专管员级的，而且针对不同的对象，内容和重点有所不同。讲课有请专家上，也有农业公司(柑橘公司)几个人分工自己上，多半是自己人讲，效果也不错，通俗易懂，能入耳入脑。施品佳也去上课，上完课还到田头示范操作，手把手教，当场解答问题。学员中农民多，最好是直观教育，因此无论是针对砧木苗木如何嫁接，还是除虫除病配方喷洒，都不厌其烦教其操作，直到学会为止。几年下来，一支技术队伍成长起来了，自己能走路了，一般栽培常识已能操作自如。施品佳他们就把办班训练改成编印指导性的技术资料，目前每个月编写出版一份《柑橘农事》，对栽培植保提出要求做法。资料系铅印 16K 大小，已持续 9 年，每年 7 万份。资料一出来，他们几个人就分头送到各场各村，颇受欢迎，都说“及时雨来了”。一次，施品佳在台州地区发现一张《台州地区温州蜜柑优质高产栽培模式》示范图表，内容丰富，易看易懂，里面有单体和群体产量体型及结构指标，有逐月的生育规律与栽培措施，有整形修剪图解，有防病治虫措施，有各时期施肥方案，认为十分有用，就买了回来，不管路远量重，背到长兴，张贴于各场各园，很起作用。

防治病虫害，是植保工作的大头，一年四季都有任务。施品佳本是搞农业植保出身的，在村里当过植保员、技术员，乡农科所也工作过，农业植保，甚至土肥、气象都干过，现在转向管理柑橘，某些规律虽有共性，但不同点太多了，施品佳觉得自己也是新手。虽然到宝山农校学习一年，但他自知技术上不如人，要做好工作，只有付出更多精力学习和请教。他向同事懂行者学习，向前卫柑橘场场长丁溥德学习、向市农科院柑橘组请教，向浙江农大柑橘副场长、高工王复瑞学习，甚至向全国果树协会理事长孙华信写信求教、索要技术资料。由于他虚心求教，孜孜不倦学习，他的真诚和勤勉，赢得了不少专家的赞许，在交往中结成了朋友，帮助他解决了不少难题。施品佳又组织过柑橘研究协会在专家指导下解决一些常见病的防治问题。柑橘病虫害不少，常见的有炭疽病、黄花病、溃疡病、裂果病、脐黄病等，施品佳摸索出一些简单而有效的办法。例如柑橘黄花病，和土壤酸碱度失衡有关，荷兰和德国有种防治农药，可使用后见效不大，他们就想办法，搬家移位，效果立见。又如裂果病，和水分过多有关。他们摸索到的办法是大雨过后，根系吸收水分大量上升，他们就在果树树茎上划几刀，部分阻断水分上升路线，就可奏效，当然划几刀有个讲究，不可下环形刀，否则果树会枯萎而死，必须上下错切位，深浅适中。施品佳就在实践中用科学与勤奋精神，克服了一道道难关。在长兴，有种说法神了，说施品佳对二十多种农药，远远一嗅就知道是什么。不过也确有这方面的事例。一次他经过长鸣果园，嗅出他们使用的农药不对，过去一看，果然把农田除草剂当作柑橘治虫剂用了，幸亏发现早，否则损失大了。再有，派出所碰到服农药自杀的案例，叫施品佳来鉴定是什么农药，竟要他起法医作用。

柑橘生产实现其经济价值社会价值的最后环节是销售。万亩橘园成功、产量节节上升，秋天的销售问题十分突出。计划经济时，由上海果品公司包销，市场经济后就不行了，加上产量众多，必须多渠道销售。现在年产量稳定在 3 500 万斤，高时可达 4 500 万斤，预计今年如无大的灾情，可达 5 000 万斤。他们除了合同销售外，还有个体销售，场贩挂钩。施品佳还到浦东新区去自办柑橘市场，在当地政府、公安部门帮助下，销售十分成功。当然，困难也是不少，白天要和公然盗窃者斗争，夜晚要和蚊子打交道，3 个月下来，人瘦了，却获得了可喜收益。除开辟本地市场，施品佳他们又开辟外地市场和出口市场。他们对采摘下的橘加了一道分拣关，按不同要求分类。符合出口标准的，装箱发往加拿大、俄罗斯。果形大的，运销北京、天津。有的打入太仓、苏州市场，取得不少市场份额。就是那些果型较小，外观平常的橘子，也有去处，销往无橘的市县苏北南通大丰等地，仍受欢迎。丰产年份，施品佳和上海食品研究所联合从事短期保鲜处理，春节期间上市，经济效益特佳。柑橘众多，金灿灿挂在树上，十分诱人。区、乡连续多年，举办柑橘节，搞柑橘旅游，游人不绝，国际友人闻讯，也纷至沓来，共接待过日本、法、美、加拿大、朝、新加坡等 11 国游客，甚至还有两名联合国官员，慕名而至；外国留学生上岛参观，更为活跃；外国演员登上柑橘节舞台的有俄、法、荷兰、芬兰等 4 个艺术团体 87 人，成为一个景观。

施品佳是个政协委员，在政协这个舞台上，他也舒展了身手。他运用这个渠道和各级领导沟通，广交朋友，获得了各方伸来的援助之手。他使政协里有了柑橘生产、销售的声音,跳动着橘农的喜与忧。他多次提出提案,建议解决柑橘生产体制,有机肥、销售渠道、岛上安装程控电话等问题,大多有了积极效果,如次年程控电话就全数解决。

春华秋实。万亩柑橘的发展史就是奋斗史,结出了果实,锻炼了人,农业公司(柑橘公司)技术干部都获得了农艺师中级职称。公司5次获得乡和区先进,市农业局、市科委、科协、市政府先进奖各一次。施品佳本人也获得不少奖项,举其要者有:"开发海岛自然资源建设上海柑橘生产基地三等奖"、"柑橘溃疡病综合防治研究三等奖","科技进步二等奖"、"柑橘保鲜贮藏试验和推广奖"……至于先进工作者奖则更多了。

施品佳虽然做出了成绩,但仍保持着一个实干者的本色,不骄不躁,虚心好学。他自知前面的道路还很长,山外还有山,各种技术和管理的经验,需总结推广,造福乡里。我们期待他百尺竿头,更上一层。

(作者曾任宝山县委宣传部长、上海金秋文学杂志社总编)

长兴供销社

——挥之不去的时代记忆

王纪章

一、供销社的由来和变迁

上海市宝山区长兴供销合作社(原属宝山县)于1951年7月成立,1952年11月召开第一届社员代表大会。1951年入股社员9 315人,入股金额5 183元。1953年底,共有社员股份5 703股、入股金13 618元。当初长兴农民用一担柴、一只鸡、一只鸭或一元现金踊跃参股,组建自己的供销合作社,下设四个供销站,即瑞丰站、潘石站、凤凰站、东镇站。其中东镇站于1971年整体迁至一号桥;1958年,瑞丰站因海塌而取消。此外另有元沙站由横沙划归至长兴。

1956年,通过社会主义过渡时期总路线教育,凤凰镇的烟杂小商小贩自愿申请联合组成"宝山县长兴区凤凰镇烟杂业合作商店"归属供销社领导。

1958年,在"大跃进"的影响下,集体商业向全民所有制过渡,供销社改为长兴国营商店,归属宝山县商业局领导。自1962年起,因国民经济调整,供销社与国营商店重新划开,更名为长兴人民公社供销社。归口供销社的合作商店系统也作了调整和划分,成立长兴凤凰纯商业合作商店、凤凰服务业合作商店、东镇综合合作商店、元沙综合合作商店、潘石综合合作商店。

1964年,长兴人民公社供销社更名为宝山县长兴供销合作社。

1974年,原归属商业局的医药商店、食品站、水产站开始归长兴供销社领导。到1978年,食品站和水产站实行独立核算,受宝山食品公司和水产公司直接领导。

1984年开始,因受改革开放"无农不稳、无工不富、无商不活"的影响,商业网点像雨后春笋般大量的涌现,使供销社的销售和利润大受影响。为了弥补这方面的损失,供销社开始起步着手商办工业,到80年代末开办了9家商办厂,有衬布厂、热熔纱布厂、水泥制品厂、汽修厂、切割厂、止血纱布厂、童装厂、化妆品厂及玻璃器皿厂。到90年代,因办厂技术管理人才的缺失以及资金等问题,相继关掉和转制给个人经营。

到1985年,供销社网店共有28家、合作商店共有27家,受供销社管理的农村代销店19个,占全岛商店数(87家)的85%。

1993年,长兴供销合作社改制为上海长兴供销总公司,并保留长兴供销社的设置,实行两块牌子一套班子。

2003年10月起,经上级批准,长兴供销社和上海长兴供销总公司整体转制为上海长兴供销有限公司,并保留长兴供销社的设置。上海长兴供销有限公司总资产为1 850万元,由宝山区供销合作总社控股70%,自然人控股30%。

二、长兴供销合作社建社以来的主要荣誉

1. 80年代,凤凰旅馆被评为上海市最佳旅馆。
2. 80年代,凤凰药店被评为上海市劳模集体。
3. 副总经理沈胜俱同志被评为2004~2006年度上海市劳动模范。

三、改革开放中的长兴供销社

改革开放前计划经济时代的长兴供销社,在岛内从吃、穿、用的生活资料到为农服务的农业生产资料的供应和农村农产品的收购,基本上是一统天下。在党和政府的政策扶持下,销售额从组建时到1984年期间连年上升:1952年零售额为24.82万元,1962年为241.26万元,1972年为1 031.34万元,1984年已达到1 444.65万元。从数据上看,当时长兴供销社为长兴居民、农民的生活,为长兴农村和农业的发展做了很好的后勤保障工作。

自1984年起,改革开放促使农村种植情况发生重大变化。原长兴计划种植的一万多亩棉花改为种植价值较高的柑橘,因此长兴供销社棉花收购站的任务不复存在,棉花收购额这块落空,这对长兴供销社的营业额有较大的影响。为了改变这一现状,长兴供销社加强了其他农村产品的收购,80年代至90年代,先后组建了草绳协会、芦花协会、长毛兔合作社和柑橘服务合作社,为长兴农民增加了收入,深受长兴农民的欢迎。1994年前后,柑橘服务合作社为长兴橘农收购销售柑橘共计

200万斤,缓解了长兴当初卖橘难的现状。

为了改变供销社的经济结构,自1984年起,长兴供销社开始创办商办工业,先后开设了九家小厂,吸纳了长兴农村富余劳动力二百多人。随着商品流通的进一步活跃,流通渠道的进一步放开,原有的拨货计价实物负责制度已不适应当下的形势,商业部门普遍对零售门店改用抽资承包的方式,即把原有商品库存按进价全部卖给门店承包者,由承包者自主经营,门店营业员由承包者支付工资和社保费用,承包者还需缴纳供销社承包费。这种方式有效减少了亏损门店。到了2004年,改革形势进一步深入,长兴供销社根据宝山区总社的要求,进行转制,职工全部买断身份,打破了原有固定工的身份,以合同制员工进入改制后的上海长兴供销有限公司。原有营业门店职工全部买断身份,一次性付给补偿金,门店由职工自主经营,自负民事责任,原供销社的商业用房由经营者以租赁形式向供销社缴纳租金,职工的劳动关系和社保关系完全与供销社脱离,供销社保留成品油供应业务和实行自有房屋资产经营。

四、为长兴的崛起做好后勤保障工作

90年代后期,市区不少大型企业因发展需要向市郊转移,因长兴岛海岸线长和沿江岸线航道水深等有利的自然条件,一批与航运相关的企业纷纷看中长兴,长兴三十多公里长的岸线即变为各船舶、航运企业争夺的热土。自90年代后期到现在,相继已有粤海船厂(现为中海长兴)、振华港机、江南造船厂、沪东船厂、青草沙水库等大型国企落户长兴岛。来自全国各地的建设大军汇聚长兴,使长兴居住人口从不足四万,一下增加到十几万。长兴供销社是长兴的主要商业单位,为长兴的发展做好后勤保障工作的责任,就历史性的落到长兴供销社的肩上。在岛内建设初期,因道路等因素,长兴供销社为了把急需的商品物资送到工程现场,我们的职工不怕辛劳,用肩挑手提的方式把物资及时送到用户单位现场。在几家大企业生产建设过程中,因柴油的用量较大,长兴供销社为了做好后勤保障工作,专门为粤海船厂和振华港机配备了大型的储油罐,让这些企业备足存量,避免了因台风迷雾等恶劣天气条件下无法进油上岛的情况。十多年来,长兴供销社做到了没有一天因柴油供应不上而影响岛内的建设和生产。特别是在成品油市场柴油特别紧缺的情况下,长兴供销社甚至采用进销差价倒挂、亏本的方式担当起一个岛上企业的社会责任,确保供应。

在建设发展阶段,因大型机械设备、工程船舶等用油都需送货到现场,长兴供销社为此专门配备了供油船和供油车。近几年来,长兴供销社已为这些大型企业平均每年送货2 350车次、267航次、4 550人次,送货额8 700万元,受到了这些企业的肯定和好评。长兴供销社在做好后勤保障工作的同时,企业自身也得到了很好的发展,销售额年年都有新的突破,近年来销售额已达到亿元。

长兴供销合作社必将继往开来,担当起长兴岛发展的社会责任,为长兴岛的崛起添砖加瓦。

(作者为上海市宝山区长兴供销合作社原党支部书记)

长兴岛打造长江第一滩

黄勇娣

风情小镇诗意栖居

长兴岛东端800米岸线上，六年前还是一片荒滩，如今，一座多功能码头、三座浮码头已经竣工……到今年底，长兴岛横沙国家一级渔港将具备试运营条件，正式结束上海没有渔港的历史。包括渔港在内的1.8公里岸线的“长江第一滩”已初具雏形，今后将成为上海市民亲近长江的大型江滩公园。

“长兴岛除了海洋装备岛、生态水源岛，还有条件成为独具特色的景观旅游岛。”上海市长兴岛开发办负责人表示，地处长江入海口的长兴岛“长江第一滩”，将集餐饮、休闲、生态观光、海洋文化展示等功能于一体，为市民新辟一处休闲胜地。同时，通过长江大桥、崇启大桥联系长江以北城市群，辐射带动崇明三岛乃至长三角地区旅游功能的开发。

据介绍，“长江第一滩”规划总面积五平方公里，包括渔港核心功能区、特色滨江带、城镇配套区。其中，除了800米岸线的渔港核心功能区，特色滨江带将精心打造1 000米长的生活岸线，让市民既可漫步绿色氧吧，又可凭栏眺望长江；其间，还穿插分布多个文化休闲项目。城镇配套区，则将被塑造成一座充满活力的渔港风情小镇。

亚洲水产品集散地

国家一级渔港，是“长江第一滩”的核心。渔港核心功能区用地面积约15公顷，已建成两个3 000吨级和九个500吨级的渔船泊位，初期年卸水产品可达12万吨,是距离上海中心城区最近的销地型渔港。同时,这里还在建设渔民避险、渔船补给、渔产品深度加工和交易等基础性功能。今后江苏、浙江、台湾和上海的渔船将把这里作为最便利的避风港与综和补给基地。渔港还在积极申请口岸开放,争取让我国台湾、丹麦、法督、澳大利亚等远洋渔船直接进港卸货,使上海成为国内和国际高端水产品的集散地和渔业资源信息发布地。

长兴岛横沙国家一级渔港将打破传统渔港的交易模式,对参与交易的双方实行会员制管理,从源头抓好进港产品的标准化管理,建立检验检测中心和追溯系统,会员使用的交易鱼箱全都统一标准,在上下游之间实行"一箱轮回制"。同时,积极推进会员制拍卖交易。渔港计划经过三到五年的培育发展,实现港口年吞吐量 30 万～50 万吨,成为立足上海、辐射长三角乃至中西部地区的水产品集散中心和定价中心,真正建成亚洲一流、国内最好的精品渔港。

渔港小镇海岛风情

特色滨江带,则是"长江第一滩"的亮点——以 1 000 米生活岸线为核心资源,按 200 年一遇的标准,保滩筑堤 50 米宽,打造近 1 万平方米滨江公共绿地。海鲜排档、演艺广场、沙滩浴场、游艇码头等综合性公共休闲项目穿插其中,着重展示海洋文化和长江风光。在其腹地,还将重点开发 1～5 平方公里特色风情街区,近 80 万平方米的餐饮、购物、酒店、商务办公和文化娱乐设施。

城镇配套区,是"长江第一滩"的扩展和依托。该区域用地面积约 3.5 平方公里,将围绕"长江第一滩"的主导功能,延伸打造商业街区、居住社区和生态公园等多元化城镇功能。渔港小镇将建设 180 万平方米的住宅建筑和配套公建,形成红顶白墙、简约明快的海岛建筑风格。同时,30 公顷水域空间、70 公顷绿化用地,形成纵横交错的水绿网络,将为渔港小镇营造令都市人向往的诗意栖居的生活环境。

"一名都市白领,一部车,一家人,玩一天,带着一份好心情返程……"长兴岛开发办相关负责人告诉记者,不久的将来,市民游客来到长兴岛,除了游览"长江第一滩",还可前往当地三万亩橘园、五平方公里的郊野公园以及青草沙水源地感受生态魅力。

我是从讨饭圩里出来的穷孩子

王文昌

我没有文化，也没有上过学，出生在崇明保安镇一个贫苦农民的家庭。记得我四岁那年农历七月十二和八月初三，两次大潮汛，把我家的草棚和土地都淹了个精光，家产一点也没有了。父母带着我们四处讨饭，后来才到了镇北河西的一处河边上搭了两间茅草屋。旁边就是坟地，一般人家都不敢住在那里。安顿下来后，父母和我，还有一个小我两岁的妹妹，一家四口仅靠做忙头工作维持家境。那时真苦呀，吃了上顿，没有下顿。在我九岁那年，家里的日子实在过不下去了，父亲只好跟着邻居们一起到了外地做小工卖苦力。当要动身走的那天夜里，因我睡着了，就没有叫醒我，抹着眼泪离开了家里。第二天，不见了父亲，急着问母亲，才知道外出打工去了，后来，做了几个月的小工，大家坐船回家。当船到了半海里，风渐渐大起来了，一个接一个浪头扑上船来，最后船被掀翻沉没了。当时船上一共 12 个人，救出了 11 个人，就我父亲失踪了。当看到人家都一个个回来了，我母亲哭得以泪洗面。后来在邻居朋友的帮忙下，才把我父亲的遗体打捞了回来，并办完了丧事。时隔不久，经热心人介绍给我找了个童养媳，那时我才 12 岁，没过多久，她就带着我和妹妹及公婆来到了长兴岛。我们先后在沙的东沿头用两根旧毛竹搭起了草棚棚，这才落了脚。搬到了鸭窝沙(今德茂圩)的北岸用芦头搭起了甩龙舍，烧的泥涂灶，坐的凳子用泥块做成的，睡的被头坏的像破希精，蚊帐坏来九穿林，生活极其贫困。我们每天只得靠在海滩上捞鱼，摸蟹，拔茭白、高米来充饥过日子。到了后来，我们种了地主、富农的四五亩田，还要靠自己挑泥平地皮。一切费用都是自己的，到了秋收季节，田头分配：地主、富农得 60%，我们辛辛苦苦只好得 40%。有时候家里的杂粮没有了，就硬着头皮向粮户人家借，利息要 40%一年，所以实在没有办法了，我们只好东闯西走沿路讨饭。到了我 15 岁那年，就开始帮人家做忙头工，日子才勉强维持下来。

解放前，在长兴岛上，我们无依无靠，稍有毛毛病病，也得自己硬抗。自己身无分文不说，岛上还真的很缺医少药。记得有一次我女人难产，请了老婆娘，可孩子还是生不下来，快要闷死在肚子里了，大人也快撑不住了。我急忙四处打听，才得知镇上有个私人诊所，我像捞了根救命稻草似的，急急忙忙用独轮车把我女人送到了那个私人诊所。当时那个医生开价要一石半的米，我只得先借了铜钿垫上，那个医生才肯动手术把小孩从我女人的肚子里取了出来，大人也救活了。为此，我虚惊了一场，不久得了病，好几个月都不见好，头发都脱光了，后来不知怎么的，又过了一两个月就渐渐好起来了，真是大难不死，必有后福。到了我十八九岁的时候，我到上海做小工，在飞机场边上看到一点破棉花，就捡了起来，到了门口出处，国民党的看门人发现我私拿物品，就被扣下来关了我一天，第二天叫人拿了一条烟才保了出来。回家后，我再也不敢外出了，每年养 50～100 只鸭子度过日子。

1949 年春天，解放军过江了，人民群众从政治上翻身得到解放。共产党来了，老百姓的生活有了保障。记得刚解放不久，就来了一次大潮汛，受灾的群众得到了政府的救济粮，没有住的人还得到了妥善安置，这在解放前是很难想象的，真是新旧社会两重天。看到共产党的干部不论大小，个个都是好样的，他们一心一意为人民服务，办实事。我看在眼里，记在心里。因此，1949 年 8 月 15 号我参加了工作，不久调到凤凰镇区公所管理粮食、枪支弹药。由于我表现突出，1949 年 12 月我就参加了中国共产党，1950 年 6 月调到宝山粮食局罗店仓库搞管理工作。到了 1952 年春天，因我身体健康原因，经常打针吃药，就动员我回家疗养。那年秋天，组织上把我调到当时的泮石小乡当民兵连长，管理和组织民主、红星、和平、安乐、建新及创建六个村的民兵开展训练巡逻等活动，党内任书记。到了 1956 年撤区并乡，我被分配到红星高级社担任党支部书记。到了 1958 年秋天，公社大跃进年代，组织上把我调到公社农机部担任副部长，管理全公社的农机生产。记得在 1961 年四五月份，当时公社有市委工作组指导工作，组织上又把我调到增产大队(今团结、潘石)担任党支部书记，一干就是五个年头。到了 1966 年，组织上又把我调回自己的红星大队担任党支部书记，一干又是十个年头。1976 年秋天，因工作需要，我被调到航运站担任站长，当时的基本工资每月只有 36 元，直到 1988 年退休回家。

现在我已 87 岁高龄了，回想过去那一幕幕往事，真是历经坎坷，一路艰辛。是党和人民培养教育了我，把我一个在解放前从讨饭圩里走出来的穷孩子培养成人民群众的服务员，在“公仆”的岗位上一干就是 46 个年头。在生活上更是芝麻开花节节高，日子越过越美好。过去住的是甩龙舍，滚洞庭，解放后搭建了毛竹桁料，草屋白墙，后来，又翻建造了四上四下的水泥钢筋混合结构的楼房；如今被动迁征用，补偿房屋时，地基等总价值一百四十多万，住到滨江花苑小区后，分到产权房两个三室一厅，一个二室一厅。后在上海又买了一套产权房，现总价值好几百万。我的儿子还买了小轿车。我的退休工资从开始的 200 元一个月涨到了现在两千八百多元一个月。这一切的一切，全靠党的好领导，但我永远也不会忘了过去的那一段艰苦岁月，因为我是一个从讨饭圩里出来的穷孩子，是党的改革开放，才有了我今天的幸福生活！

回忆长兴岛的变化

黄惠英

1955 年 5 月，宝山县组织部决定调我去长兴岛工作。当时，思想上有点顾虑，后经组织部长找我谈话，使我认识到新的工作环境是相当艰苦的，但我作为一名共产党员，应坚决服从组织安排，义不容辞地踏上新的工作岗位。

1955 年 5 月 7 日，我乘着小木帆船，踏上去长兴岛的旅程，途中风大浪大，大浪有几丈高，小木船在风浪中上下左右颠簸很是危险，交通情况十分险恶。上岛后岛上的环境出乎我的想象，一眼望去无比荒凉，只见岛上的群众住的是茅草屋，吃的是玉米粥，穿的是土布衫，点的是煤油灯。在岛上工作交通很不方便，几乎没有交通工具，凭着两条腿走路开展工作，有时要跑上几十里路，一天下来脚上磨出了血泡。那时工作环境确实很艰苦，白天工作劳动晚上开会，还经常下村里同群众同吃、同住、同劳动，与老百姓打成一片。自己是一名国家干部，应不计较个人得失，把群众利益放在首位，哪怕再苦再累也是应该做的，一年没几次回家也毫无怨言。

随着时间的推移，1958 年成立人民公社，岛上群众的生活开始一点点好起来了，小木船改成了机帆船，再轮渡船，岛上百姓到大陆办事也方便了，吃自己种的稻谷米饭，住自己盖的瓦房，穿的跟城里人一样了，电灯，电视，电话也有了。

改革开放后，长兴岛发生了翻天覆地的变化，现在的长兴岛交通便利，隧道把城市和乡村连成一片，马路通到家门口，一幢幢高楼拔地而起，家家盖起新楼房，拥有了自己的小轿车，家庭收入逐年提高，老百姓生活像芝麻开花节节高，这些都是改革开放后给老百姓带来的成果。

（作者为长兴乡原妇女主任）

他，走在乡村教育的阳光大道上

——记上海市园丁奖获得者、崇明县长兴中心小学校长罗永灵

茅兴昌　石　路

他从田埂中走来，信步走在乡村教育的阳光大道上

地处偏远的长兴中心小学连续六年获得崇明县教育部门年终考核优秀奖，先后荣获上海市安全文明校园、上海市教育系统先进集体等众多荣誉称号，其中学校精神文明建设更是实现了六年"三级跳"：从区县级、上海市教卫系统的文明单位一直到上海市的文明单位。2012 年，该校校长罗永灵光荣地被评为"上海市园丁奖"。

新官上任倡导"三走进"

2005 年春，老校长退休，"70 后"的罗永灵在这人心浮动、爱妻又病重的非常时期受命接过这个目前全市唯一由本部和三所分校组成的乡村中心小学校长的重担。面对 1 800 名学生和一百七十多个教职工，这个新官上任没烧"三把火"，却大力倡导学习、教师和课堂的"三走进"。工作再忙，罗永灵对每学期写学习札记 40 篇、谈心 40 人次、听课 40 节的指标执行得不折不扣。

"勇攀高峰"点亮师生梦想

罗永灵深深懂得校园文化是学校的精髓、师生的灵魂。为培育良好的校风、教风和学风，2005 年 11 月 18 日，他邀请世界上第一个从北坡登上珠穆朗玛峰的女登山运动员潘多来学校作报告并当场挥毫泼墨："勇攀高峰"。以后，每年学校都邀请

她来校讲学，并组织教师编写了《勇攀高峰》的校本教材，以课题引领、课程开发、课堂落实为抓手，不断丰富深化其精神内涵。

与此同时，学校又先后开展了“我与学校共奋进”、“爱学校，从我自己做起”、“攀登，点亮梦想”等系列主题活动。每次活动，罗校长都率先登台，倾吐心声，带动教职工人人上台抒发爱岗敬业、追求卓越的志向与情怀，引领着师生勇攀高峰。

真情实意凝聚人心

罗永灵懂得，教学之余，老师们需要有一个温馨的港湾。在他的主张下，每位教职工生日，学校都送上精美礼物；每年组织体检，总让教工带上家属共同参加，费用由学校承担；岁末年初，他总与班子成员逐家慰问市内教职工家庭，每年还对外地引进教师的家长寄送感谢信和慰问品；每当期末，引进的教师回故乡，特别是一票难求的春运期间，他都派专人千方百计购票，而且来回车票全额报销。2010 年，学校还出资盛情邀请每个外省市教师的家长来游上海观世博、看学校望孩子；2011 年，又再次出资邀请所有外地教师的父母来沪体检疗休养。

罗永灵还把学校老宿舍改造成 10 套一流的基本免费的标房式公寓，配套的空调、电脑、电视机等应有尽有，卫浴设备小食堂等一应俱全；又想方设法争取到了八套全装修的新公房，并重新改造太阳能热水等系统。

鼓励“嫩竹扁担”冒尖

教师是学校最重要的资源、最宝贵的财富。在发挥中老年和骨干教师作用的同时，如何让年轻的教师尽快成长，罗校长可谓费尽心思。

罗永灵分外重视专业引领，精心拟订培训计划，及时物色好年轻老师的带教师傅。每年的模拟课堂有板有眼，汇报课有声有色，上岗培训有滋有味。每年第一堂校内培训课都由罗校长讲授，鼓励来自各地的新教师勤于学习、善于研究、敢于探索、勇于冒尖；同时，他又积极搭建展示平台，鼓励创先争优，展现老师们的亮丽风采。

多管齐下，有效提升了教师队伍的学识水平和业务能力。虚心好学的青年英语教师印燕俊近年先后获得了“中国教育实践与研究论坛”论文大赛一等奖、上海市英语青年教师新教材展评二等奖、上海市英语教师技能比赛二等奖等奖项；勇于探索的数学教师邱锦颖注重激发学生的学习兴趣，形成了“实、新、活”的课堂教学特色，成为崇明县小学数学学科教学标兵，在市小学数学录像课评比中获得二等奖，并获得“上海市园丁奖”殊荣……在学校和老师们的共同努力下，几年来，师生在县及以上的各类竞赛中获奖近千项，教学质量多年居全县前列。

这些年来，罗校长还放弃了出国和深造的机会，他的担当和责任成就了海岛乡村教育事业的一片彩虹。

与长兴中心校同行

胡　均

春风化雨，润泽青史；春秋几度，赋成华章。2012年，崇明县长兴中心校迎来了建校一百周年，她以骄人的业绩和辉煌的成就，向学校百年华诞献礼。我作为母校的一名校友，感到无比的骄傲和自豪！

一百年前，正值列强入侵、民族危亡关头，“少年智则国智，少年富则国富，少年强则国强。”向往“富搬沙”的长兴人开始围堤造田、拓荒创业。有眼光的文化人在岛上办起学校。老师们不畏艰难，传授知识，播种文明的火种。从此，“长小人”与祖国和民族共命运，踏着时代的节奏齐前进。

过去的长兴中心校，几排低矮的旧平房，一个尘土飞扬的小操场。1967年，我开始与知识结缘了。学校的办学条件虽然简陋，教学资源也很有限，但是老师们依然怀着满腔的热情，以知识点拨学生，用方法启迪智慧，以汗水播种希望，用赤诚滋润教坛。多少年来，每当我回想起母校的学习生活，心中总涌动着一种感激之情。母校不仅给了我知识的启蒙，人生的启迪，道德的熏陶，而且为我今后的健康成长打下了坚实的基础。

今天的长兴中心校，校舍宽敞明亮，教育设施先进，师资充裕，理念革新。我们十分感谢培育我们的老教师们，他们孜孜不倦、呕心沥血，将一腔赤诚奉献给了育人事业，为祖国培养了一代又一代有用人才，也感谢正在教育岗位上辛勤耕耘的教职员工，你们用爱心哺育幼苗，用真诚扶持学生成长，用责任铺就学生未来的成长之路。

学校是师生共同成长的精神家园，教师是学生人生道路上的引领者，学生的未来是祖国和民族的希望所在。学校越办越好，自1991年以来，连续18年被评为区县文明单位，去年又被评为上海市文明单位。此外，还获得上海市体育先进集体、上海市依法治校示范校荣誉称号和全国优秀教育科研二等奖等。校友们看到母校的兴旺发达,都从心底里感到高兴。

在母校百年华诞之际,作为母校的一名小学毕业生,感到骄傲和自豪,同时,一股感激之情油然而生。因为我的家就在学校旁边,我时时关注着母校的建设和发展,时时在想我能为母校再贡献点什么。

忆往昔,不言桑路,自有天下桃李话辉煌;看今朝,厚德载物,且待莘莘学子谱华章。

我衷心祝愿我的母校——长兴中心校越办越好,越来越美。

(作者为中共长兴镇先进村党支部书记)

点亮梦想激情飞翔

——长兴小学印象记

张　峰

漫漫长夜，人类期盼不灭的火种，千年梦想后有了今天的灯光璀璨，不夜之城；浩茫大海，耸立高山，人类渴望着鱼儿一样潜游，鸟儿一样飞翔，千年梦想后，海上有了轮渡、海底有了隧道、天空有了飞机；小时候读神话小说，"千里眼"、"顺风耳"还透着新奇与法力，成年后的世界已从电波时代跨入信息、数码世界。

1963年，马丁·路德·金在林肯纪念堂前呐喊"我有一个梦想"，呼唤黑人与白人有一样的自由、平等。2009年，奥巴马当选美国总统……

有梦想的人生从来令人尊崇。

在长兴小学，你能感觉到梦想的展翅！那是一群"长小"人的梦想，双翼在阳光下熠熠生辉。

梦是心灵的思想，是我们的秘密真情

为了学校的发展，最辛苦、最忙碌的是校长，相信在新的一年里长小人的梦想一定会点亮！值此佳节来临之际，恭祝您全家身体健康，节日快乐！（邱××）

学校领导的鼓励和关心是我工作最大的动力源泉，在新年之际我许下梦想，希望学校越来越好。（王××）

点亮长小梦想，点燃人生梦想，2011一个大家庭一颗心，为梦想行动！（印××）

新一天的太阳照亮新一年的梦想，新一年的祝福带给你新一年的顺意吉祥！（刘××）

新一年的努力奋斗目标将在今天播种。我从小的梦想能有机会点亮首先要感

谢校长您，当然我也会更加努力。在新一年的第一天真诚祝罗校长及家人身体健康！好运连连！（张××）

工作了十几年，难免会有懈怠，但近三年，不光我，周围的同事越干越有劲。这和你每年提出的目标有很大的关系。其实不光新教师，我们都需要精神引领，希望今后的三年十年……继续做我们的引路人。（吴××）

……

这一条条的短信，是长兴小学的教师在新年来临之际发给罗永灵校长的祝福。如今的节日短信越来越多的是转发，越来越流行"数钱数到手抽筋"的调侃，信息时代自拟短信，字字句句尤显珍贵。他们如此至诚，传递着赤诚、敬爱与真情，与心中的指引者共同点燃梦想。

他们中有青年教师，也有中老年教师；有学校的中层干部，也有普通教师；有学科骨干，也有刚工作的年轻人。尤其让人感动的是这样一条短信：

新的一年，有新的梦想；新的一年，有新的飞翔。愿你用生命的火把，把梦想点亮！祝全家快乐、幸福、安详！

它是老校长蔡德忠所发的，倾注了前任者对后继者火一样热忱，水一样清澈，诗一样柔情。即使是未曾谋面，但仅凭这一条短信，就足以使人对这位老校长心存好感。我们首先见到的是现在长兴小学的引路人——罗永灵。认识一所学校，我总爱把更多目光投注在校长身上，想感知是怎样气质的人赋予学校何样的灵魂。

罗永灵校长给我的印象像音乐教师，或者说是一个出色的音乐指挥家，用整个身心挥舞着"梦想"的魔棒，指挥乐队演奏出奔放、激情、昂扬的乐曲，不仅技巧出色，更以真情动人！有技巧有真诚或许不足以点燃起整个团队的梦想与信仰，还必须具备特殊的人格魅力：这种引力在短信中可见一斑。

在罗校长等一班人人格力量的感召下，长兴小学形成了勤奋的学风、严谨的教风、求实的作风、奉献的师风。

生活有目标，心中有梦想的人生不会空虚，不会寂寞，不会蝇营狗苟，不会得过且过，有的是认真努力，勤奋踏实，巧思创新。如此饱满的人生必然幸福洋溢，长兴小学教师对学校的满意率和幸福指数都达到了百分之一百。

支配战士行动的力量是信仰

罗永灵校长办公室内悬挂着一幅字——"勇攀高峰"十分醒目。醒目不仅是因为悬挂的位置，还因为字本身：由我国著名女登山运动员潘多女士所写的四个字，拙朴中蕴藉着生命原始的蓬勃活力。听罗永灵校长介绍后，更觉十分耐看，富有感染力，这就是鲜明的感情色彩与情感的力量吧。“勇攀高峰”浸润“长小”人的心田，已成为学校的文化精髓，成为师生在学习的征途上点亮梦想、激情飞翔的不竭动力。

长兴小学历经百年风雨，以“自强不息、艰苦奋斗、永不言败”的精神，披荆斩棘，筚路蓝缕，铸就今天的辉煌。

站在百年之巅，学校年轻的领导班子，传承这种精神，以他们敏锐的洞察力、与时俱进的创新热情，不断挑战自我、超越自我，精心培育、提升校园文化精神。学校请来潘多女士，以一次一次的报告、演讲、座谈形式，注入“在苦字面前不低头、在难字面前不摇头、在死字面前不回头”的攀登精神，赋予校园文化新的时代气息，使之成为学校文化的精髓、师生积极向上的榜样、梦想腾飞的翅膀。学校编写潘多攀登故事的校本教材，并以县级重点课题“人口导入区小学以“勇攀高峰”精神促进学生学习习惯有效养成的研究”为突破口，培育、积淀富有感召力和生命力的校园文化，渗透到学校的各项活动中。学校承担了中国教育学会“十一五”科研重点课题“学校文化建设与策划”，论文《农村小学以学生发展为本，构建和谐校园的实践研究》获全国优秀教育科研成果二等奖。

“长小”人有飞翔的翅膀和激情，更有明确的前进目标。

“坚持以人为本，构建和谐校园”是学校的总目标。围绕总目标，以文明办公室建设、温馨教室建设为抓手，展开三项重点工作：创建市文明单位、创一流的教学质量、建能冲出上海的优秀手球队。“长小”人步步踩实，向着目标前行。学校近年来开展了“爱，从我做起”“我与学校共奋进”“超越自我，构建和谐”等主题活动，一系列有深度有力度的活动升华了“长小”人的思想情操、点燃了“长小”人的工作热情。

2010 年 2 月起，长兴中心校开展了首届“感动‘长小’”人物评选活动，在近五个月的时间里，通过“夸夸我身边的人”征文、三次自下而上的投票与公示，以及与党员、家长、学生的座谈，评选出“感动‘长小’”十大人物。他们有的擅长管理，英明睿智；有的聪明好学，不断研究创新；有的质朴大度，不计名利得失；有的勤劳刻苦，任劳任怨；有的业务精湛，成绩突出……但都有一个共同点：心中有梦想而没有过多杂念，爱校爱工作。“感动‘长小’”十大人物的评选使得大家学有榜样，干有方向，不断攀登新的高峰。新的学期，学校又在着手准备 2011 年“攀登之星”的评比。

制定一个又一个近期目标，不断搭建教师成长的一个又一个舞台，这在长兴小学这个本地学生与外地学生成 3 比 7 的人口导入区学校，学科教学质量屡创佳绩，毕业会考中语文、数学、英语三门学科平均总分列县第五名，其含金量之高不容小觑。

一切活动家都是梦想家

成绩、荣誉的背后总是耕耘与付出，梦想要有坚实有力的翅膀才能腾飞。

从施兴副校长递过来的一本本精心装订的教学档案中，我们窥见了长兴小学管理的精细化程度。一份份细致深入的质量分析报告让人刮目。报告中不但列出每个单项测试的达成度比例，就综合能力分层统计，还与结对的西门小学对比，每项一一比对。报告从横向与纵向对比中展现教学现状，再根据现状列出今后的教学重点与改进措施。施兴副校长是学校教学质量的好管家，他对每份上交的教学质量报告等材料进行统计，列出写得好的，写得一般的，需要改进的，以及还未上交的名单。

梦想家们原来是一群实干家

管中窥豹，我们来看看长兴小学就毕业班的精细化教学管理：

1. 精心策划毕业班教学工作，制定毕业班工作计划。

2. 定期组织毕业班工作研讨会，不断总结反思。

3. 一学期三次毕业班工作会议，加强对毕业班工作的阶段性指导。

4. 建立学校电子（纸质）试卷库，每位任课教师每学年度出一份毕业考试模拟试卷。

5. 抓实补错工作、建立学困生帮教制度，保证时间，落实经费。

6. 行政领导挑重担、担任毕业班教学工作（有两位领导连续六年上毕业班）。

7. 建立毕业班工作奖励机制、设毕业班教学质量奖。

8. 毕业班任课教师人人制定学科教学目标。

管理出成效，而学校的奖惩制度是梦想飞翔的助推力。学校科学合理的奖惩，充分调动了每一个教职工的工作积极性，使广大教职工自觉、高效、有序地开展各项活动，促进了学校和谐、高速发展。学校设立学期考核奖，分档次发放，其中有下列单项奖（每学年度奖励）：高尚师德奖、管理育人奖、服务育人奖、教育科研奖、优秀教研组奖、为校争光奖、校级骨干教师津贴及考核奖、师徒考核奖、科研成果奖。每学期还有以下的单项奖励：文明办公室奖、温馨教室奖、考试成绩奖、上公开课奖、讲座奖、毕业班补课奖。所以在长兴小学，公开课人人争着上，交流发言人人抢着说,形成了良好的积极向上的竞争氛围,促进了教师的快速成长。

长兴小学有一支特别年轻、充满朝气的教师队伍,教师的平均年龄仅为35.5岁,青年教师全部是大学本科生,大多毕业于全国重点大学,他们来自黑龙江、吉林、内蒙古、青海、新疆、陕西、山西、湖北、湖南、江西、江苏、安徽、浙江等13个省区。各地教师不同思想的融合,不同地域文化的碰撞,在长兴小学良好的校园文化中迸发出智慧的火花,产生了巨大的创造力。

学校费尽心思,努力营造家园的温馨,搭建青年教师成长的舞台,为活力四射的年轻人安上飞翔的翅膀,期待这批独具潜力的青年教师引领学校向更高的目标腾飞!

有爱不觉天涯远,有梦倍感人生暖。天空中虽然没有翅膀的痕迹,但鸟儿已飞过!

(作者为《崇明教育》记者)

用爱播种幸福

吴春花

什么是幸福？一百个人会有一百种诠释。但教师的幸福又是什么呢？

大家都知道教师在教书，教自己喜欢的书，每天徜徉在学林书海之中，与书中的圣贤明达交流思想，感受到一种做教师的乐趣，这算是一种幸福。还有一种是尽教师责任，精于育人，使无知的顽童变成优秀的学生，使一棵棵幼苗成长为社会的栋梁，那也是一种幸福。

我传承了师长的衣钵，在一所自己从小就熟悉的母校里工作，如有回到自己家的感觉，更有醉到了骨子里的幸福。能在有生之年，亲眼见证自己所热爱的母校在逆境中坚守、在低谷中崛起、在机遇中逐渐走向辉煌，那是飘到云端的幸福！

值我的母校——我工作着的、爱着的长兴中心校百年华诞圣庆之际，我不再吝啬自己的笔墨，尽情抒发我的澎湃激情！

20世纪80年代，我高高兴兴地背上小书包，穿起新衣裳，在做老师的父亲引领下，来到了我梦中的学堂——长兴中心校。学堂里有花，有树，有伙伴，有我的父亲。欢乐伴随着我每一天！

在那个知识改变命运的年代，我幸福的遇上了我的老师——郁亚琴。郁老师表情严肃，平时不苟言笑。我清楚地记得：凡作业出现一题错误的，一定要重做三题类似的题目；凡有练习不懂的，她一定会在当天反复指点，直到你没有疑惑为止。郁老师教数学，教我们几年，我们就获得了几年的全乡第一。课堂上，她激情四溢，说话严谨有序，思维如行云不绝。她把课堂当成了舞台，尽情地演绎着她如火如荼的青春。能聆听自己喜欢的师长教诲，就连回忆也都溢满了幸福。

如今，我正试图承沿我父亲、郁老师们走过的教学之路，幸福地走在我生命中的春秋之旅。作为一名普通教师，在百年校庆之际，我思考得最多的，且又是最深的，就是在新形势下如何来重新审视自己的教育教学工作，如何尽到自己一份责任，坚守在长兴教改的前沿阵地，做一名合格的、令人称道的好教师。

古人云：慧于心而秀于言。在工作实践中，我总是把对学生真诚的爱用美好而礼貌的语言表达出来，尊重学生、信任学生、鼓励学生，在班里营建一种平等和谐的师生关系。曾记得，班里高某同学性格特别内向，行为怪癖，从不愿主动与人交流。更让人无法理解的是她一直不愿上学，当父亲逼着她进校门时，她竟拿出剪刀戳自己的胸口，实在叫人不可思议。而对她一年多的关心、呵护、心与心的交流，我收获了越来越多的感动。她不仅变得开朗乐观，愿意来上学了，而且与我建立了亲密、友好的关系。我用慈母般的爱逐渐融化了她心中的冰霜。我将这样的爱，撒在每个孩子的心田里。当李某同学学习困难缺少家庭辅导时，我每天挤出半个多小时义务为他补课。当韩某同学因为母亲去世而痛苦消沉时，我愿意成为他的知心姐姐，倾听他的痛苦与诉说，鼓励他学会坚强，学会自立。当张某同学逐渐变得骄傲、散漫的时候，我愿意成为他的知心朋友，耐心的劝慰、真诚的帮助，唤回他悄然迷失的信心和勇气。教师是人类灵魂的工程师，我愿意以自己微弱的烛光照亮每一个孩子的心灵深处，在与孩子们的交往中，我就是这样"幸福"着自己。

不为凡事所累，不为烦事分心，潜心教学，铸造灵魂，这又何尝不是另一种的幸福。2005 年夏天，对于我来说，直到现在还是一场噩梦，一切都是那么突然。那时候我经常会莫名其妙地头晕、恶心，最严重时常会出现眼前一阵发黑，随后出现短暂的记忆、意识的消失。我怀疑是否得了某种恶病，心里不由得一阵恐慌。可那时，正值开学，工作挺忙的，所以一直坚持着。待放假后，先后在长兴医院、吴淞医院、瑞金医院辗转就医，得到的结论是脑血管痉挛和神经性血管病。那是一种老年人才得的病，却发生在我一个三十多岁的年轻人身上，医生都觉得不可思议，一再要求我多注意休息，可我又哪里能够安心在家休息。每天清晨听到丈夫发动摩托的时候，便会不由自主地跟着起床来到学校，虽欲向领导请假休息，可想到的却是班里四十多个孩子，总觉得于心不忍。就这样我一边坚持服药，一边坚持在教学第一线，始终没有拉下一天的课程，因为难以割舍的，还是心中那份铭刻于心的责任。做自己想做的工作，心无旁骛，直至进入一种幸福的境界的人，是永远幸福的。

"长小"的百年，是一幅清淡高远的画卷，山林依稀葱茏苍翠，鸟儿飞高，流水渐渐，洗尽霜重铅华，依旧文气秀雅；"长小"的百年，是一曲雄壮浑厚的交响乐章，气势恢宏连绵不绝，历尽曲折坎坷，始终波澜壮阔；"长小"的百年，是无数先辈奋斗的百年，是莘莘学子不断更新梦想的百年，是支撑我们岛屿故土不断繁荣富强、超越梦想的百年!

作为一名长兴人,作为一名"长小"人,在她百年华诞即将来临之际,我又有何种理由说我不幸福!我想,百年校庆不是辉煌的终点,而是向更高的目标攀登的新起点!愿我、我们教师,一如既往地辛勤耕耘,播种幸福!

(作者为前卫小学语文教师)

感动点燃梦想，梦想成就精彩

杨　宇

一百年，似长，亦短！它像苦茗，需要慢慢品尝。

时光飞快地流逝，我犹如一个不安分的灵魂，试图在您的身上、您走过的历程中，寻找到生命的内涵。于是我沉吟，探索，寻觅……现在我终于知道，您的脚步，已经聚集了百年的风尘，犹不见您的停歇，您的倦意。

而我，亦发现，这里就是我梦想绽放的地方……

那年女儿刚满三岁，那段时间正是自己忙于参加市级教学评优的关键时刻。不停地试教、改教案、做课件，每天在校忙到很晚，根本无暇顾及放在妈妈家的女儿，只能每天在电话里听着女儿奶声奶气地叫“妈妈”，而她每次必问我什么时候去看她，说很是想念我。“欲语泪先流”！我坚信自己不是个爱流泪的人，但领导的信任与期望，给自己拿第一的目标带来的压力之大可想而知。那一刻耳畔女儿的声音竟让我如此不堪，一任泪水的汹涌。很奇怪自己享受那种刻骨铭心后的畅快感觉，仿佛所有的压力都随同眼泪流去，那一刻的自己只是一个再纯粹不过的母亲。不忍心让女儿失望，面对她的追问，我每次都许诺明天就去看她，尽管我知道这一段时间是实现不了的，但每次我都分明感觉到了她满心的欢喜。这就是孩子，因为有了梦想和希望，忧愁和他们是绝缘的。

感谢女儿的想念，因为我给了她所谓的希望，而她却让我真切地领悟到了希望的意义，一种负重前行下的坚持、继续；一种对于未来的无限憧憬和不言放弃。每每此时，我总能感觉到自己无比的放松，一种强烈的自信在心中不断地膨胀。正是这种良好的心境和状态让我渐渐找到了感觉，对自己的评优课充满了信心。在学校领导的关心、支持下，我享受到了可享受的一切最佳资源；在教研员的点拨、帮助下，我不厌其烦地一次次地修改教案、试教，再修改再试教；在同学和老师的帮助下，随教案而动的课件经历了一版再版，力求精确、生动……多少个黄昏啊，当热闹的校园恢复寂静之时，当街上的路灯陆续点亮之时，正是我下班之时，当然肯定少不了和我一起备战的团队伙伴们的陪伴，他们始终是我不可或缺的坚强支柱。正是这些高参们，笑言工作之余的一顿简单晚饭就能驱逐大家强压之下的疲惫。我感动，因为我是幸运的！在所有人的支持下，评优课的相关准备工作步入佳境。我也没有辜负大家的期望，经过努力，我最终如愿以偿地代表上海拿到了参加华东六省一市数学优质课展评的入场券，实现了我为学校争光的目标。

努力攀登的信念使我多年来一直踏实地工作着，付出了许多艰辛的劳动。同时也收获了许多的欣慰与温暖。我是学校里被任命的县级骨干教师之一，获得过市、县的多项荣誉。但在前进的道路上，这些只是韵律优美的休止符。有人说人生好比行路，每到十字路口的选择充满了偶然和无奈。我说人生好比登山，无论是弯路还是直路，终点只有一个，只要心中装着希望，剩下的就是你的坚持。人生的攀登之路免不了崎岖与坎坷，越是往上，困难越多。当前行的阻力遮挡了你的双眼，希望就是你心中的灯塔，能照亮你前行的道路。正如一首歌所唱的那样"只要有梦，就有天堂"。怎样才能点亮人生关键时刻的每一个希望和梦想呢？学会感动吧。无论是学生随意的问候，还是领导同事不经意的鼓励，都是感动之花开放的枝桠，都能为我们结出幸福的果实。如果说人生因为有了梦想而精彩，那么感动就是成就精彩的一把钥匙。珍惜身边所有的感动吧，你会发现其实每一份梦想就在你自己手中……

（作者为中心校数学教师、崇明县小学数学学科教学标兵）

让梦想在秋天里收获

陆卫东

梦想，一个无界限的词语。梦想，一个在光辉下无比灿烂的词语。梦想，一个让人感慨万千的词语。今天，我们放飞手中的风筝，迎接梦想的天空；明天，梦想的天空敞开大门，来迎接你的到来……

1987 年我师范一毕业就来到元沙小学，寒暑交替，日月潜行，至今已 23 载。风雨同行，甘苦与共，我和元沙小学的感情已融入血脉，不是简单的"以校为家"四个字可以形容的。

在我还是农村小学普通老师的时候，我的梦想是"让自己和学生都学得扎实、学有所获"。我曾在辅导区的教育年会上挥洒我的青春，多次课堂教学比赛中得奖；我曾在大队辅导员的舞台上发挥我的智慧，多次活动得以展示；我也曾在数学的园地里辛勤耕耘，多次获得教学质量奖……

在我 1992 年担任农村小学分校校长的时候，我梦想已变成"做个好组长"。在学校里，校长是最普通的。农村村校校长，得首先是个好总务主任，好传达员，好教导主任，好少先大队辅导员，甚至也是打扫厕所清洁工，烧饭烧菜的食堂社工，然后你才是一个好校长。因为农村小学没财权，没人事权，但没钱，事要办好，没人，活要干好，你组长不带领着干能行吗？农村小学校长就是要不怕辛苦，不怕累，为学校的发展，脚踏实地勇于奉献，就要吃苦在前，享受在后，早上班，迟离校，而这，已成了我的习惯。我不需要别人领我情，因为在农村村小校长这个位置，必须这样干，换个人也会这样。一个没架子，朴实无华，肯干不计个人得失的小组长，自身就是一种管理资源。

在 2002 年，三校合并，在新的元沙小学时，我的梦想还是"做个好组长"，我给"好组长"注入了新的内涵。办好学校不仅是完成上级领导交给的任务，更是对社会以及周围群众负责。一方面，家长把孩子送来，那一双双期待的眼睛，让我感到肩膀的责任是那么重。看着一个个聪明可爱的孩子，你恨不得把所有的爱都给他。另一方面，领导信任，也让我产生紧迫感和压力感。每次100%的工作满意率让我倍感欣慰。

十年校长的经历，我懂得了合作的重要性。“一个好汉三个帮”，教育教学工作和后勤工作，分工明确，团结合作。一个农村小学分校校长，一所在上海市还属中心校管辖的农村分校，你可能没有本事让老师们有一个舒心的工作环境，但你有能力让老师们有一个好的工作心情。台湾著名女作家杏林子曾说过一段话：“一粒貌不惊人的种子，往往隐藏着一个花季的灿烂；一条丑陋的毛毛虫，可能蜕变为一只五彩斑斓的蝴蝶。”我们的老师又何尝不是那一粒种子，又何尝不是那一条毛毛虫呢？要做一名合格的农村小学分校校长，应多为他人着想，以师生为本，服务到位，精心经营好自己的“一亩三分地”。

“小组合作”学习，我们主动探索实践；“主动有效”课堂，我们自觉学习展示；每月一次教职工大活动，凝聚了人心，人在心在，人在业在，人在情在；每天半小时的师生大活动，减轻了学业负担，倡导了传统游戏；每月的月考，我们坚持了八年，扎扎实实，认认真真，是我们的教学质量稳定的最好帮手；每学年的家校半日活动，使它成为孩子们展示才华和成果的舞台，让家长进学校进课堂，齐心协力，我们坚持了八年，深受家长的欢迎；学校建立的“志勇”奖学金，我们坚持了九年18届……

工作了23年，我担任了18年的毕业班英语教学工作。我获得过县的大功奖、乡镇的教学质量奖、管理育人奖等，这一切都说明我的过去。如今的我，站在长兴小学百年梦圆、百年校庆的门口，我的梦想依旧还是“做个好组长”：一个家长认可、学生喜欢、老师满意、领导放心、自己开心的小组长。我把自己的梦想告诉了老师和学生：“希望大家都有自己的梦想，经历的每天都是梦想早日实现的基石。”

“长小”百年校庆，正值金灿灿的秋天。秋天是收获的季节，稻香一片片，是该收获稻谷了；橘甜一方方，是该采橘了；菊花悠悠千里，是不是也该来泡上一杯菊花茶，细细品尝了呀？“长小”百年了，回顾历史，“长小”的昨天因我们而厚重深沉；面对现在，“长小”的今天因我们而精彩辉煌；展望未来，“长小”的明天将会因我们而更加灿烂！

收获成功的喜悦，是秋天最美的一道风景。

（作者为元沙小学校长）

宝其爷叔

张涛渔

有些老同志，由于退休的原因，近几年慢慢退出了历史舞台，也慢慢地淡出了众人的视野，可作为一起共事多年的同事，总因为他们身上有着其特殊的人格魅力而念念不忘。每当夜阑人静，每当回眸过往，这些老同志特殊的人格魅力裹挟着一整块一整块的记忆，温柔而霸道地占据了我们的情感世界，所以，对于他们，常常想起，难以忘记。

宝其爷叔乃长兴工商所“开国元勋”，宝其爷叔之于长兴所，好比鳄鱼类物种之于地球，是活化石，是漫长历史的亲历者和见证者。同志们称呼其“爷叔”，一是基于年龄考量，但更主要的还在于对其地位和威望的肯定。浦东有地标性建筑金茂大厦，长兴有重量级人物徐宝其。长兴岛人不认识宝其爷叔就是浦东人不知道有金茂大厦。宝其爷叔经常自豪地讲：跌到河里，声音比你响，浪花比你大。凡是形容人体格健壮的，诸如“虎背腰熊”、“人高马大”，宝其爷叔都能担当。有时候，块头大，分量重，不经意间，就派上了用场。记得一次旅游，旅行车行进在盘山公路，左边是山，很安全，右侧是万丈悬崖，没有护栏，很是吓人。大家心有余悸，担心车子会侧翻。我提议：为了同志们的安全，请宝其爷叔挪个位，靠左边窗户坐。大家一致同意。于是几个女同志七嘴八舌、七手八脚，连哄带骗地把宝其爷叔给抬了过去。其实，这哪里是抬，这叫四两拨千斤。真要抬，哪抬得动？就这么一挪，车子确实稳了许多，安全系数也大大提高。开过船的人都知道“压舱板”这东西，关键时刻的确很重要。业余时间，笔者经常看“寰宇地理”和“动物世界”，发现：在自然界，体形硕大、体格健壮的动物在弱小的动物面前，总是一副君临天下的面孔并掌控话语权；反观我们的人类活动，两者对话，力量型的一方给弱小的一方，天生就有一种威慑力。在下始终认为,高大强健的体魄对我们的工商管理工作还是有一定益处的。记得20世纪80年代,宝其爷叔挟军人之余威,凭一副好身板,让九个不法商贩乖乖地排着队,老老实实地尾随其后,步行两公里到所里接受检查。不战而屈人之兵,是何等的境界?真的奇了怪了,提起宝其爷叔,脑海里老是出现“威猛”、“强势”、“臣服”这些词语和“鳄鱼”、“狮子”等具有王者风范的动物。据传,最近长兴岛已有若干有钱人正在酝酿聘其为保镖,我想,那是绝对有眼光!戴一墨镜两手叉腰,要是前胸再文一条青龙,我敢保证,绝不亚于奥巴马身旁的几位。哪个敢叫板?哪个还敢撒野?!

虽然行伍出身,虽然壮若河马,但如果把宝其爷叔看作一介草莽,那你就大错特错了。其实,我们的宝其爷叔可细腻着呐!在部队,宝其爷叔不是野战军,不是特种兵,干的是飞机导航,整天和“莫尔斯电码”打交道。那个年代,无线电通讯还算一门尖端学科,不是一般粗人吃的饭,要不是青春年少,整天思量未婚妻,急匆匆地闹转业,宝其爷叔官至导航站站长,就此打住?打死我也不信!万般折腾,1979年,宝其爷叔终于如愿,回到了日思夜想的未婚妻身边,再进长兴工商所,干内勤,搞企业登记。当时,领导很是有顾虑,让这个五大三粗的同志做女人活,账算得清吗?表格填的像样吗?后来,事实终于让领导明白,当初的决策是对的,因为宝其爷叔不仅做了下来,而且比一般同志做得更加好,这也为他以后升任所长奠定了良好的基础。说句良心话,以前,我们长兴所的个体档案管理真有点那个,宝其爷叔从所长位置退下来了以后,下决心重新整理。于是,一头扎进“故纸堆”,拆线、整理、编码、装订,有板有眼,整整两个月,完了!我估摸着,崇明工商分局档案室,也就这么一个水准,不信你来看看!

古道热肠,是宝其爷叔又一大特征。汶川大地震,看电视实况转播,说是催人泪下,可真的捶胸顿足加痛哭流涕的,除了温总理,大概只有宝其爷叔了。上次去他家里,偶然发现,一个好端端的椅子没了把手。正疑惑,家人嘀咕,上次电视上看消防队员救人,一大块混凝土压着一个小朋友,几个战士愣是拽不动,宝其爷叔这个急呀,一枪头,把座椅的把手给扳了下来。宝其爷叔还有一个嗜好,就是热衷给年轻人介绍对象。据不完全统计,经宝其爷叔撮合,最后顺利完婚的,不少于30对,成功率达百分之一百。凡是到了当婚年龄,不管是同事抑或是邻居,就是朋友的朋友,他也尽量揽过来。没有功利,只是两边去串门、游说,过程感觉好,等把小两口搅得没日没夜地厮混在一起,大家吃红蛋的日子也到了。宝其爷叔办公桌底下有个帆布包,很有年头了,常用的修理工具里面应有尽有,就是钉子、铅丝之类小五金,也一应俱全。单位里电路出现异常,宝其爷叔手到病除,门窗坏了,修得比新的还结实。记得某个夏季的一个夜晚,单位电路又出故障,可把几个住宿的家伙热死了。一个电话,只见一大团黑影上蹿下跳,把楼梯捣鼓得“咚咚”响。不一会,成了！那时候的爷叔,架子一端,茶水侍候！那个美呀,甭提了。

列位看官,不知您是否经常上网？请留意“阿其”,此君就是宝其爷叔。

（作者为长兴镇工商所所长）

樊学章：音乐达人圆了表演梦

沈　俊

在前不久落幕的“乐学申城·精彩人生”上海社区家庭才艺大赛中，本县樊学章家庭的乐器合奏《欢乐的泼水节》获一等奖。能在高手林立的大赛中脱颖而出，樊学章究竟有着怎样的“绝活儿”？带着好奇，记者日前走访了这位音乐达人。

自幼爱音乐

家住长兴镇的樊学章今年53岁，目前在该镇文广站工作。他出生在一个音乐世家，父亲曾在当地戏曲队伍吹笛子，舅舅则是主唱。“小时候大人们忙演出的事，我一个人无聊了，就拿根竹笛自己边摸索边试着吹。”樊学章回忆说，“那时候，虽然不认识五线谱、简谱，但我就是爱上了这旋律。”从那时起，音乐就植入了樊学章心中。

樊学章在父亲影响下，从小对音乐很痴迷，虽然没有人指点，但他自学二胡、竹笛、扬琴等乐器，样样都很拿手。由于自幼接触乐器，他打下了扎实的音乐基础，小学四年级时，已经开始登台演出，吹口琴和笛子。

苦练三个月

当记者询问樊学章为什么会选《欢乐的泼水节》这个曲子参加“乐学申城·精彩人生”上海社区家庭才艺大赛时，樊学章说：“这个曲子难度非常高，选它也是对自己的一种挑战。”

记者从樊学章口中得知，曲子是他2011年在云南考察时听到的；吹奏的人是

“中国葫芦丝王子”李春华。“当时，听完李春华的吹奏，我一下子就对葫芦丝这个乐器产生了兴趣，回来后我就购买相关的书籍研究葫芦丝的演奏方法。”

“为了吹好这个曲子我足足练了三个月，三个月中，《欢乐的泼水节》吹了两万多遍。”樊学章告诉记者，在这过程中，他一遍遍地听原曲，每次听完后就练习着吹。好几次晚上刚躺下睡觉，忽然又有灵感涌现，就立刻穿衣起床，去吹奏葫芦丝，在一遍遍的苦练下，樊学章终于成功了。

为了让参赛曲目能体现浓郁的家庭氛围，樊学章拉上了舅舅、妻子、二哥、弟媳、外甥女的丈夫，组成了一个六人家庭乐队，由家人伴奏，自己用葫芦丝演奏，集训 15 天后，这支家庭乐队便前往上海参赛。

表演获大奖

赛前，一些熟人告诉樊学章，同台比赛的选手中，有很多是专业人士，彼此之间实力有差距，劝他“随便表演表演”就算了。樊学章听后只是笑笑，不为他们的言语所动，和家人穿上精心准备好的云南当地少数民族服饰，登台表演。

一分耕耘一分收获，樊学章与家人的家庭乐器演奏获得了该大赛一等奖。“当时很多评委都给出了最高分 10 分。”樊学章告诉记者，担任评委的中国“笛王”陆春龄还给了他们这支家庭乐队很高的评价，说曲子吹奏得很完美，整个表演非常稳定，家庭乐队配合默契。还有评委认为，樊学章吹奏的曲子比原曲更活泼，他在葫芦丝上的造诣已达到很高水平。

在大家祝贺樊学章获奖时，他却说：“得奖我很高兴，但我最大的成就感是，通过演出，我和家人收获了快乐。下次，我将和家人一起去冲击国家级大奖。”

才艺受欢迎

“老樊除了音乐悟性高，自己还会制作乐器。”据樊学章在文广站的同事介绍，平时樊学章在家里制作了二胡、笛子等乐器，其中用 PVT 管制作的打击排管，还在上海专利局申请了专利。

“老樊自编自演的小品也很精彩，每次去村里表演，他的小品都是村民喜闻乐见的。”据介绍，樊学章为了演好小品《二傻娶妻》中主角二傻，还特地去接触当地一个智障人士，观察他的一举一动，并将其语言神态学得惟妙惟肖。小品一登台，得到观众的一致好评，有群众看了一遍还不过瘾，专程打听下一场表演的时间地点。

在樊学章办公室里，记者看到了琳琅满目的奖状和荣誉证书。面对来自各方的荣誉，樊学章很淡定，他说："现在国家正在大力促进文化大繁荣大发展。我将继续编排出更多精彩的小品，演奏出更多的曲子，来丰富市民的文化生活。"

（作者为《崇明报》记者）

一位痴情于学前教育的奇人

——记崇明县长兴岛私立倍江幼儿园创办人朱林元先生

魏振义

一个偶然的机会，我看到了崇明县长兴镇倍江双语幼儿园 2014 年秋季招生的材料。他们的办园宗旨、办园特色、培养目标、爱心承诺以及园貌园况让人赞叹不已。出于一位从小学教育战线退休的教师，对教育有着一种难以割舍的情怀，决定到那里去一探究竟。近年来，随着海岛改革开放，一些大中型企业的落户和大量民工涌入，使海岛人口一下子从三万多人剧增到近 15 万人，孩子的入园难、入学难的问题非常突出，尤其幼儿园，国家尚未纳入普及义务教育范围，供需矛盾就显得更为突出。于是，私立幼儿园就应运而生。

几经寻找，终于找到了该幼儿园的创办人朱林元先生。他看上去四十多岁年纪，身材显得有些瘦弱，但眼睛很明亮，黧黑的脸上流露出自信、正直和坚定。朱先生是安徽省全椒县人，出身于书香门第。但因为家境贫寒，高中没毕业就跟别人学做建筑工。2006 年春他来到长兴岛打工，为农民造房子，成为一个很出色的建筑工人。打工期间，他看到几起打工者的孩子因无人照顾而发生溺水、车祸等死亡事故，产生了强烈的心灵震撼。看到不少打工者因孩子不能入园带来的烦恼和困顿，看到多少打工者的孩子要上幼儿园的那种期盼的目光，朱先生毅然决然地改变了自己的工作轨迹，决定办一所私立幼儿园，为社会公益事业作出自己的一份贡献。

办幼儿园不像提篮上镇买菜那样容易，它需要解决场地、设备、师资、教材、资金等许多问题。当时 33 岁的他靠银行贷款和向亲戚朋友借、与一个朋友合作，投资 85 万元，盖起了几百平方米的幼教用房，到 2008 年 9 月，招收幼儿达 140 人。期间的辛苦和烦恼只有他自己知道。这中间还遇上他 18 岁儿子因患脑癌,多年来四处求医花去了上百万还是未能挽住其生命的让人悲痛欲绝的遭遇。

朱先生为什么如此执著地追求那个赚不了钱的学前教育行当？原来,朱先生此前创办过一个春苗幼儿园,因为潘园公路拓宽被拆迁了,那个合伙人在动迁补偿款中结清了投资款后也"拜拜"了,真是"屋漏偏遭连夜雨,破船又遇顶头风"。"旧窝"被拆了,必须造个"新窝"。不能让那么多天真烂漫的孩子没有一个"家"。许多孩子的家长也来找他,让他行行好,能否在别的地方再办一个幼儿园。朱先生没有辜负孩子们家长的期望,另择园址,办起了现在的倍江双语幼儿园。经过六年的苦心经营,现在占地面积达五千多平方米,建筑面积达两千多平方米,户外活动场地有一千五百多平方米。可招收学前儿童三百六十多人,可算得上一所具有一定规模的私立幼儿园。园内设班级活动室、幼儿寝室、幼儿盥洗室、教研室、保健室、厨房、办公室等配套设施。班级中还配备液晶电视机、数码钢琴、紫外线消毒设施、空调、监控等设备。园内摆放着适合儿童年龄段的桌椅、寝室床具,还有多媒体教学设施等。先后总投资一百五十多万元。

幼儿园共开设了七门学科：语言、拼音、英语、数学、音乐、社会、劳动常识,都有正式教材。朱先生很有自己的见解,一切从孩子的成长和未来着想。比如园内开辟小小种植园,让孩子参与进去,动动手,看看它的生长过程,培养他们的劳动习惯和观察能力;比如,适当开展募捐活动,不在乎钱捐得多少,而在于培养幼儿自小有同情心、"心中有他人"的美好心灵;比如,为了幼儿的安全,卧室装上监控,操场上砌起两道围墙,安装上两道大门;比如,成立近 30 人组成的家园委员会,定期开会,共商办园大计,实行民主化管理。

如今,幼儿园已形成了一支爱岗敬业、乐于奉献的师资队伍,现有 22 名教师,专业合格率达 100%,大专以上学历的占教师的 95%。虽然待遇很低,但她们年轻活泼、有理想、有追求、有良好的师德,有较强的保教和科研能力。幼儿园艰苦创业的精神也感动了许多好心人,长兴镇文化馆向幼儿园捐赠了一批图书读物,普睿司曼(中国)公司也向他们伸出援手,捐赠 10 000 元设备费。而朱先生也有许多关爱别人的动人事迹,包括发动全园上下为特困家庭捐衣捐款,为青海玉树地震、四川雅安地震等灾区人民捐款捐物。尽管幼儿教师们的工资微薄,尽管幼儿的家长们大多是打工的,但他们的心是相通的,爱把他们紧紧地连结在一起。

为了孩子的明天,为了家长的期盼,为了幼教事业,朱先生付出了不知多少心血、多少钱财、多少爱心啊！他像一头忍辱负重的牛，不为名利，不畏困难，只为心中的那个梦做得更美、更好、更圆！希望党和政府以及一切正直、善良的人，能给予艰难前行中的朱先生和幼儿园以更多的关注、扶持！

（作者为长兴中心校退休教师）

长兴镇百岁老人采访记

徐忠如

动迁住在敬老院的黄玉珍

5 月 23 日,12 时 30 分,在敬老院采访 1913 年 11 月 24 日出生的 101 岁的黄玉珍老人。她是农建村 340 - 1 号的动迁老人,2012 年 11 月 6 日,进入长兴镇敬老院,与三位女性老人同住一室,有朱玉芳护工专门护理。采访时黄玉珍老人家正在午睡,据护工朱玉芳介绍,黄玉珍老人大小便能够自理。一日三餐按时吃饭。

黄玉珍老人从小务农,儿子去世后,由孙子抚养。她脑子清楚心态好。不吃药,感冒以后在床上休息。一般,每天早上 5 时起床洗脸,6 点 30 分吃饭。饭菜从不讲究,敬老院食堂烧什么,她就吃什么。平时问问这,问问那。孙子带着 15 岁的元孙时常过来看她。每天中午 12 点开始睡午觉。动迁以前,在原来的家里,她一直走走,到邻居家串串门。身体一直很好。在敬老院,她平时推着助跑器经常走走路。现在对这位百岁老人,实行一级护理。在敬老院每月费用是 2 000 元。

行走自如的魏友其

5 月 23 日,下午 2 时,在长征村 36 号,采访 1912 年 10 月 8 日出生的 102 岁老人魏友其。看到魏友其老人是在长征村的交叉路口,他在看过往的车辆和行人。

一眼看上去,百岁老人魏友其好像只有 80 岁。据他的儿媳妇盛小芳说:老人身体和牙齿还可以。老人吃东西要吃新鲜的。他从小种田,辛勤劳作,平时在家里闲时,剥剥花生,能做一些简单的家务。以前平时早晨六七点钟起床,现在有时八九点钟起床。睡觉时间长达十多个小时。他性格好,从不生气。他心态好,不过问你什么事情,在家里,已经10年不过问家人的事。采访当天,他没有午睡。上午出去外面跑一跑,不跑的话,坐着也能睡觉。一般下午跑去村老年活动室看打牌。晚上一般6时睡觉,天冷的话是下午4时30分睡觉,热天5时睡觉。平时每天午餐和晚餐各喝三两黄酒,以前喝半斤一顿黄酒。饭能吃一大碗。无高血压。魏友其走路从不用拐杖。他是四代同堂。胡子还是自己刮的。他记性好,年轻时会讲故事,讨人喜欢。现在照顾老人起居的是65岁的儿媳盛小芳。

自己做饭做菜的董小林

5月24日上午,在鼎丰村三组仓库场的出租房门前,采访1913年6月6日出生的102岁老人董小林。她自己做饭做菜,耳朵不聋,眼睛不花。从小种田,勤劳得很。

她身体健康无病痛,现在有时还可以打牌。她心态好,开朗乐观,思路清晰。政府给她600元营养费,她还问是几个月的。她的生活习惯是:喜欢吃肉和鱼。她孙女说:平时我们吃什么,她吃什么。她不喝酒。每天6时起床,平时好睡,能坐着睡觉,晚上五六点睡觉。生活平平常常,没有特殊的地方。家属有长寿史,她的兄弟在重庆,也活到110岁。现在是五代同堂。动迁前生活环境优美。

对于长兴岛动迁开发,董小林老人开心地说:"现在动迁开发开心,不做也有钱来,开发真开心。"政府安排的家政服务员每天定时来为老人洗衣服。老人一般以坐为主,时常走走路,有时也推着轮椅走走。

爱看电视的黄怀郎

5月27日,在创建村157号采访百岁老人黄怀郎。黄怀郎老人30岁结婚,没有生养儿女,但他当时领养了一个11岁的女儿黄菊英,又招了一个横沙的上门女婿陈云高。

黄怀郎老人从小种田。年轻时,到长江边推面鱼。有一点痛风,可以走走,眼睛好,能看书,看报。采访他的时候,老人在看电视。据他女儿说,前两年还打牌。最近到吴淞医院检查,说他智力很好。他生活很有规律,平时早晨起床后8时后吃饭,天冷的时候9时,中午饭11时吃,晚饭5点30分吃。中午1时30分看一会电视睡午觉。他的一大爱好就是吃零食。四十多岁学抽烟,后来不抽了。他心灵手巧会编竹篮等竹器。

他心态也好。他从来不过问家里孩子的事。家里的经济往来，他从来不管。自己的衣服自己操作洗衣机洗。吃东西不偏食，吃的数量不多。

躺了四年半的姚翠郎

5月27日下午，在大华凤凰佳苑丰康路50弄22号201室，采访了百岁老人姚翠郎。这位老人已经在床上躺了四年半。四年半前的一次意外摔倒，将骨盆摔坏，所以一直躺在床上。老人生了六个子女，三男三女，现在是五代同堂，是一个57人的大家庭。去年做生日，摆了13张台子。动迁以前住在新港村五组，环境优美，邻近新港水闸。其老伴22年前离开人世。老人从小种田，她心态好，是个慢性子人。老人家的弟兄姐妹都活到九十多岁。老人没有摔倒前，轻生活做做。老人由子女轮流照顾，每月轮一次。采访时轮到60岁的小儿子照顾老人。她孙女王文娟每天两次为老人擦身体。

夫妻独自生活的蒋永清

5月28日下午，在凤辰小区，采访1913年6月20日出生的蒋永清老人。百岁老人蒋永清和97岁的老伴李金凤一起居住，买菜做饭生活自理。目前因潘圆公路扩建已经动迁，享受镇保待遇。原来居住环境生态优美，98岁没有动迁时，还将自己种的蔬菜拿到自由市场卖，换取生活费。老人心灵手巧，心态好。他是先进村远近闻名的推笆师傅。1990年以前，谁家建房总是请他去帮忙，不管是左手笆还是右手笆，到用时皆能精确到位。去年村里要为他做100岁生日，被他婉言谢绝了，只要了村里给的一个红包。老人家生活起居很有规律，早晨6时起床，7时吃早饭，11时吃中饭，中午午睡一会儿，下午5时吃晚扳，6时上床休息。平时在小区内走走。老人有五位子女，大女儿已经不在了。日常家务有镇政府派来的家政服务员每天定时上门做。老人爱吃肉和鱼，身体健康无疾病。走进老人卧室，有电视机，手推轮椅，两张长床。老人双目炯炯有神。

健谈的黄彬

5月28日下午，在先进村一组760号采访1912年11月20日出生的102岁老人黄彬。走进老人居住的平房，装有一台空调，台上摆放了由他孙女为他买的两喇叭收录机。他对前来看望的先进村陆琴开心的讲：现在共产党政策好，派过来的家政服务员和我孙女黄琴一样的对我热心，她来到我家，自己帮我找需要换洗的衣服、打扫卫生。这种都是共产党教育得好。黄彬老人，关心国内外大事，每天打开收录机，收听国内外新闻。采访黄彬老人，犹如聆听一堂课，讲课的人是百岁老人黄彬。他讲了几件事。一是今年的地震。他讲：今年地震救出来多少人，都是解放军在救人，几万个解放军救人。二是国际上。他讲：现在世界上都和中国人交朋友，解放前谁和中国交朋友，中国被人家看不起的。当时人家当中国是小指头。现在世界上国家都和中国交朋友，说明我们中国发展强大了。他还讲：现在政策好，老百姓没有工作，政府给他派人找工作。以前人家看面孔吃饭，你我这种老牌位，人家不理睬的，现在村里干部要请我吃饭，去年为我做百岁生日，看得起我。现在老百姓吃也有，子女对老人也好，老百姓生活一天好过一天。三是他讲了一件有趣的事。他讲：我的孙女黄琴这个小姑娘，有一天用车子带着我，说是领我去一个地方。你们晓得她领着我去了什么地方？居然领我到墓地，由她出钱要为我买坟墓。我对出来接待的工作人员说，你们不能收我孙女的钱，怎么让我孙女买坟墓呢？要买也得由我儿子买。在采访即将结束时，黄彬老人对着先进村干部陆琴说，告诉我儿子，说您父亲，就像一只熟透了的瓜，不知道哪一天瓜熟蒂落，落掉了还要好好对待他。

父亲的剃头匣子

黄玉昌

女儿大了,去三十多公里外读中学了。

原本柔顺的长发,在她外公的唠叨里变成了短发,说是有利于学习。不过,她以后的每一次晨起,的确省了不少的时间。

妻子对女儿是尽心的,每一次的周末,总会将她收拾的整洁利落。这次回来,扯上我带着她到小区的"文峰"里剪发。

进门,服务小姐脸上已有了花朵,热情地替她兜上围布,端上白开水后,径直去一旁请理发师去了。我捋起女儿不算长的柔发,任它从指间轻轻细细的划过,遥远而熟悉的感觉瞬间也在心底漾起……

我轻轻地问:"我来替你剪,如何?"女儿的脸上一片灿烂,如不带修饰的、盛开的百合一般。"好啊,我无所谓,但是,你是不会剪的啊。"声音越来越像她母亲,银铃样悦耳。

可是我的心事,她小小的心又如何的知晓?

那时候,我们不叫剪发,叫理发。也许男孩子都叫理发,我是这样想的。每个月末,我是多么盼望着父亲回来。我是家里老小,姐姐哥哥总是安排我去门前的小路守望。其实,我也是最愿意这样去做的,像电影里的瞭望哨一样。我会在门前远远的走出一段小路,出神地望着远处再也看不过去的地方,就像夜晚母亲倚靠在床头,看着在月份牌上勾出的"日子"出神一般。

清爽的风挠过我心头痒痒的时候,父亲的身影就会"准时"出现在远处温暖的阳光里。我撒开腿,张着两只手,一路畅开着喊"爸爸",朝着远处小半点的影子扑去。那个时候,我还远没到懂得羞涩的年纪,不会像大姐一样笑得深沉,不会像二姐一样笑得含蓄,也不会像哥哥一样笑着迎上前去。

我自顾忘情地喊,每个月里,能喊上爸爸的也就这一两天。走近些时,父亲会紧跑两步,俯身抱起我,在我脸上一阵吸过后,拿下巴凑在我脸上扎。

父亲黑色的方正的皮大包已背在了哥哥的肩上。每个月回家,父亲都会在这个包里给我们带回无限的惊喜。有糖果,有面包,甚至还有苹果——在那个年代,只有上喜桌才能吃上的奢侈品。有一种面包我至今还清楚地记得:比砖块还高还厚,隔着外层包着的印有绿色花纹的纸就已经闻到一阵酥香。尽管在现在的糕饼店里,这早已司空见惯,但从别家孩子羡慕的眼神里,我读懂了他们的期盼,因为在那时的岛上,这实在是绝无仅有的稀罕物。

父亲每次回家,总有忙不完的活。

临去上海时,父亲总不忘说一句:"来,让我拾掉点乱柴。"这话是对着我们哥俩说的,印象中好像每月如此,从不例外。

说"拾掉点乱柴"的时候,一定是亲昵的。很多时候,父亲都是这样幽默的,他总把我们的头发称作"柴"。"拾柴"意味着又要理发了。这可是父亲回来唯一让我着恼却又不得不面临的事。

父亲的剃头家什放在一个长条形的无盖的匣子里。听母亲说,匣子是父亲买回推子、剪子等工具后,当天晚上就亲手做的,匣子外面还涂了一层白色的油漆。我一直很惊讶父亲的能干,直到现在也是如此,修车、补胎、做门、钉凳、上漆,好像无所不会,而他的本行仅是造房而已。

哥哥在剃头的时候,父亲才默许我把玩匣子里的推子等,握在手里冰凉,掂在手里沉甸甸的,这种感觉直到现在想起也觉得十分神奇。

推子发出的"滋滋"声里,哥哥的头发,我的头发都如"乱柴"般落在系在脖子上的蓝色围兜里,落在地上。父亲张开脚、沉着腰,身子略微后仰,以砌墙般的姿态舞着手里的梳子推子剪子们,比起现在的星级理发师绝对专注,绝对敬业。我是害怕推子的,"滋滋"声里,有时会带起一两根发丝,拽的头皮生疼。尽管是偶尔的几次,却足以令我心生敬畏之情。这时,父亲便会以厚实、温暖的掌心握住我向后躲闪的头,"威胁"我:"再动,要扎到耳朵了。"我便不再乱动,我是真的害怕耳朵会被扎出血来。

但我又是顶喜欢父亲摸我的耳垂的。他会用粗糙的手指搬过我的耳垂,屏住呼吸,极仔细的用推子轻推耳窝处,推过后,再鼓起腮帮,凑近吹上一口气,痒痒的,舒服极了。

"刀枪入库"之后,父亲就又去了上海。这一等,又是一个月……

如今,那匣子,已静躺在老宅的碗橱上头,也算束之高阁吧。外层的白色漆已经脱落干净,露出略显腻滑的木质底纹。只是父亲在它外头多套了一只布袋。父亲的背有些弯了,早两年还比我显高的身体也萎缩的和我差不多了,那个剃头匣子,他早已不用了。我请他给他的孙女剪发,他拉长声调:"哦——理发店里比我理的好看多了。"

只是,我再去"文峰"时,看到名剪刀阿亮师傅 188 元的报价牌时,不知怎的,我竟又一次想起了父亲的剃头匣子。

(作者为长明中学教师)

板房里的歌声

黄玉昌

我听过它吗？我心中的歌？我见过它吗？那唱响在四季的歌？

每一天的清晨，我都徜徉在那一条小路，路旁的溪流潺潺的唱着春歌，身旁的微风嘤嘤的唱着春歌，枝头的雀儿啾啾的唱着春歌。我的心，在灿灿的阳光里，在无限优美的歌声里，就这样欢畅着前行。

小路的那一头，是新建的活动板房。靛蓝的角线，米白的面板，衬着翠绿的地坪，出现在路的前方。几座板房错落有致，金属银的栅栏，红色的跑道，绿色的操场，围成好一个精致的园子！

这板房，我好不熟悉，在这如火如荼的春歌里，在这热血沸腾的生活里，在我青春的生命岁月里，我第一次如此近地遇见了你。

这板房，我真的又如此的熟悉！在汶川救援的第一线，在热火四溅的工地上，在重建家园的废墟旁，我又多少回见到过你。就在这里，我见过朱镕基总理的慷慨陈词，我见过武警官兵的疲惫身影，我见过温总理的泪眼婆娑，我见过灾区人民的感激和温馨。

很多时候，你是安康，你是幸福，你是和谐，你，就是平安！

就在这板房里，我也见过无数的战斗在第一线的工人，为了长兴灿烂的明天，为了腾飞的海洋装备岛的规划实现，在火热地战斗、在火热地生活。

而这里，园门口挂着一块醒目的牌子——“平安小学”。

我静静地驻足，我的心也随之宁静下来，任晨风拂过我的脸颊，四周已是旷远静默般的安详。

“春天在哪里？春天在枝头上；春天在哪里？春天在田野里……”耳旁传来了如春天般的鸟鸣，如山涧流淌的清泉，如指间轻弹的琴弦。嫩嫩的、脆脆的，是如此的悦耳，是那样的动听。

或许，这就是歌？这就是我等了许久才出现的、熟悉的歌？

对，这就是！这就是我心中的歌，就是生命中最和谐最安详的歌……歌声里，我仿佛看见了一双双清澈的眼睛，我仿佛看见了一张张幸福的笑脸，我仿佛看见了一个个稚气未脱的身影，我仿佛看见了飘拂在胸前的红领巾……

"春天在哪里？春天在枝头上；春天在哪里？春天在田野里……"歌声啊，随着春风在荡漾，穿过板房前新建的公路，越过公路上新建的大桥，随着心儿一起飘向了远方。

在这歌声里，我听到了长江隧桥通车仪式上震耳的鼓声，红色的穗子翻飞成欢乐的海洋。整齐的车队仿佛春天里的五线谱，欢快的舞步就像春天里的跳跃的音符。歌的海洋，人的海洋，阳光洒在每一个人的脸上。韩正市长的话亲切响起：希望广大建设者和管理者，再接再厉开拓创新，为上海城市建设再立新功。

在这歌声里，我听到了劳动的号子响彻云端，长兴岛南岸江畔的灯火通明，"卧勾""残阳"不夜的天。那是建设者们从心底呐喊的歌，那是淬火摔落成八瓣的汗珠。挥动的双臂似奋力擂击的鼓槌，奔忙的脚步踏出战栗的热火。钢板的撞击声里，改革发展的号角已经吹响，江南船厂挥别一百多年的历史，新的"江南制造"将从长兴岛起航。

在这歌声里，我听到了时代巨人强劲跳动的脉搏。那是雄浑奔放的歌，是浪卷岸底后排空一放的激烈与壮阔，是沉舟侧畔千帆竞发的奔腾与豪迈。长兴岛南岸北滩，东涂西沙无不绽放出嘹亮的改革开放之歌。拆迁安置工程已进入了新的阶段，一座新型的江南小城已经构建了宏伟蓝图。推土机"隆隆"的轰鸣声里，一幢幢民居旧宅轰然倒去，尘土扬起的瞬间，被定格成了历史画面。

"春天在哪里？春天在枝头上；春天在哪里？春天在田野里……"

往昔的校园已不复存在，一座崭新的双向八车道公路大桥穿越而过，桥旁，依然是原先那条熟悉的、日夜奔流的小溪。新的校园正被孩子们唱进了春天的歌声里："春天在哪里？春天在枝头上；春天在哪里？春天在田野里……"

板房里，夏天热，冬天凉。板房里的歌，却是如此的悦耳，是那样的动听。歌声里，老师在黑板上写下了：我们是小学生，做新世纪接班人！

那歌声啊，随着春风，飞到了四面八方，飞到了人们的心里。歌声里，镇领导走进板房里，送上关怀：孩子们，你们就读的是长兴岛唯一的一所板房学校。在长兴岛百年一遇的改革浪潮中，你们和你们的父母、爷爷、奶奶一样，都是长兴岛的有功之人!

小溪旁,村子边,花草深处,绿杨荫里,到处飘洒着板房里传出的歌声:“春天在哪里?春天在枝头上;春天在哪里?春天在田野里……”

扎实推进便民“一口式服务”的创新模式

——长兴镇社区事务受理服务中心工作纪实

朱忠义　陈忠才

长兴镇社区事务受理服务中心担负着全镇百姓民生保障的服务性工作。目前，在职员工 47 名，服务窗口 16 个，一线服务人员 25 名，服务内容涵盖农居养老、合作医疗、城镇医疗、社会保险、劳动保障、失业保险、开业指导、社会救助、计划生育、民生档案、婚姻登记、社保制卡、住房保障、征地养老、就业援助等 15 大类，134 项业务受理。

近两年，中心在服务方法上围绕“一口式”改造的工作重点，以“规范制度管理、强化服务意识、创新工作模式、树立良好形象”为抓手。

首先，注重从源头抓起，一切从实际出发，宁愿自己苦点，累点，不让老百姓多跑一段路，多踏一道门槛，多走一道程序。通过一个阶段的“一口式”服务试运行，真正使办事群众深切地体验到一个窗口办结所有业务的便利和需求。他们规范、快速、高效、优质的民生保障服务，受到了办事群众的一致好评。

其次，狠抓就业保民生，劳动保障创佳绩。从下面的一系列数据中可看出他们全年无休制、午间无休制的工作实绩：2013 年度新增就业岗位 3 470 人，完成净增就业指标 674 人，扶持自主创业 20 家。另有 2 068 人次享受了县、镇两级各项就业的政策补贴，补贴金额达 370.72 万元。还举办了两期技能培训班，有 165 人参加了政府免费培训，并为 220 人提供了开业资讯和政策咨询。多种服务方式的并举，始终把失业率控制在 4%以内。2014 年前三个季度，又新增就业岗位 1 703 人(镇年初制定指标 600 人)，指标完成率 283%；完成净增就业指标 513 人，扶持自主创业 18 家，创业带动就业人数 65 人，又有 3 022 人次享受了县、镇两级各项就业的政策补贴,补贴金额达 509.93 万元,还为 210 人提供了开业资讯和政策咨询等业务。有力地促进了长兴镇劳动保障事业的稳步发展。

再次,兢兢业业做好服务这篇文章。一年多来,他们共完成小城镇门急诊统筹 3 609 件,居保 2 021 件,就医记录册发放或更换 7 633 件,补办医疗保险卡 2 695 张,并对 3 305 户低保户进行定期复查,对其中 651 户不符合对象进行了及时清理。全镇城镇低保 937 户,农村低保 737 户,全年累计发放最低生活保障金达 1 412.16 万元。并为农保窗口发放退休金 2 159 人次,总额达 514 万元,发放镇老干部及代课老师等各项补贴 395 人次,总额达 67 万元。另外,在镇保窗口新受理征地项目 32 个,已办结 16 个,已为 586 名被征地农户人员办理小城镇社会保险,累计申请拨付镇保费用 9 613.76 万元,发放前期生活费达 414.89 万元,并为 4 名镇保办理过程中死亡的被征地人员家属争取了死亡人员补偿款 19.16 万元。

在此基础上,还为外来人员办理房屋租赁登记 6 513 件,办理各类社保卡、敬老卡 4 715 张,受理涉及民生的档案查询 511 人次,办理独生子女父母光荣证 1 168 本,受理年老一次性奖励 1 298 人次,人户分离 1 558 人次,外来人员孕情检测 2 074 件,办理婚姻登记 442 对,补领结婚证 282 本,开具无婚姻证明 309 份。

通过"一口式"服务的创新举措,共接待各类来信、来访达 13 万人次以上,业务总量占全县的六分之一,业务现场办结率达 80%以上。

功夫不负有心人。长兴镇社区事务受理服务中心的工作实绩成果得到了上级认可和推荐。今年以来,他们多次接待了来自崇明庙镇、新河、城桥等兄弟乡镇的业务考察与学习交流,从而使"一口式"服务这一新的工作模式在全县得到了广泛推广。

回家和老人们共度新春

咸　明

“回家,回家,回家是我温情的渴望,回家是我坚定的步伐。”羊年春节,一顿特殊的年夜饭在长兴岛举行,前来赴宴的都是来自当地和崇明本岛的长寿老人,年龄最大的103岁,平均年龄85岁。150位老人济济一堂,一边观看精彩演出,一边享受美食。而举办这次“千岁宴”的上海快鹿投资集团董事局主席施建祥则带着回家的渴望,和父老乡亲欢聚一堂,现场深情献唱《回家》。

吃年夜饭拉家常

晚宴上,一群小朋友身穿“羊装”,打扮成一只只活泼可爱的“小羊”上台表演。沪上知名笑星王汝刚、阿庆、毛猛达及著名主持人优嘉、毛威等也到场,为老人们送上精彩演出,祝愿他们新春快乐,健康吉祥。除了长寿老人外,来宾们大多是施建祥的父老乡亲,他们戴上“快鹿”赠送的大红围巾,边吃年夜饭边拉家常,笑声阵阵,暖意融融。

现场,一位满头银丝,精神矍铄但不愿透露姓名的老人是本次受邀长寿老人中年龄最大的一位,能吃这样一顿特别的年夜饭,老人内心充满感激。他说,一个企业家心怀感恩,尊重老人、关爱弱势群体,是值得尊敬的。

长兴岛是施建祥心中的“家”,生于斯长于斯。施建祥说,长兴岛风土人情淳朴,岛上环境优越,乃是人杰地灵之处。作为一个从长兴岛走出来的民营企业家,一直以来他都以家乡为傲;在外打拼20多年,每逢过年过节,他都格外想家。“如今衣锦还乡,满怀对家乡的感恩和眷念,对家乡老人的牵挂,因此选择在这个特殊的日子,回家与老人们共进年夜饭,共叙团圆情,和他们拉拉家常,陪他们回忆往昔,觉得这个年过得有情、有味!”

多为老人做些事

“很庆幸自己生长于这样一个美丽的小岛,对于父老乡亲,我心存感激。”施建祥说,年幼时家中贫穷,是岛上这些如今已上了年纪的叔叔阿姨、爷爷奶奶的鼓励和帮助,让他树立了远大志向,走出小岛,走上创业之路。

“他们都是我的亲人。”对施建祥而言,老人最需要关爱。“不仅是因为他们帮助了我,更重要的是,家乡这种敬老爱老,以寿为福、以孝为善的文化影响了我,平日能够抽空陪伴百岁高龄的外婆和年过八十的母亲,都是我最开心的事。而对于家乡的老人,我总想为他们做些什么。”

“无论我的企业有多大,事业有多大,这里的老人永远是我的亲人,这块土地永远是生我养我的土地。”这次办年夜饭,施建祥实现了“回家看看”和“为老人做些什么”两个愿望,活动现场,施建祥向长兴镇捐助100万元,专项服务于家乡的敬老事业。对老人的真情关切实现了施建祥长久以来的心愿,而他更愿此举能为后辈们树立榜样,让他们感受到,作为小辈,应如何尊重长辈、孝敬长辈,因为,“关爱老人的传统美德需要每一个人真心实意、勤奋踏实地去完成。”

以感恩之心回报社会

“这个年代是感恩和珍惜的年代,这个时代是感谢和争取的时代,这个日子是感悟和争锋的日子。”施建祥从商数十载,涉及贸易、房地产、金融、影视、互联网等多个行业及领域,而他领军的上海快鹿投资集团在发展的同时热心公益,在教育、文化、体育、慈善等方面累计资助善款25亿元。施建祥说,他在感恩。

感恩不仅是关心家乡父老,对于弱势群体的关爱,也是企业回报社会的一种“感恩”。每年春运,购票难、坐车难成了外来务工人员的“心头难”,虽然家远在千里,漫漫长途亦难阻似箭归心。为帮助他们解决这桩难事,羊年春节前夕,快鹿集团为3 000名外来务工人员购买返乡火车票,还特包上海虹桥至江西南昌的高铁G4769,打工仔们开心地踏上了回乡过年的旅途,“囧途”变“暖途”。

施建祥(左二)为返乡务工人员提行李，送他们上车(图片由菜苗网提供)

“爱在春暖，情在春满，义在春远。”施建祥衷心希望大家在新的一年里，认真做好每一件事，“好人、好事、好开心，也希望未来有更多好心人和企业投身公益活动。”

原载：2015 年 2 月 25 日《崇明报》

风情篇

风情者，风土人情也。一个地方，总有它的言语特点，文化氛围，生活习俗，礼仪规矩等。长兴岛的风土人情，自有它的美妙之处。

浩瀚的长江以她博大的胸怀，哺育了长兴岛人宽容、谦让的气质；奔腾的长江以她永不停歇的精神孕育了长兴岛人坚毅、顽强的性格。独特的地理位置和自然环境，造就了长兴岛人的憨厚、质朴、勤劳、勇敢、正直、善良的品格，使他们变得聪明、智慧、幽默和富有创造力。在这个神奇的岛上，流传着许多动听的故事，创造了许多简洁明快、含义深刻的民谣和传说，形成了颇具生命力的方言和警句，约成了不少很有意思的民间风俗，有的可追溯到源远流长的中国文化的“根”……

读“风情录”的文章，仿佛置身于这块神奇的土地上，捧一口“牛脚渍”的水，是那样清澈可口；在“肴会”上推杯换盏的饮酒，感到长兴岛人是那样纯朴和忠厚；你轻轻解开“门搭上的布条筋”感到主人对你无比亲切和信任，向你敞开了胸怀；你如参加长兴方言谜语竞猜，一定会被岛上人丰富的想象力和创造力所折服……长兴人民永远欢迎五湖四海的朋友。

诗意长兴岛

郭树清

四月，春暖花开，正是春游的好时节。来到长兴岛那天，适逢阳光明媚，暖意融融，我被这里生机勃发、欣欣向荣的自然美景吸引。

长兴岛，对我来说既熟悉又陌生。说熟悉，是因为每次回老家崇明时都要经过长兴岛；说陌生，是因为每次路过，却没有浏览，对长兴岛一无所知。

那天上午，驱车从上海市区出发，大约经过半个小时的行程，便来到长江隧道，再过十几分钟，从隧道口出来，就到了长兴岛。一踏上长兴岛，仿佛进入陶渊明笔下的世外桃源：蓝天白云，空气清新；小河潺潺，阡陌纵横；橘树生青，梨花如雪；油菜花黄，麦苗翠绿；翠竹摇曳，百鸟鸣唱；田园农舍，清淡雅致，处处赏心悦目，宛若进入秀丽自然的画廊，充满诗情画意。当行走在生机盎然的田野上，只见满垄满垄的橘树园里，枝头上冒出了青绿的嫩叶，这一片片水灵灵的绿，绿遍了整个田野。据当地人说，自 20 世纪 80 年代起，岛上开始种植橘树，若是再过一个月来这里，正值橘花盛开，成为"全岛飘香，满目苍翠"的一幅动人景象。这一片连着一片的橘树林，郁郁葱葱，一派生机，我们不禁赞叹起连年种植、发展的"橘子之乡"。这里，纵横交织的河流，像一条条碧丝带般围着海岛婉转流长，一边是河岸旁郁郁葱葱的水杉树或香樟树，及开满鲜花的苗木；一边是田野里金灿灿的油菜花儿正心无旁骛的怒放着，一团团的花影落在河面上，河水被染成五彩缤纷，令人眼花缭乱。田间地头，农民们忙碌着，有的翻土，有的培苗，有的种菜……好似红火的"春耕图"。走出惬意的村口，我们步上江堤，阵阵清风拂面而来，极目瞭望，无际的江水，江潮滚滚惊涛拍岸，涛声依旧响彻大堤，波涛层层卷向滩涂上绿郁的芦苇和丝草，一轮一轮向前滚涌而去，一望无垠，直与天接。倾听着长江发出舒缓的涛声和清亮悦耳的鸟鸣，动听极了，像天籁之音。此时，在阳光下，青草沙水库泛着银光，满眼珠光宝气，仿佛在流动在欢笑。一群鸟儿从岸边的护岸林间窜出，从眼前掠过，鸣叫着飞向空中盘旋翱翔，带给人们安闲舒适的感觉。远处造船厂高高耸立的塔吊在不停地升降着、旋转着，呈现美丽水乡风情画景。

徜徉在长兴岛上，一阵阵从江面上吹来的清新的风，带着春的气息，挟着禾苗的鲜润，裹着油菜花的芬芳，让人感受春天的活力，沁入身体，融进血液，荡涤全身。由此，我想起了朱自清笔下的春——“春天的风像母亲的手抚摸着你。风里带来些新翻泥土的气息，混着青草味，还有各种花的香，都在微微润湿的空气里酝酿。”我闭目返思，心中的恬静和欢悦油然而生。

近年来，随着低碳生活理念深入人心，做一个时尚的低碳达人，成为不少市民的一种生活态度、生活品位和生活追求。那么，你到长兴岛，就会感受低碳的美好。

长兴岛风情录

吴建国

镇浪荡

沙上，靠近码头的地方，买卖交易活跃人气旺盛，这个地方或大或小，都被人称作为镇。鸭窝沙上的凤凰镇，潘家沙上的潘石镇都是规模较大的镇，镇上居住的都是生意人和手艺人。有道是一个铺面养三代。二三十年后，他们的儿子都变成了闲荡的一代，这些人每天集中在茶馆里或者酒馆里，嘴里说的是本地人似懂非懂的苏北话和上海话。他们和船家个个都是朋友，都去过上海、南汇、昆山、常州，远的还到过九江武汉。他们拎得清世面，懂得行情，但又都是游手好闲的一群，他们被沙上人叫作镇浪荡。在 20 世纪的抗日战争和解放战争中，他们有的成了土匪伪军强盗，有的因为接应新四军而成了革命的功臣。

这是长兴岛的一代镇浪荡。

新一代的镇浪荡绝大部分是农村里长大的孩子，他们第一次到镇里来，是因为上学读书的缘故。认识了镇上的同学，了解了镇里的生活，煤球炉子里的烟雾，弥漫在整条街上，也弥漫在一个少年的心里——这里没有土地，无须在地里劳作，不用劳作也可以天天吃饭喝酒？这是那个年代一个学生少年看不懂也无法理解的事情，这样的生活让他们心生向往，让他们梦寐以求。巧的是这群学生少年在他们中学毕业踏上社会的那一刻，农村的土地承包了，人不用依照生产队的编制必须在地里劳动记工分，由此可以：父母在承包的土地上劳作，他们在镇上消遣。他们没有“一春浪荡不归家，自有穹庐障风雨”的诗人的豪迈，文化的欠缺让他们无法接近更高层次的生活。养鸟遛狗束缚的是人的手脚。随着时代的变迁，他们经常出入的地方也在变化，开始的洗头店洗脚店，后来的浴室棋牌室，当然，浴室是他们最为喜欢的地方，洗澡敲背麻将喝酒都是他们的最爱。从拷机、大哥大到现在的iPhone5s，从喇叭裤、梦得娇到今天的皮尔卡丹等名牌，装备在不断变化，服装在不断变化，唯一不变的，是他们的身边总会有各色靓丽的美女。一条船靠码头，不管它装的是石子黄沙机器设备还是油盐酱醋，他们都能看到商机。几个陌生的人从马家港上岸刚刚在凤凰饭店坐下来，他们就知道来人要买什么或者推销什么。因此，在相对闭塞的长兴岛上，他们是最先富起来的一群。

务农是长兴岛人口的主要成分，镇浪荡是一个特殊群体。他们是土地的儿子，但与地里和劳作无缘，本质上，他们是轻视劳动的一群。他们时尚张扬潇洒，这让在地里劳作的长兴岛农人感慨万千，让他们百思不得其解，直到今天，他们还是看不懂想不通。在收购橘子的卡车旁，在贩卖鱼鲜果品的柜台前，农人们只能远远地望着他们，心里骂道：镇浪荡！

芦穄

和粮食棉花这类与人的生息休戚相关的农作物不同，芦穄不是主流的农产品，它是滋养人心情的休闲食品，因此，它不占用整块农田，只种植在岸坡下、宅沟边。从谷雨时节一棵棵青青的苗开始，生长在孩子们的期待中，生长在他们亮晶晶的眼睛里。

大暑时节，芦穄的穗由青变红变黑了，这是芦穄成熟的标志。割一根扛到院子里，叶可喂羊，穗晒干后可做扫帚。芦穄肉质清脆，汁液甘甜，尤其是长到白露时节的芦穄，中芯里有糖的颜色，长兴岛人叫它糖芯芦穄，那汁液更甜更醇，还有阳光晒在青草植被上后，飘拂在空气里的那种沁人心脾的清香。让吃过的人念念不忘。

这样的芦穄，在竹子般美好的外形里，还有一个本质特征：割断的芦穄，只有当天吃才这样甘甜清香，只要隔夜，芦穄的汁液里自会有一种奇特的异味，闻如猫尿，难于下咽。这个特征，让喜欢它的人感到不悦，隔天不能食用，就意味着游子没有机会品味家乡的味道；就意味着哪怕隔着长江的上海朋友，也无法品尝到长兴岛芦穄独特的美味，无法体会到长兴岛人被芦穄滋养的心情里那份喜悦和激动！

是什么让长兴岛的芦穄有这样的特征呢？清洁的土壤、水、雨露和长江入海口的清风，这是它生长的环境。长兴岛的芦穄，也是粒用高粱的变种，形似高粱，但这里生长的芦穄籽不能食用——它从根部吸收营养，靠叶面进行光合作用，丰富了茎秆的水分和糖度，而穗部的结籽，却因为得不到足够的营养，质瘪空色暗淡。这样的地域环境里生长的高糖度的芦穄，在终止生长后，丰富的糖分很快发生了变异。

嘘——别讲话,把芦穄放在门的背后;把芦穄在篱笆墙上敲一敲……随着文化的普及,让农人们逐渐放弃了迷信和自欺欺人的保鲜方法。进入新时期后,长兴岛人认识到,只有解决了保鲜的问题,长兴岛的芦穄才能走向市场。有人用冰箱冷藏的办法保存芦穄,那也只能延长几天时间和降低异味的程度。近三十年来,关于长兴岛芦穄保鲜的研究,都以失败而告终。咸淡的芦穄,低甜度的芦穄,都不存在隔夜变味的问题,而让长兴岛引进外地的品种,这就失去了打开市场扩大种植的基本意义。因此,直到今天,长兴岛的芦穄还是"孤芳自赏",除非人到长兴岛来,才能品到它的甜它的香它的美。

新鲜的食品、清洁的水和空气,是人健康生存的基本要素,就这几年,似乎已经成了我们生活中的奢侈品。长兴岛的芦穄,它是少数离地即变味的植物,它给人的启示是,新鲜的食品最味美最健康,它是对今天高科技的冰箱和食物冷藏的否定!

芦苇的一年

在长兴岛的潘家沙,严冬里"数九"后有一句谚语说:"六九"五十四,泥里出露刺。"露刺"是指田埂旁小河边从泥土里钻出来的个个芽尖,那是草、青茅和芦苇长出的第一个新芽。此刻,寒冷的西北风还在呼啸,河里的坚冰还没有融化,谁也没有觉察到,春天已经来了。此刻,所有的"露刺"都细如针芒,只有芦苇的尖尖上,已经能够挑起一滴雨水了。潘家沙人的心里激动着,他们会情不自禁地走出屋门,背着寒风蹲在田埂上小河旁,用眼睛抚摸着丝丝缕缕的嫩绿。从这天起的半个月内,生性自由的鸡鸭鹅羊将被牢牢关在了棚里,牛也依然在牛棚里咀嚼着它吃了一个冬天的干稻草。潘家沙人这样对待自己心爱的家畜动物,为的就是不让它们到河边到长江边的浅滩上,去啄食践踏刚刚露出泥面的芦苇。

芦苇一定感到了人的这份用心。在人的呵护下,芦苇开始了自己的生长季节:二月中旬"雨水"日,是夜细雨纷纷,天亮后就有了微微的东南风,仿佛就在一夜间,芦苇长出了三四片小小的叶子。惊蛰的第一个响雷后,春分的第一缕阳光里,鱼跃出水面,都能听到芦苇的拔节声。这里已经变成了无边无际的芦苇荡了,到农历五月初五端午节,芦苇已经长到一人高了,她宽大的叶子,已经可以为一个节日包裹香糯的粽子了。七月后,夏日的高温刚刚开始,芦苇就已经到达了它生命的高度,它原本黛青色的叶面上,渐渐泛出了微微的白色,这是芦苇成熟的标志。

还在三月的下旬,潮水的最高潮位淹没不到芦苇的梢头了,这个时刻,觅食在潘家沙几千亩稻田里的麻雀金铃子白头鸟,开始栖息在芦苇的枝叶间了,鸟群因为潘家沙食物的丰盛和芦苇荡的安全而不断壮大,巨大的鸟群,一会儿像长江里飘来的大片乌云,一会儿又像大堤上滑落的一张黑网,罩下来,整个芦苇荡像被风吹过,低下去……又慢慢弹回来。芦苇荡是鸟儿的天堂,夕阳里的鸟鸣,盖过了浪涛的轰鸣声,那是潘家沙人听到的丰收歌。七八九月间,每当台风来临,一丈多高的浪头眼看就要冲击堤岸了,却被芦苇挡住了,巨浪涌到岸边的时候,变成了微小的波涌。让担心溃堤的潘家沙人,连梦境都变得那么安逸。

这是芦苇对人的报答。人真的为芦苇而感动。在潘家沙,芦苇的干枯是严冬的标志,数九前后,连续的西北风已经把芦苇梢头的芦花刮得干干净净,这是一年里潘家沙最肃杀的一道风景。这个时节,从长江里初升的太阳是白色的,在白日的背景里外,芦苇在摇曳,千万枝芦苇被风压下去又站起来,它们的梢头是人手的形象,以一个无言的手势,坚定地指向东南方向,指向春天走来的地方。在潘家沙,一草一木皆有情。

咸西瓜

此刻,无边无际的绿色和深远的天蓝挤压在长江北大堤的岸线上,云如一张白纸,从这两个色块中挤进来后,雨落下来了。在晶亮的阳光和透明的空气里,在以雪的姿势飘落的雨滴中,让采摘西瓜的农民们吃惊的是:这 50 亩地里生长的所有西瓜,切开后不论黄瓤还是红瓤,都有西瓜的清香,但肉质是咸的,咸得发苦。

这样美丽的景致里,这样肥沃的土地上,这一季,怎么长出了咸西瓜?而同样的种子,种植在别处都有正常的收获,这更让人百思不得其解。这是 1984 年 6 月,是西瓜成熟上市的时节。这是朱中义调任先进果园当队长的第一年。

这一年,阶级斗争为纲的思潮已经退却,农村第一轮土地承包已经落实。这一年,宝山县还没有升格成宝山区,但城市化的趋势已经开始,劳动力在向城区集中后,土地的精耕细作已经无法实现。这一年,“六六六粉”已经在长兴岛使用了 19 年,敌敌畏、乐果、1059 等剧毒农药也已经在长兴岛使用了 10 年以上,而政府对于农业的投入和科技力量的加强,实际上强化了农药和化肥的使用。土地的产出已接近了极致——高产的唯一途径就是大量的使用化肥和农药。

这一年,长兴岛的人口从解放时的几千人已经达到了四万,加上前卫农场的融入,高峰时人口超过六万,人口的密度高至每平方公里千人以上。芦荡沼泽小河浜头都已经填平当成了粮田,自 1958 年人民公社化以后,强制的计划种植(主要是粮食类作物),也已经很难养活日益增长的人口……这是朱中义的思考。十几万斤咸西瓜，损毁的不只是一季庄稼和投入后的收获，还有农民们的信心。在没有依据和找不到原因的时候，朱中义把它看成了土地对人的警示和告诫，让人时刻保持着对土地的敬畏。30 年后的今天，科学能证实的是基因发生了变异才使西瓜改变性状。但即使今天，我们仍然无法知道，是什么原因，仅让这 50 亩地里的西瓜发生了基因变异？

人的眼睛看不到 30 年以后的景象，但人不能忘记过去，不能没有今天的思考：土地，给我们生命的土地，她的灵性是深沉的，清洁的，任何一条河流小溪一座土丘山峦，都会在她的儿女身上，找到血脉和器质上的印证——这是我们生命的血地，这是我们先祖的坟地，这是我们子孙的粮地！今天对土地的伤害，就是我们的自残。

牛脚渍

在长兴岛，田地里劳作的时候，渴了，找一个牛脚渍，拨开周围的庄稼或者青草，双膝跪地，双手撑在牛脚渍的两边，把头低下来，此刻，牛脚渍里，映满了一个蓝天，也有白云朵朵……在漂浮着花粉草籽之处，把嘴贴近了猛的吮吸几大口，就把牛脚渍的水和水里的蓝天白云和花粉草籽都饮到了自己的身体内！

这水清凉干净甘甜，因此，去地里劳作的长兴岛农人，用不着坛坛罐罐地带水。要找到牛脚渍也很容易——牛在犁地或者耙地的时候，走的是直线，一步距离内，就有四个脚渍，而在一块地的尽头，牛转换方向的时候，就会留下凌乱的十几个脚渍。牛脚渍深有半尺，相对于一个农事季节，农人们能看到的每一个牛脚渍，都是上一个季节里留下的，都是唯一和最后的。圆形的牛脚渍里，积攒了一个冬天的雪和一个春天的雨。在长兴岛，土壤中的水分一直在饱和状态，因此，牛脚渍里的水，只会慢慢沉淀，在慢慢沉淀中自净。即使冬天，在大片青青的麦苗之间，是油菜和蚕豆。三月以后，风从东海里吹来，万物又开始了一个蓬勃生长的季节，当番瓜丝瓜的藤蔓爬满房顶后，除了田埂小路和家家户户门前的院子，整个长兴岛，都是绿色的庄稼，都是流动的河水。没有裸露的土地，没有尘埃，这样的环境里，空气和水都是纯净的。

“牛脚渍里淘白米，蟛蜞洞里吊清水……”这是一出在长江入海口地域内流传了几百年的民间戏，在这个新媳妇的唱词里，是嫁到夫家后对贫苦日子的无奈和烦恼。这个唱词的背景里，让今天的看戏人，看到了那时自然环境的美丽和清洁。几百年来，在这片地域内，人们用石碱洗衣，用朱槿（扶桑类，长兴岛人叫作槿树条）叶子的渍液洗头,用河边沟旁的沙泥,搽洗锅碗瓢盆的油腻。就是灶台上的洗碗刷锅水,也不会直接倒进小河里,所有草木类的垃圾都投入了灶膛,变成草木灰后再回到地里。在长兴岛上,没有不能降解的物质,连烟囱里的青烟都是芳香的。

人生存生活的痕迹,本质上是对自然世界的掠夺、破坏和污染。人口的膨胀和人心的浮躁张狂,最能以自然环境的代价,迎合和换取工业化城镇化的进程。是农药化肥,是钢筋石灰水泥,是洗衣粉洗洁精洗发水等工业品,一夜间污染了长兴岛清洁的土地和纯净的水,又有替代了耕牛的拖拉机留下的一片片油污,又有引进造船产业后,弥漫在空气中的尘埃和油漆气味。宣传广告中依然被称为上海“三净”(水净土净空气净)的长兴岛,地面上所有的水已经不能饮用,河浜里已经不能游泳,长兴岛原生态的自然环境和清洁纯净的土地水空气,已经不复存在,牛脚渍和喝牛脚渍里的水,成了故事和传说。

门搭上的布条筋

滩涂围圩后,这些挑泥筑岸的人,在圩里或者岸上盖了房子,就成了岛上第一批居住者。他们从长江沿岸的扬州镇江句容南通启东崇明等地方汇聚在了一起,风俗习惯不同,语言及语言的衍生意义不同,只是弃家远行谋求生计的决心是一样的,在搏风斗浪的自然环境里,成了同命相连同舟共济的一群。这群人遇到的第一件事情,是你外出到地里干活或者到镇里买卖的时候,你家的门要不要上锁——外出时把门关上,这是必要的。滩涂本来就是一片湿地,清洁的土地和水,为各种动物提供了丰富的食物,因此,野猫野狗特别多。野猫野狗不能进宅进屋,这不只是迷信的说法,而是人生活状态中一个共同的禁忌;长江入海口多雨,除了冬季,东南或者东北风向的日子里,吹来一片云就是一场雨,民居大都正东正南开门,不关门定会有雨飘落屋里,大雨时会让家里水漫金山,因此,出门定要把门关上,问题只是关门后要不要上锁。

门不上锁,门会被风吹开。如果上锁,在这条岸上,芦苇编织的山墙隔影不隔声,芦苇床垫上翻身的声音,咳嗽的声音互相都听得清清楚楚,那是近如一家人的邻居,他们看着你出门,你当着他们的面锁门,那会引起邻居什么样的猜想:是不是对我不放心?是不是因为一件什么事情引起了误会?是不是哪一天见面未曾叫应而心有芥蒂?如果上锁,会被人以为家有宝物,或者有不能示人的金银器皿等物件?那遇到下雨帮你收了衣服后,还可以送进你家门吗?还可以端着饭碗到家里来一边吃饭一边说说笑笑吗?一户深藏不露的人家,缺少的一定是笑声;一个深藏不露的男人,深藏的一定是阴谋和心计,而在这样的自然环境里,需要的是敞开心扉的人!如果上锁,赶着潮水靠岸的船家朋友,还有老家的亲戚和鸭窝沙收购蚕豆毛豆鹅毛鸭毛,潘家沙挑着货郎担来换针头线脑的朋友,看到迎接他们的是一把锁,那他们会怎么想?锁是一个冷漠的告示,不只是告诉来人主人不在家,也能让来人读出不同的意义。是的,谁会用一把锁,对待信任你和你信任的近邻呢?对待你的朋友亲戚呢?那么,就应该这样,把门关上,用一根布条筋拴在门搭上,打一个活扣,一拉,扣开了;一推门,人就进来了。水缸早是满满的矾清水,灶头上一把铮亮的铜勺,这是你在对客人说:来啦?喝水吧。

门搭上的布条筋,成了潘家沙北岸几个圩的一个风俗,红的蓝的黄的绿的,各色布条筋飘拂在每家每户的门搭上。顾及他人的感受,需要的是自己的一点体会和领悟。锁,是防君子不防小人的物件,但君子是不用提防的,小人是防不胜防的。

门搭上的布条筋,简洁明了亲切,她给来者以信任,让他们自便走进你的家,走进你敞开的胸怀,同样,你也会生活在别人明亮的心情里,自豪而快乐。

牛汪

牛汪是夏天搭在水沟里的牛棚。选泯沟一段水坑或者河湾一处,半尺深的水下面,定要有两尺厚的淤泥,这样的地方,立七八个桩,绑几根毛竹一挡,牛汪就搭好了。

夏天,牛的天敌是一种歃血的绿头苍蝇和蚊子,这个时节,在牛的身上,总会有几处带有血水的伤口,上面落满了苍蝇和蚊子。任牛的耳朵扇尾巴甩,苍蝇蚊子们却岿然不动。被这样的蚊蝇没日没夜地叮咬食血,会使牛很快掉下膘来,使它无法耕田犁地;还因为蚊蝇的病毒,使牛染上疾病。

牛进了牛汪,它自会欣喜若狂,在浅水泥浆里四脚朝天,翻身打转——牛这个举动叫"牛蘸汪",这个字汇在长兴岛的方言里,有着欢乐和因为欢乐而肆无忌惮的意思——牛身上蘸满了泥浆,留两只鼻孔在水面上喘气,用两只眼睛看着绕着自己飞舞的苍蝇蚊子。牛的粪便和在淤泥里,只要几天就会发酵,牛汪的表面上,就会有无数个气泡泛出来。这个让人作呕的气味混杂着牛膻味,随风飘散。苍蝇蚊子,它们共同的特点是迎臭而上,因此,一个牛汪可以吸引很大范围内苍蝇蚊子,它们成群结队飞来,黑压压足有几丈高,把整个牛汪团团围住。苍蝇蚊子的叫声本来微弱,但牛汪上空的这个群体声如潮涌,它们不间断的扑在牛身上,牛身上却沾满了厚厚一层含有牛粪便的淤泥浆,让它们针一样的嘴扎不到牛的皮肤上。这个时刻,牛神闲若定,忽扇着耳朵轻轻地摇着头,一切都在不经意间,牛却突然翻了一个身,把来不及飞走的苍蝇蚊子沉没在了泥浆里。吸食不到牛血,还遭到牛的戏弄,这让苍蝇蚊子发怒了,它们的叫声更加疯狂,能让人在几百步之外听得惊心动魄,恐怖到不敢走近牛汪!

肃杀的秋风是一把无形的扫帚,会在一个时辰内让这个世界上的苍蝇蚊子消失的无形无踪,牛跟在放牛郎的身后走到河边的清水潭,它们一边舔掠着新长出来的芦苇和茭白叶子,一边把身上洗的干干净净。这天开始,牛又回到了它岸上干燥的牛棚里。一年辛勤的劳作,牛也有了自己的收获,那清香的稻草和菜饼(油菜籽榨油后的烘干物)是它们冬天的食物。而人呢?冬天枯水后正好农闲,牛汪里的烂泥浆早已经结块,被人们一担一担挑到了大田里,那和着牛粪和苍蝇蚊子躯体的腐土,正是来年油菜和稻秧最好的基肥。

今天,在我们的生活里,不管是城市还是农村,都已经进入了杀虫剂的时代。物理课本上有一句话叫物质不灭:杀虫剂杀灭了苍蝇蚊子,它的毒素最终挥发在空气里,溶解在土壤里,污染的一定还是我们人类生存的环境。由此,长兴岛的牛汪,这种原始的防苍蝇蚊子的办法和经验,就值得借鉴。

回笼觉

一个辛勤劳作的长兴岛农人,暮春时节里的一个回笼觉,一定是人生最幸福的事。

仿佛在梦里,是雨水从屋檐上滴下来落在阳沟里的声音,“噗笃、噗笃”,缓缓的慢慢的,而后,那声音变成了“滴答、滴答、滴滴答答”。下雨了,下雨了……雨水的芬芳,如庄稼叶茎花粉的气息,弥漫在蚊帐里缭绕在枕头旁。人似醒非醒,窗户上有一层淡淡的亮色,那是他往常起床开始一天劳作的时刻!今天,下雨了……田埂上放水的缺口已经开好了;场院里的麦子已经进仓了,是用竹扫帚清扫的场院,那滑动的节奏还在他的意识里,让他的手在微微牵动着;还有宅后的麦秸垛,那是整个黄梅季节里的燃柴,也已经罩上了一大张塑料纸……一个长兴岛农人的回笼觉,在踏实和坚定中开始了。

是的,今年的劳作是从大年初三开始的:北新圩里,垄背上的细土在麻雀的嬉戏中扬起来了,油菜的叶面已经发白,新茎已经萎缩,挑水浇地,三天掏干了一条泯沟;初七就到大兴圩里挑泥筑岸,只有十天,大堤就合龙了,回来正好抢到了开犁插秧的时节,冬旱连着春旱,等不及长江里的天文大潮,水车、涔斗都用上了…… 然后就是旱地上收蚕豆,大田里收油菜元麦。活还没有做完,人已经精疲力竭了!

是的,长兴岛农人都是这样,把自己的一切交给了一年的四个季节,交给了辛勤的劳作,甚至没有给自己留点时间休息一下,滋补一下。这一个在雨天里的回笼觉,可能就是老天对他们辛勤付出后的奖掖和弥补!

这一觉,一直睡到午饭前。他起床了,第一件事情透过窗户看了一眼外面的雨幕,然后举起双臂伸了一个懒腰,肩膀腰椎几处,发出了呱嗒呱嗒的声音,他的全身轻松,积攒在身体内的劳累,顷刻间消失了。他判断,这雨要到午饭后才能结束,地里湿滑泥泞,那下午在家里修泥络磨镰刀编担绳,忙到天黑都来不及。

仔细算来,还在四五十年前,长兴岛男子的平均寿命不到 50 岁,他们只有劳作和付出,从不追求个人的享受,人到中老年后,如果有病,他们会放弃治疗。这样的风俗里,除了郎中和教书先生的长寿被人敬崇外,一个因为懒惰贪吃而肥胖长寿的人,大都会被人耻笑。

当然,生活中常常有这样的悖论,这让普通的黎民百姓百思不得其解: 坏人常常会死而复生寿终正寝,而好人却得不到长寿,会因为一个小疾、一次意外而丢掉性命。但长兴岛人的信念是: 人活着就是能够劳动和创造,而对于自己,简单到苛刻的地步,一个回笼觉就满足了。

挂在屋檐下的新毛竹

直至解放后的 20 年内,长兴岛的民居仍然是芦苇墙稻草顶的那种,人称“草屋”。草屋低矮,搭建时因陋就简,有的简陋到连窗户都没有,但家家户户的屋檐下,全都挂着一捆竹节饱满梢头断齐的新毛竹。

长江入海口这片新生的滩涂上,每年夏至到秋分这段时间内,台风频繁,台风袭来时如遇天文大潮,必定有溃堤和塌方出现。在这里安身立命的人,经验胜过所有的天气预报,根据风的走向,云的形状,潮水的声响,长兴岛人已经作好了准备。就在溃堤的那一刻,草屋前站着的男人,拉动了活扣的绳索,挂在屋檐下的这捆新毛竹“吧”一声落到了地上,手指粗的棉纱绳一头已绑扎在毛竹上,另一头被男人用一个牛扣结,拴在了门前的树根上或者碗口粗的木桩上。汹涌的潮水会在几分钟内将整个岛淹没,涌浪渐渐形成,草屋像船一样浮起来后,被风推动着飞快地向西北方向漂去;渡口旁被锚链拴泊的大船,一只只反扣在了汹涌的潮头上。这捆毛竹很快浮起来了。

一家人就这样紧紧抱住了漂浮着的毛竹，被涌浪高高抛起又狠狠抛下。即使盖过头顶的大浪扑过来，这捆毛竹也能让你在一口气的时间内，迅速浮出水面。一切被浪卷走了，眼睛里那些熟悉的景象，变成了白茫茫的水和白花花的浪，只有杨树梢头那儿亲切的绿和这根绷紧时弹出水珠的棉纱绳，让人坚定地相信，家就住这里！

大潮在六个小时后退去，此时，如果台风远去，再起的潮头自会相对平缓，岛上男女老少要做的第一件事，就是围堵溃堤的决口，加高冲毁的堤岸。一切又重新开始了，割晒芦苇，搭建草屋，土地里还会长出收成，灾后的长兴岛人，不会诅咒天道的不公，他们的心里只会感激这捆毛竹。是的，世间没有一样东西像毛竹一样，可以在这样的风暴大潮里托举人的信念，拯救人的生命。

挂在屋檐下的新毛竹，经过夏秋两个季节后，龟裂在冬天和春旱里。有了裂缝的毛竹，它的浮力会减去大半。巧的是，这个时节没有风暴，季节又悄悄到了夏至，竹园里的新笋长成了青色的竹子。成竹正好该替下来。卖有价钿，竹园的主人大都拿去送人，送给亲戚朋友一份平安。因此，挂在长兴岛人家屋檐下的，都是新毛竹。

现在，挂在屋檐下的新毛竹已经成了遥远的故事。沿江的堤岸上，用尽了钢筋和水泥预制板，堤岸下排满了防浪的三角块。最高级别的设防标准里，带给现代的长兴岛人太多的安逸和麻痹。

被自己蒙住的眼睛

眼大无神，说的一定是牛。在浜沟边吃草，牛犊就在它的身边，它会突然抬起头寻望许久，“哞、哞”叫几声，等到牛犊有了回应或者走到了自己的身边，它才低下头，用下颚勾一勾牛犊，闻闻它的气味，然后继续吃草；在耕田犁地中，耕田郎的呵斥声会让它扭过头，那鞭子已经高高举起了它竟然没有看到，一定是鞭子打在它身上后，它才会因为疼痛而快跑几步。

牛眼大且明亮，那又黑又粗的睫毛密密地长在它的眼睑上，连吸血的羊毛苍蝇，也时常落在它长长的睫毛上。牛的眼睛里总是水汪汪的，像是噙满了眼泪，这样的眼睛，在和人对视的一刻，让人茫然而怜悯，只能凭着想象读出它的哀怨和劳苦，也同时让人感到纳闷和疑惑，这样明亮的眼睛，怎么就看不清近旁看不到远处呢？是的，这是一个秘密，这是一个只有放牛郎耕田郎等少数人才知道的秘密：牛的眼睛，是被自己蒙住的！它那浓浓密密的睫毛，像一道“帘子”蒙在了自己的眼睛上，当所有物体和景象从这道“帘子”里透过来以后，映在它眼睛里的物体和景象都是变形的。门缝里看人会把人看成扁的，这是人的经验。牛从这道“帘子”里看到的一切，都是模糊虚高和放大的，因此驾驭自己耕田犁地的人，会变得无限的高大伟岸，让它感到威严和恐惧。牛因为自己的睫毛蒙住了自己的眼睛，让它变成了无怨无悔的劳作者，它不会反抗，吃的是草，干的是任何动物都无法承受的重活。对于这样的命运安排，牛自己全然不知，它一生看不到真实的世界，因此也无法感受真实的自我；它生活在盲目和晕头转向中，全部的日子，就是吃草、拉犁和繁衍后代。

因此，保护牛的睫毛，守住这个维持牛听凭驾驭、专注劳作的底线，是放牛郎耕田郎最重要的责任。拔牛眼睫毛的孩童，会被打个半死，而深秋里的烧荒时节，恰是放牛郎耕田郎最担心最害怕的日子。红色的火焰不一定是牛最喜欢的颜色，但这是田野里很少见到的色彩，牛和所有的动物一样，对鲜艳的色彩特别敏感，也有本能的喜悦，它会驻足凝望，会走近了把头凑上去，用鼻子拱一拱稻草或者枯草秆，闻闻火的味道，就在这一瞬间，它的睫毛被火烧掉了！没有被火烧灼后疼痛的感觉，一个新奇的世界顷刻间出现在了牛的眼前：几只羊在田埂旁吃草，鸭子在嘎嘎嘎的叫声里欢快地啄食着，那群经常落在它背上的麻雀，一会儿翻飞在天空里，一会儿飘落在田地间……牛这样昂着头张望着。

动物智商的高低，一定是它自己与一个参照比较后，对结论的反应程度！“哞——！”牛的叫声撕心裂肺，它的呼吸急促起来，当这个耕田郎提着鞭子赶来的时候，牛看到的人已经变得异常渺小，它猛然拉豁了串在自己鼻孔里的绳子，开始狂奔起来。

牛疯了，它在踩踏一切，它在冲撞一切！而等待一头疯牛的，是一柄断它喉管的片刀。

从跳板上走过

跳板就搭在岸与船之间。

岸边，麦苗青青垂柳依依。这是春暖花开的时节，这个时节，在父母亲和长辈们纠结的心情里，终于来到了。八九岁到十三四岁，是长兴岛的男子出门学手艺闯天下的年龄！——这一天，是长兴岛人最为沉重和深情的送别。

孩子，去年蚕豆开花的时候，你摘一朵闻了又闻，你说我知道蚕豆的味道了；春天里种了番瓜到初秋里收获，你每天都要看几次，你说这番瓜怎么这么好吃！孩子,地里的活做过了就不会忘记,地里的收获吃过了也不会让人忘记。但潘家沙的土地长不出金子,这个世界上,一定还有一个地方,比潘家沙种庄稼收获得更多,这个地方这块土地,在很远很远的地方!

孩子,从跳板上走过,船就是远方,就是吴淞杨树浦苏州河,就是浏河太仓海门南通,就是常熟镇江张家港南京,就是更远的九江武汉……私塾里王先生教的字,已经够你写信了。信是遥远的地方飞来的鸟,像筑巢屋檐下的燕子和落在树枝间的喜鹊,它只能报个平安,救不了急。远行的人,要记住善待他人,决不能亏待别人。帮过你的人你应该记他一辈子,亏待你的人,你应该学会笑一笑,笑一笑比眼前的江海比头顶上的天空更宽阔。任何一个地方,都值得一个出生在潘家沙这样漂浮在大风大浪里的土地上的男人,走一走看一看住一住,都值得你学手艺做生意过日子。既然苦难是我们沙地人的命相,背负着苦和难,在任何一个地方,你都能生存都能立业。一方的水土养一方人,一方的风土人情,会教给人别样的智慧和别样的方法。

一个男人,应该有不止一个家乡。

三五年或者更长的二三十年后的一天,一条航风船进港了,船家的号子里听得出喜庆或者沉重。一只麻袋里是一个人的全部家当,这个人站在前甲板上踮起脚眼望家乡;富豪商贾也为将进的家泪水涟涟,半船的柳条提箱半船的香樟、楠木,是他成功的标志。但无论贫富,每一个踏上跳板的返乡人,那远行日子里的千辛万苦,那历经的万般磨难,都如船后的细浪,渐渐平静如镜。他们的脚步一样沉着,他们的内心一样坚强无比。

从跳板上走过,潘家沙的男人要的就是这样的经历,这才是一个男人真正的财富。

在冬日的太阳下

“船靠在苏州河边,这里离南京路很近的,走走就到了……”

“你不是说到上海吗?”

“是上海。”

“到苏州的河里了……怎么还在上海呢?”

“苏州是苏州,苏州河是上海的。”

“苏州的河是上海的,南京的路是上海的,这上海有多大啊?”

“苏州河和南京路都是一个名字。”

“哦——”

“南京路上有一幢大楼,真是妈妈的高啊——!”

“大楼? 比稻垛高吗?”

“十个稻垛也没有它高。就是……抬头、抬头……你还没有看到最上面的房檐呢,帽子就掉到地上了。”

“啊——! 这么高!”

“那个楼里,住的人可是怪了,有皮肤雪白的人,有棕色的人,还有黑颜色的人。”

“人是黑色的?”

“是啊。”

“黑的……黑颜色的……人? 那是涂的锅黑吧?”

“不是的,本来就黑,全身上下都是黑的。”

“老天爷——哪有这样的人?”

“外国来的,很远很远的地方来的。”

中午时分,晒太阳的人都散了。这是时节“六九”,谚语说:“六九”五十四,泥里出芦刺。在冬日的太阳下,顺着这句谚语的指引看在向阳的岸坡上,融雪里已经露出青草的尖尖——这是生活在淤泥小岛上的人全部的期待。这天,80 高龄的爷爷没有午睡,到晚饭后,他叫来了近边的儿孙,说: 帽子……掉到地上了,还看不到这楼的檐高……这楼得有多高啊? 这楼怎么造起来的? 我一下午就这么想啊想啊,还是想不通。这不是在说书呢,这是瑞丰船上陈老大眼见的,他还看到了黑颜色的人,人怎么是黑的呢? 我小的时候,听说过西洋人的头发是红的,说明世界大得很哪……我这辈子算是白活了,你们都不要恋着家,潘家沙小,鸭窝沙也小,要出去,出去看看上海,闯闯世界……不久,马家爷爷去世了,这些话竟成了他的遗言,成了他最后对儿孙的嘱托和交代。戴孝一年后,马家的男子纷纷离开了潘家沙鸭窝沙,有的去了上海南京读书,有的去了更远的地方,学手艺做生意。50 年后,上海南京路上,这幢抬头看看帽子就会掉下来的大楼,迎来了一位新的管理经营者,这个人是马家爷爷的重孙子。

(作者为海军少校,上海市作家协会会员)

家乡的水土滋养了我

顾希良

一百六十多年前，我的出生地长兴岛原是长江口的一片湿地。在长江汛期小的时候，它好像是漂浮在江面的巨大绿毯。后来人们在湿地上开垦造田。经过一百多年的开发，直到解放前夕，在吴淞口外崇明岛东南面形成了鸭窝沙(岛)、金带沙(岛)、园园沙(岛)、泮家沙(岛)、瑞丰沙(岛)、石头沙(岛)六个小岛。它们互为独立，互为彼邻。它们就是现在的长兴岛的前身。

这里居民极大部分来自崇明岛，少量来自启东、海门等地。主要从事农业生产，也有少量从事渔业生产的渔民。各个小岛上都有小集镇，有一些从事买卖的小商店。如果没什么自然灾害的话，这里确实是典型的鱼米之乡。

旧社会，政府除了收粮征税抽壮丁外，从不管老百姓的死活。岛上老百姓只能在风灾、火灾、水灾的威胁下，过着提心吊胆的生活。正如岛上民谣所言"芦柴茭白海滩荡，七尺圩岸八尺浪，火烧一半海坍光，十年倒有九年荒"。

那时候岛上老百姓都比较穷，除了个别地主住瓦房外，大家住的都是用芦苇、稻草搭的草房子。这些草房差别只是数量不一样，质量好坏不一样，高矮大小不一样。但是有一点是一样的，就是怕风、怕火、怕水、怕暴风雨等的灾害侵袭。因为稻草、芦苇房容易着火，特别干旱季节最怕火，岛上每年都有火情。不是张家烧了房，就是李家烧了房。

各个小岛地处长江口，东面就是茫茫的东海。太平洋上形成的台风几乎每年都要光顾几次，最大的超过12级，人们行走都得弯腰，有时甚至爬着走。大风能把树木连根拔起，房子刮的东倒西歪直至倒塌。

还有一个是怕水。长江水因受月球引力影响的关系形成自己特有的规律：一天24小时间有两次涨潮，两次落潮，涨落时间因时辰不同而不同；另一个特点是，冬、春的潮水小,到阴历六、七、八月潮水就大。大水来时,水位上升五米多,如果堤岸一破,整个小岛就是一片汪洋。

岛上最怕的是台风、大潮、暴雨一起来,那才是灭顶之灾。据老人们传说,岛上水灾最多死过 2 000 来人。光绪三十一年(一九零五年八月初三),群众死了三分之一。一九四九年农历六月二十九,我目睹了大风、大雨、大水灾害带来的惨状。房屋倒塌无数,死猪、死羊、死鸡到处漂,百姓死了一百余人。

长久以来,岛上老百姓为了同自然灾害作斗争,大家团结起来,发挥自己的聪明才智,与水斗、与风斗、与火斗、与天斗。他们联合起来,把堤岸加高、加实,在岸边植树种草来护堤护坡。农家造房一般选择地势高的地方,或者在田间挖一个几分地大的宅沟(水池),把宅基填高造房。水池有一举三得的作用:即这个水池的水,一可以饮用;二可以养鱼;三可以取水灭火。这种一宅一沟的科学抗灾办法得到广泛运用。成了长兴农村特有的风景线。

在这些自然灾害面前,大家都是平等的。无论贫富,在灾害的冲击下,谁都可能一夜之间变得一贫如洗。人们靠天靠不住,靠神靠不住,那只有靠大家团结起来与灾害作斗争。大家共同围圩造田,共同护堤保田。遇到灾害时同舟共济,互相帮助共渡难关。在与自然灾害斗争的漫长岁月里,岛上逐步形成了特有的、很好的民风和乡俗。

一、广交朋友攀亲眷,这是相当流行的

岛上每家都交了不少朋友和亲眷。什么哥哥弟弟的,寄爷寄娘的。这样在遇到天灾人祸时,相互有个依靠和帮助。我们家遇到两次火灾一次水灾,所以没有被冻死、饿死,就是靠很多亲眷朋友的无私帮助。

这种攀亲交友的情况,即便地主、富农家也很普遍。因为在这个特殊地方,他们同样面临风、火、水的考验,说不定哪一天也会遇到灭顶之灾。生活经验告诉他们必须依靠大家共同抗击三大自然灾害。他们不能和老百姓结怨,只能和老百姓交友结亲。所以这个地方的地主和富农较为开明。

二、与人为善,乐于助人

这里的百姓绝大部分都经历过三大灾害的肆虐。他们在生产生活和交往中,提倡和践行“修桥补路,行善积德”。邻里之间亲戚朋友之间互相帮助互相关心是

习惯、是风气。对我影响最深的有两个人，一个叫汤二郎。他开了个鲜鱼行，从事海鲜买卖，家里比较富裕。他同情穷人和有困难的人。人们有事就找他，他总是想方设法帮你解决。他有一条叫“老黑龙”的好船，借给新四军跑运输却分文不取。人们相信他、敬重他，人们尊称他为“汤二伯”，小孩们称他为“汤二公”。另外一个叫张川福。他是厚朴镇上无房无地的无产者。他靠给人杀猪杀羊，磨豆腐过日子。他挣点钱除自己吃用外，总是帮助别人。我母亲也姓张，认他为哥哥，我们弟兄四个都叫他舅舅。虽则没有血缘关系，但胜似亲舅舅。在我们最困难的时候，帮助我们种地、干杂活，从来不要一分钱。同样他也乐于帮助其他的亲戚朋友，从不考虑自己的私利，受到人们的赞扬和称颂。

这两个人与人为善，乐于助人的美德，成了我幼小心灵中的楷模，我认为做人就要做这样的人。

三、忠厚淳朴，心地善良

有个流行的笑话叫“懒横沙、笨长兴”。实际上长兴人是不笨的，只是不刁、不蛮、不恶，不会算计别人，不会捉弄别人。所谓笨，其实真正的内涵是忠厚淳朴，心地善良。

人们在长期与自然灾害斗争中，相依为命互相协作，一家有事、有难大家帮。每逢一家有起房子盖屋，婚丧大事，大家不分亲疏、远近主动帮助。对于乞讨要饭的穷人，或是新到的外来户，这里的老百姓不仅不会小看、不会欺侮，而且会给予照顾和帮助。

记得解放前，我家经常处于忍饥挨饿的困境，但父母给人看病有个不成文的规矩：穷人看病不要钱，亲戚朋友不要钱，隔壁邻居不要钱，这个规矩母亲一直坚持到98岁离开人世。父母对穷人有同情心，但凡碰到乞丐和困难的，总是尽力而为，能帮助的总是主动帮助。一天，一个乞丐到我家门口要饭，正赶上我们吃饭，母亲端着一个小碗，里面只有大半碗饭，还不够母亲吃饱。看到乞丐，母亲毫不犹豫把碗里的饭拨给乞丐。这件事虽过去几十年，但一直深深地留在我脑海里。

四、吃苦耐劳，为人耿直

长兴岛这个地方属于长江口的冲积平原，地势低下灌溉方便，粮食只能以水稻为主。在没有化肥、没有农药，没有机械化的旧社会，旧的水稻耕作程序既复杂又费工,劳动强度大。人们种地不能偷懒不能取巧,只有老老实实、吃苦耐劳种地,才能有好的收成。

老百姓为了生存,在艰苦的长期劳动实践中,养成了吃苦耐劳的习惯和为人耿直的品格。他们说真话、办实事、不吹牛、不骗人。

记得1958年大跃进放卫星的年代,湖北省麻城、孝感稻子亩产双千斤放了卫星,还有亩产几万斤的,说什么“人有多大胆,地有多大产”,而耿直的长兴干部和群众不跟风头、不虚夸。当年,我二哥是生产队长,用“小株,方形,密植”的办法种了几亩试验田,增肥增水管理仔细,稻子长得特别好。深秋稻穗重的弯了头。我随意摘了一穗,数了一下共136粒稻子。这么好的稻谷我二哥也只报800多斤。据说当年长兴岛上报的最高亩产也不过1 200来斤。

后来不少地方因放卫星、跟潮流谎报产量,农村征了过头粮,饿死了不少老百姓,而长兴人的耿直、老实救了长兴人。他们在三年困难时期,虽也吃过糠、喝过酱油汤,有人吃过灰菱白,得过浮肿病,但岛上没有饿死一个人。

五、热情好客,宽厚待人

热情好客,宽厚待人的人,各个地方都有,但长兴人普遍具有这种传统。人们有东西送人要送好东西,有好的东西自己舍不得吃要留给亲戚朋友吃。家里有亲戚朋友来,有条件的杀只鸡、鸭什么的,有宅沟(房屋后的水池)的捉条鱼,来款待客人。像我们比较穷的人家就另想办法了。父母亲看病挣几个钱,难免买点肉做红烧肉,盛放起来以备待客。我们那时候又饿又馋,热的时候偷吃一块,大人们看不出,如果冷了以后偷拿一块,就出现一个凹处,父母亲发现后就骂,说这是留给亲戚、朋友吃的,你们吃了他们来时吃什么。骂是轻的,有时还得挨打。那时我们虽小,但也理解当时大人们的无奈。

这些特殊的民风乡俗,培养和影响了不知几代人。同样在我身上也打上了深深的烙印。也许这就是人们常说的一方水土养一方人吧。

长兴芦苇及芦器编织

徐忠如

芦苇，长兴人叫芦青，是长兴最普通的植物。

芦苇适应性广，抗逆性强，最善于在江、河、湖、海岸淤滩等湿地环境中生长，更重要的是芦苇具有保土固堤作用。长兴先辈们充分利用芦苇这一特性，开沙、护沙、养沙、抵御自然灾害，进行土壤改良，使不毛荡田变成万顷沃土。

不仅如此，在20世纪五六十年代，长兴人利用芦苇扎成的芦苇排，在沙地护岸治塌固堤上发挥了神奇作用。芦苇柴排须扎成正方形或矩形，排体面积控制在800平方米，需要芦柴1.5吨左右，成为丁坝的基础工程。从植物学角度看，我俚的长兴芦苇属于东部滨海苇区，是芦苇84个变种、6个变形中的佼佼者。它既不同于西北干旱苇区、西南山原苇区、南方湖滨苇区的芦苇，可谓“刚柔兼具”，“以韧见长”。善于表达的长兴人，赋予芦苇许多恰当的名称。芦苇的根就直截了当叫它“芦根”，芦苇破土出芽时长兴人亲昵地叫它“芦芽头”，长成碧绿时统称为“芦青”，它的叶子自然就叫做“芦青叶子”，至于“芦青”开的花毫无疑问就叫“芦花”。“芦青”干枯收割当柴时被称为“芦柴”，成捆的芦苇就叫“芦柴个子”，去了枯叶待用的芦秆叫“芦头”。

在利用芦苇上，善于创造的长兴人可谓发挥到了极致。“芦柴”是长兴人民最早普遍使用的建筑材料。早期用“芦柴”编做栖身的“环洞舍”，美其名曰“滚龙厅”；用“芦头”充当房屋的墙，组成“篱笆墙”；用“芦头”编成床，叫“芦芭门床”；用“芦头”编成房屋的门，叫“芦芭门”；用“芦花”编成御寒的鞋叫“芦花靴”；用“芦青叶子”包裹立夏过节的叫“芦叶粽子”。还有，用芦青秆制作简易的乐器，吹起来“呜呜”的震天嘹亮的响，而用“芦花”填充的被子称“芦花被”，用“芦头”编成房屋的顶面则叫做“芦编瓦匾”。至今长兴人还把房屋的“径深”用“五芦头”“七芦头”表示。

在众多的芦苇编织法中,数推笆和做芦扉最富有代表性了。

深秋初冬之时,正是芦苇收获的季节,白绒绒的芦花随风摇舞,枯槁的芦苇茎茎挺立。此时,长兴男人就开始卷起裤脚,操起镰刀,踩到沟沿河边开始艰苦的涉水劳动——“斩芦柴”。待“芦柴”在沟河边初步晾干之后,长兴人便把“芦柴”打捆成“芦柴个子”,男女老少“哼唷哼唷”地将它扛到自家宅前屋后,作为做推笆和芦扉的“先期”准备。

一挨农闲,长兴人便把成捆的“芦柴个子”斜斜的搁靠在用毛竹或树干撑起的架子上,从中抽选长短相对整齐的芦苇,再用镰刀裁根部和芦梢、剔弃压破弄折的芦头。这一过程,长兴人叫“刹芦柴”。芦柴刹好之后,凡作晒粮的芦扉和帘子、囤谷的缠条、扫地的簸箕、遮阳的芦扉帽等,要剥去芦壳,以求物品光滑,而用来推笆、搭瓜棚、竖篱笆的就不用这样讲究了。

“笆”实际上就是长兴人用芦头替代木柴或砖块或瓷砖的重要建材。说起那形形色色的笆,真是名目繁多。从笆的结构来说,可分为一层头较稀的牛眼单笆和一层稀一层密的双层实笆;以笆的用途来划分,有床笆、墙笆、笆篑、坑棚笆、羊棚笆、猪棚笆、篱笆、篱笆门、隔床笆、隔柴笆等;从推笆的技艺而言,亦可分为右手笆、左手笆等。所谓右手笆,就是以右手抓起第一把芦苇开始操作,最终以右手结束。反之叫做左手笆。通常情况用的皆为右手笆。偶尔,床铺前面需要立块屏风笆,那就必须要采用左手笆图个吉利。

长兴民间的推笆工艺,是一项很细致的活。笆匠先要就地将一把约十来支精选出来的芦头,摆成十字绞花,然后均匀地依次推着并字形“笆花”,倘若推错了一把,就会笆花失序,影响美观。推到预定尺寸时必须将笆花调整至对角线完全相等,然后才能扳边。扳边后穿好篾针,并以半片头竹片为箍头,而扎紧箍头用的一般是铅丝或篾线,并按照“铅不三篾不四”扎箍诀窍操作。如此,一块并不简单的“笆”就算推成了。据说,数“山头笆”和“笆篑”最不容易推,非由经验老到的笆匠合作不可。因为山头笆和笆篑是高大的双层实笆,用作承受重力的房屋山墙和屋顶,篾针必须穿得密网,箍的牢实,所用的芦头都是精选的。在推笆过程中,忌讳说与火有关的不吉祥之语,更禁止孩童从芦头上跨来跨去,在笆上跳上跳下。比起推笆来,作芦扉的工艺就简单轻松得多了,只是对芦头的选料更为讲究,要求根根笔直、粗壮,还要去了芦壳。在做芦扉前,先要将选好的上等芦头剖成芦篾,然后席地将芦篾摆成十字,不断依次交叉加篾,用双手将芦篾推紧挤密。做芦扉最难的恐怕是“煞边”,长兴老话说“嘴巴扁扁,就怕芦扉煞边”。意思是说,做事动动嘴皮子说说很方便,遇到芦扉煞边可就犯难了。当芦扉做到为四角煞边时,要求既要保持芦扉的花纹走向，又要巧妙的折边收口。

推笆和做芦扉是两种非常吃苦的工艺，在推和做的过程中，双手常被芦篾丝片扎出鲜血。随着时代的发展，这些长兴传统芦苇工艺似乎逐渐淡出长兴生活，但它蕴集的文化基因还在长兴涓涓流淌，因为芦青还在。

铜钿银子

徐忠如

长兴话中对钞票,平时叫铜钿,也叫铜钿银子,有时还叫青铜钿白银子。有好多长兴的老人,话赚钱,叫赚铜钿。问伊特做哈去特,话落“伊特么,一天到夜赚铜钿银子”。长兴不少老话是把钱叫做“铜钿银子”,如:“儿子像娘,铜钿银子打墙”,儿子生的像母亲,以后钱一定多的用不完,只有打墙了。不清楚那是谁考证出来的,我想可能是大家见上孩子时说的好话罢了。“铜钿银子多,牌坊抬过河”,只要钱出的多,不可能的事情也能办的到。“铜钿银子八只脚,一生一世追弗着”、“铜钿银子不是瓦片石子”,充分表露了长兴老百姓的钱来之不易。“郎中医病弗医命,铜钿银子难买命”、“铜钿银子来来往往,性命柯了阎罗大王”,说出了钱虽然很有用,但绝不是万能的。“眼睛一闭,铜钿银子作废”、“铜钿银子短,人情面子长”,教育人们生活中不要把钱看的太重。“铜钿银子白的,眼乌珠黑的”、“铜钿银子多,活拆夫妻也会做”、“做官不贪财,铜钿银子拉哩来”,它讥讽了利欲熏心,只要有钱,任何坏事都会做的人。这些长兴老话说起来朗朗上口,使人过耳不忘,虽谈不上黄钟大吕振聋发聩,但也富有哲理发人深省。

长兴人讲的铜钿是指外圆内方的铜钱,只值一文的小平铜钱是古代最小的货币单位。它们自秦朝“半两”钱到最后的民国时期的“民国通宝”钱,在货币流通领域足足风光了两千多年。我国历代的铜钱都要做成外圆内方的样子,那是古代人天圆地方的宇宙观决定的。再说铜钱当中的孔设计成方形也是修挫钱边的需要,刚浇铸好的铜钱往往带有刺手的毛边,不方便流通,必须把钱边修挫光滑才能投入市场流通。钱中有个方孔,可以将好多铜钱穿在一根方棍上,这样,铜钱就不会转动,修挫起来既快又好。钱的方孔也给人们携带计数带来了方便,我国第一部长篇叙事诗《孔雀东南飞》中描写刘兰芝被逼再嫁时,就有聘金“赍钱三百万,皆用青丝穿"的句子。1 000 个钱用绳线穿起来称为一吊钱或一贯钱。这里顺便说一下我们长兴人常把差旅费说成盘铜的原因:古代人出远门必须带上好多的铜钱,铜钱多了就用绳线穿好,然后盘腰间,既方便又安全,因此长兴先人就将这"盘"在腰间外出的费用索性叫成"盘钿"。铜钿在货币单位中比较小,长兴人又叫做小铜钿。以前小女孩用小铜钿做毽子,相当好踢。比小铜钿值钱的是五孔的铜板了。

说了铜钿,再说说银子。银子到今天还是大家所喜欢的贵金属,人民银行在改革开放以来每年还发行一定数量的印制货币。古代,银子在很长一段时间里,是人们广泛用于大宗交易结算,官项课税收支等上的大钱。春秋中期,我国已经有铲形银币的出现,元末明初以来,银子的货币地位更加突出。特别到了清代,国家财政收入也好,国际赔款也好,收支都是通过银子来清算的。古代作为货币的银子往往铸成银锭,但是银锭在我国从来没有统一的成色和统一的外形,各个时期各个地方都有着不同的特点。从存世的银锭形状看,主要有船形、条形、正方形、饼形、束腰形、砝码形、牌坊形、花形等。所谓银子的单位"两"在各地的重量标准也不尽相同。如清代,有中央的"库平"、"关平"标准,有江南的"漕平"标准,有天津的"行平"标准,有湖南的"湘平"标准,有杭州的"市库平"标准,有广州的"司马平"标准,有云南的"滇平"标准,等等,不下千种之多,不同标准的两与两的重量是不一样的。银子的价值必须是重量乘以成色来决定,各地银子在结算过程中间就会出现"申水"或者"贴水"的情况。银子是大钱,铜钱是小钱,它们可以相互置换。一般情况下,一两银子可换一千文铜钱,但是银子和铜钱的比价不是一成不变的。道光初年,一两银子换铜钱一千文,到了道光二十年(1840)的时候,一场鸦片战争打得银子升了值铜钱贬了值,一两银子可换铜钱一千六七百文。咸丰年间,战事不断,国库空虚,危机四伏,银价猛涨,一两银子竟能换到铜钱两千二三百文之多。明末清初,西班牙本洋、墨西哥鹰洋、日本龙洋、法国坐洋、英国站洋马剑洋、美国赢洋摩根洋等外国银元大量流入,动摇了中华列祖列宗确立的称量货币银锭的地位。咸丰十年(1861)至光绪二十年(1894)期间,清政府出于无奈,在洋务派曾国藩、李鸿章、张之洞、左宗棠、盛宣怀等人主张下,提出"师夷之长技以制夷",搞洋务买机器,决定放弃银子的银两制度,在各省开铸银元以抵制外国银元,直到民国时期的 1933 年 3 月 10 日,我国币制实行废两改元,中国货币市场计价单位"两"的各色银锭才彻底被计价单位"元"且整齐划一的圆形银元替代,全国完全流行起称为银元的银子来。

铜钿和银子都是钱，但铜钿是普通百姓用的钱，长兴人又说成破铜钿，有“拾个破铜钿，买根小白鳊”的民谣为证。银子是宝贝疙瘩，它是富人用的钱。虽然铜钿和银子的身价大不一样，可长兴老话里喜欢把铜钿和银子合并起来叫成“铜钿银子”。

又到橘花飘香时

陈忠才

我的家乡长兴岛，出名的土特产真不少，如洋扁豆、芋艿头、茭白头、马兰头、洋葱头、黄金瓜（植物海蜇头），还有红赤豆、草头等，但知名度最高的还是长兴岛柑橘，三十多年来形成了一道独特而又亮丽的风景线。曾在 1988 年，使中断多年的上海口岸柑橘鲜果出口获得恢复，因而得到了时任上海市市长朱镕基同志的首肯，并使长兴的柑橘鲜果成为上海地区柑橘生产和出口基地。十年间长兴柑橘先后出口加拿大、新加坡、俄罗斯和东欧国家等海外市场，因而蜚声海外，颇受外商青睐。

柑橘全身是宝。橘肉甜而可口，能助眠还能助暖，它是冬季男女百姓增强青春活力的首选水果。此外，柑橘不但能填精壮骨，而且柑橘肉衣仁还能祛痰、生津，橘皮洗净、晒干后泡茶，又是风味十足的解渴饮料，有其药效。

绿树花草茂，自然风光秀丽，气候宜人的长兴岛，曾被时任国务院总理朱镕基誉为“土净、水净、空气净”的三净岛，是上海最难得的一块净土宝地。现在虽然又成了国家战略、上海重点、崇明关键的海洋装备岛基地，但长兴的柑橘名气还是不减当年。

1990 年 10 月，朱镕基视察长兴岛时，在宁静的岛上特地留宿了一夜，对长兴的评价和期望都甚高，并对长兴的干部群众提出了“要把长兴岛建成鱼米之乡，花果胜地，旅游景点”。这是有史以来国家领导人在长兴留宿一夜仅有的一次，也是在长兴待的时间最长的一次。因此，柑橘也曾一度成了长兴百姓生活中的“摇钱树”，最有名的种橘能手，一年的收入达十多万元。岛上种植柑橘的品种繁多，有宫川、新淖、尾张、满头红、蜜桔，还有甜橙和芦柑等。全岛种植柑橘面积最多的时候达五万多亩，年产柑橘 8 000 万公斤。广大橘农也一度增加了收入，得到了实惠。

每到暮春时节，那橘花从树叶枝里悄悄地吐出，渐渐地张开洁白的花瓣来展示自己迷人的风采,那嬉戏的蜜蜂、蜻蜓、蝴蝶穿梭在嫩绿的花叶之间,寻找它们自己的乐趣。

我欢喜那阳光初照的时分,微微的春风略带一丝丝凉意,漫步在一大片一排排纵横交叉的橘园里,一股股清香扑鼻而来,鸟儿时而吟唱,时而跳跃,时而飞来飞去,沁人心脾,流连忘返;到了秋季,那挂满枝头的橙黄色的橘子,橘香随风飘逸,令人馋涎欲滴。如今,长兴海洋装备岛勃勃生机,从而取代了原有的柑橘之乡,虽因动迁征地砍掉了不少柑橘树,但全岛还保存了一万多亩面积的柑橘。可以说,长兴真美,美就美在柑橘树,一片片橘树四季常青,郁郁葱葱,花果飘香。

情系长兴

徐惠忠

我的家乡长兴岛，美丽如画充满诗意

周末的一天，我一早骑上自行车环岛畅游。出门便见高耸云间的大型塔吊在南岸的江边上齐整地排列着，它展示了振华港机生产的海洋装备从这里走向世界的每一个港口。向西不远处，一座整洁、宽广的集仓储、运输、装卸为一体的现代化危险品货物码头坐落在潘石水闸西侧，周边绿茵茵的草坪，还有红艳艳的花朵广阔一片，它在阳光的照射下散发出迷人芬芳，身临其境、赏心悦目，让人流连忘返。

转眼来到石头沙的西沿头，极目远眺，朝霞染红了江边，镀上了一层金黄色，茫茫一片芦苇，像一道道青纱帐似浪涛在风中起伏着，芦苇丛中，野鸭、白鹤、小天鹅等各类鸟种，时而扑腾翅膀、时而追逐嬉水、时而相互依偎……无边的滔滔江水奔腾不息，涌向东海。芦苇在微风中沉思着，默默地用“沙沙”声回应着同伴。最能形容这番感慨的诗句，莫过于白居易的《浪淘沙》：“白浪茫茫与海连，平沙浩浩四无边，暮去朝来淘不住，遂令东海变桑田。”简约的四句诗，象征性地概括了长兴岛的历史沧桑。远处，点点白帆在天边飘动，弯弯曲曲的港边水草随风摇曳，一群仙鹤展翅飞翔，由近到远，隐约看到羽毛在阳光的照射下银光闪闪，徐风吹来，天下的景色为你而生，仙鹤为你而舞，江水为你而澎湃，那种心境，岂是我能用笔墨所能描写，所能形容得了的。

在这里，你可以尽情地呼吸着那带着湿润气息的清新空气。这时，你可以骑上水牛，当一回滩场骑士，以一曲牧童短笛把烦恼抛向蓝天、白云、碧水、绿草之间。要是你还保留着几分童心，就赤脚在沙滩上走一走，让水草轻轻地抚摸你的脚掌，再抓几条跳跃的尖缩鱼，那你一定会忘却凡尘的喧闹而心旷神怡。人生何所以，天地一沙鸥。

海，在我的幻想中，是那么辽远、博大、壮阔、蔚蓝，还有那与海相伴的海风、浪花、海鸥、海滩、贝壳……这些都是常常出现在我的梦境里的景象。天连着海，海连着天。海天之间有海鸟在自由地飞翔着。我想：不知道，海的那边是什么样子，海鸟能飞得过去吗？面对如此辽远博大的大海，我第一次感到了自己的渺小，自己平日的烦恼就会不翼而飞，心情也变得豁然开朗，大海无语，却能给人无穷的启迪。

海风轻轻地拂过我的面庞，更和着清新而又有些咸味的气息，湿润而清凉。细软的沙滩里隐藏着一些小石子和碎贝壳，走了不多远，不小心被它们刺痛了我的脚，我开始一瘸一拐了，终于找到了一块一半露在海水外面的岩石坐了上去。背倚着岩石，仰望着无垠的海面和天上飘动的云彩，浪涛轻轻地拍打着岩石，浪花一次次涌上来，亲吻着我的脚丫，带给我暖暖的感觉。

滩涂上有老人牵着孩童在散步玩耍，有情侣在相拥，低声呢喃，也有三三两两的游客提着相机闲步在海滩的石埂上，更有人在芦苇丛里寻找着。这时，我才感觉自己的肚子有点饿了，就随手在浅塘里拔了几支甜嫩可口的茭白充饥一下，一边嚼着一边望着不远处那碧波荡漾的青草沙水源地和一道绿色屏障的杉木林带以及成片的橘园风光，还有那气势壮观的长江大桥在阳光的照耀下像一道彩虹横跨在江面上，整个天地间仿佛独具匠心的热情洋溢和静谧安静都和谐地、毫无对立地融合到了一起。人们享受着周末的放松、平和、热烈和快乐。

不知不觉，我来到了岛的东沿头。这里沿岸附近的大部分村落都被中船二期动迁工程拆光了。据说2013年一次性动迁达三千多户人家，创长兴岛有史以来最高纪录。不久的将来，这里便是名副其实、举世闻名的海洋装备基地。向南望去，一艘威武英姿的西安舰停泊在军港，默默地守卫着祖国战略要地——长兴岛的最前哨。军港的旁边坐落着日夜繁忙的江南船厂。望着这一切，我心潮澎湃，久久不能平静。当夜幕降临，万家灯火一片的时候，我才依依不舍地返回了住地。

长兴，我可爱的家乡，我为你骄傲，我为你自豪，愿你处处日新月异、四季常新。

童年的记忆

虞培康

照田财

从我懂事时记得，让我最为不能忘怀、最为开心也是最初的记忆中的一件事就是：照田财。在我六岁时(1945年)，农历正月十五闹元宵，有钱人家张灯结彩放鞭炮，穷苦人家用米粉做了形状两头大中间小的“卷糊”和形如金元宝的“元宝”，还做了扁圆形状、再用小酒杯底在上面压一个印记的“银子”，还做了小鸡小鸭，并用甜芦粟籽镶在这些小动物的脸部做眼睛，还做了稻屯等吉祥物。把这些蒸熟后晾干，然后把它插在吃饭用的竹筷上，再插在自家的田头四角，这叫看田头，意思是拜访田头公公，盼今年有个好年景好收成。其实这些是照田财的配套顺序，也是照田财的前奏曲。

到了晚上，那是我们这些小孩及青少年最高兴、最开心、最热闹的时候，因为照田财开始了。此时，全岛老百姓家家户户老老少少齐上阵齐动手，大人们把芦苇稻草扎成一个个一米多长大约十厘米粗细的田财笆，然后点上火，让我们小孩、青少年在田头甩田财笆，嘴里高喊“田财、田财，大家发财”。大家发财，喊出了我们老百姓向往的期盼的共同富裕的强烈愿望，喊出了海岛老百姓淳朴善良像大海一样开阔的胸怀，只有大家发财了，国家才能富强，百姓才能过上幸福安定的美满生活。童年的我根本不懂这其中的深刻含义，只是继续拿了田财笆一边喊一边跑一边甩。一窜窜火球，一个个火圈，在十五的月光下飞舞奔跑，光焰万丈，照得全岛红光闪亮，照得人们心里暖洋洋。这场景真叫人终生难忘。从这一天、这一夜后，大人们开始做“生活”寻工作了，俗话说吃了两头大(卷糊)，各人寻投路。

庙会

在我七岁那年夏天，厚朴镇(东兴镇)做庙会。主要以渔民(现在海兴村人)为主，岸上人为辅，他们一起筹备一起策划。我记得渔民们男女老少在庙内跪在佛像前点上香烛，口中念道：啦啦来，啦啦来芦根头纳丝氽开来，小叶鱼白虾满网来。整天整夜这样念着，还有一些我们听不懂，因为海兴村人原本不是长兴本地人。庙外，广场上大街上人山人海看各种节目，有舞龙队，用竹做成一节节龙体，用布做成龙外衣，加上五颜六色的刺绣，再配上闪闪发光的龙珠，有十多个年轻力壮高大魁梧的人跟着拿龙珠的人奔舞(二龙戏珠)，然后，舞出各种各样的龙姿。舞龙最苦的是拿龙头及龙尾的两个人，拿龙头者分量重，上下左右舞动时非常吃力的，拿龙尾者，虽然没有拿龙头者分量重，但是龙头舞动一尺龙尾就要舞动一丈，不但奔跑吃力，还要跟上节奏，再说，要十多个人团结一心步调一致才能展现出龙飞凤舞美丽动人的雄伟气势来。此外，有跑马灯队，也是用竹做成马的形态、绑在表演者的身上，然后开始跑成各种队形。放眼全场，金戈竹马，惊天动地，万马腾飞，威风八面。最让我难忘的是住在我家隔壁的一个叫朱阿郎的，他在跑马时扮演拍马屁的角色。他的扮相就是一个活生生的济公，一手拿一把破扇拍着马屁股，一手拉马尾巴，裤脚管一高一低，口中有时候喊：哇……呀……呀……还有挂香炉队，把鱼钩在火头上消毒后再刺到参加表演者的手臂上，然后穿好线挂上香炉。大人们挂大香炉，小孩们挂小香炉。我也挂过香炉，手臂上现在还留有伤疤。挂好后不但跟了大队游行，还要甩香炉表现。我有一个同岁同学叫郁公权，因他长得漂亮像小姑娘，被选扮演“昭君娘娘”，放在做好的特殊的架子上被抬着，跟着大队游行队伍展现给人们看，看热闹的人个个赞不绝口：太美了，太美了，真是绝代佳人，举世无双。至于旱船队，则是用竹芦头和各种五颜六色的纸扎成的船，船上一个老渔夫，白胡须有30厘米左右长，两眼炯炯有神正视前方掌舵航行；还有一个是他的孙女，一条50厘米长的辫子，身着红衣服，圆圆的脸上长着一对迷人的大眼睛，微笑着向人们致意，手握划桨，跟着她爷爷的步伐乘风破浪奋勇向前。这样的庙会，要连续两三天再结束。

踢足球

大约在1947年，秋收后稻谷已收好，田块空着，在厚朴镇西市梢宋家小圩内，

(现新港十三队宋妙法家的土地)一场别开生面的足球比赛开始了。双方球队是凤凰镇代表队、厚朴镇代表队,队员我只认得厚朴镇代表队郁二郎、郁才郎兄弟俩,其他我一个也不认识,只知道他们的领队姓施。宋家小圩东西长度120米左右,南北宽度40米左右。小圩四周是岸,岸边坡度上高下低,正好像一个长方形的盆地,是一个天然的足球场看台。没有草坪,球门用小竹竿插在泥中上面扎一根横杆,球队也没有统一的服装。总之,比较简单,但队员们踢得非常认真精彩,否则小圩四面怎么会人山人海站满了这么多的球迷呢?在比赛过程中,发生了一件有趣的事,一个球员把球踢到了场外看台上,正好飞到站在我身后一个年轻人叫蒋春富(现丰产人)的脸上,把他头上一顶帽子踢飞了,引来了全场球迷的一片欢笑声,当时那种热情劲真是无法用语言文字表达得了的。

水楼,水车

水楼,从文字上分析,好像是在水上建造的楼房(海市蜃楼),其实它是我们长兴人的一种土话的叫法,是一种用作农田灌溉用的、埋在圩岸下面的、通水用的水利工具。它的形状是:用两根优质杉木制作成厚8厘米、高25厘米长短、然后根据实际情况(一般在8—10米之间),再用1.2米长的杉木板钉在杉木上面、下面。这样,它中间是空的,可通水,两头各有一扇门,门上装一个铁拉手,便于开关门,使用方便也可以控制水位的高低。

水楼不但能帮助农民灌溉农田,还能藏鱼养蟹。我八九岁时,经常和小伙伴们在一起把水楼两头沟头田(长兴人土话)内水拷干,然后利用我们人小灵活的优势爬进水楼内,在一块坏掉的木板下捉鱼。每隔十天半个月捉一次,每次总是满载而归。还有在新港五队有个叫陆旺金的老伯伯,他属于变相专业搞捞鱼摸蟹的。所以,在当地有人给他编了几句顺口溜:新港五队陆旺金,吃了夜饭动脑筋,钩蟹钩子手握紧(钩蟹钩子形状,用一根40厘米左右长的扁铁把它弯折成七字形状扎在小竹竿上),每次能钩五六斤(陆旺金在水楼两侧和底部空隙中用钩蟹钩子把蟹钩出来,他钩到的蟹都是野生的,又肥又壮又大,吃起来又鲜嫩又美味又可口)。总之,水楼在长兴岛近百年历史中是有一定贡献的。

讲完了水楼的故事,再讲讲水车。它是一种很古老而有创造性的农用工具,它和水楼是兄与弟、姐与妹的亲密关系,它把水楼灌溉到泯沟内屯的水再车到农田里。那么,这水车到底长的什么样子呢?不要急让我慢慢地回忆:它的身长在3—4米之间,高60厘米左右,宽40厘米左右,中间有一片片刮水板,装在一节节特殊木节上,有一根轴,两边有摇手柄,这是用手操作的;还有用脚踏的、用牛拉的、用风力转的。大家是否看过电影《柳堡的故事》?其中的插曲:"九九那个艳阳天,十八岁哥哥坐在小河边,东风吹得风车转……"电影镜头中的风车,长兴岛很少。小时候到了农历四五月份,农忙季节到了,水车就要发挥它的应有的作用了。大人们忙碌着用水车把水载到农田里,我们小孩一边看他们在辛勤地车水干活,一边赤膊光脚,摸鱼戏水玩耍。随着经济建设的大发展,长兴岛农田水利建设也在突飞猛进中,全岛各港口都相继建造了水闸,农业灌溉实行了渠道网电气化管理——电管。祖辈们留下的老工具——水楼、水车,完成了它们的历史使命,退出了历史舞台,但我们不能把它们忘掉。因为它们是历史的见证、劳动人民勤劳智慧的结晶。

弹指一挥间几十年过去了,童年让人留恋,童年让人心花怒放、联想翩翩,忆童年快乐有趣、美好甜蜜。

放鹞子(放风筝)

当我再一次打开记忆的闸门时,童年的种种欢乐和有趣的游戏玩要,在我的脑海中翻腾,在我的眼前不断地闪现。儿时玩耍的一件件游戏,一幅幅画面,仿佛像一朵朵艳丽诱人的鲜花争相怒放,散发出芬芳甘甜的清香,又仿佛像雨后推开窗户时呼吸到的家乡香甜新鲜的空气一样滋润心田,真是感慨万千心潮涌动。

我的童年一部分时间虽然在解放后度过的,但那时我们的祖国,刚刚从战争的废墟中站起来,千孔待补,百废待兴,物质极其匮乏,我们根本不能像现在的小孩那样:上网,打游戏,玩手机,看电视,看电影,买小汽车、小飞机、小手枪、布娃娃,等等。童年时,我们这些生长在海岛上的孩子,看不到外面的花花世界,只能接过老一辈留下的那些土办法,自制玩具自找乐趣,比如放鹞子(风筝)就是其中之一。放鹞子有很多种:

一、蝴蝶鹞。放飞时,它的形状和飞的蝴蝶,惟妙惟肖。它的做工非常精致,制作材料全部用高档纸张和青的小竹头做成。由于它的成本大制作要求高,通常是大人们弄着玩,我们小孩在一边看热闹玩耍。

二、八角鹞。这种鹞子制作方便简单,只要用当年芦头三四根折成两个大小相同尺寸的方块,交叉扎成八个角,糊上旧报纸或其他废纸加上一个U形的尾巴,配上三根鹞索,安上用竹弯成弓形后再配上用竹蔑或薄铜片做成的鹞琴,还有鹞灯鹞绳,就做成了。

在放鹞子时,第一要素,是风,最佳风力4～6级之间,至于时间最好在冬尾春初。第二要素，鹞索一定要配好配正，鹞子才能放得高。第三要素，鹞琴最佳用薄铜片，它经风吹后会发出一种悦耳动听的音乐声。第四要素，鹞绳一根到头中间不可有结，否则鹞灯滑不上去的。如此，到了晚上用灯笼点上蜡烛穿在鹞绳上，顺绳顺风时它才能飘滑到鹞子的顶上。这时，在百米高空中，有美妙奇特的琴声，在满天星星月光下歌唱，有闪闪发亮的烛光闪耀光芒，真是别有一番火鹞琴天、春花冬月、绝世独有的感觉。第五要素，鹞尾巴的长短要根据风力大小、鹞子大小来决定。第六要素，鹞绳一定要牢固。在我的记忆中，用绿麻皮，自己一边放鹞子一边用手搓绳逐步加上升高(值得一提的是，等过了季节不能放鹞子了，绳子可以用作家里平时晾衣服被子等。据老人们讲，放过鹞子的绳，它已没有升缩性了)。如果绳子不牢固，在放鹞子时断了，那要费很大的劲才能把它追回来。对此，有一小谜语叫"鹞子断线"，打一个地方名。它的谜底很简单叫苏州，因为苏州人把看字说成苏字，把追字说成州，所以谜底成苏(看)州(追)，因为你要追断了线的鹞子一定要一边看一边追。

三、小娘鹞(小姑娘的意思)。它只要用两根 60 厘米长的芦头扎成一个长方形斜十字状，四周用线拉好固定，糊上纸，配上两根鹞索，再加上一根鹞尾巴(它的形态像小姑娘头上一根小辫子长在姑娘长方形脸蛋下)，再用细线做鹞绳。通常我们在玩放鹞子时把它扦在八角鹞上先放上天空，然后再放八角鹞，两鹞一线一高一低，这是我们童年时玩耍的最多最开心的游戏。

推铁环

顾名思义，铁环是环，总是很圆很圆的。它用 10 M 钢筋经过打铁匠师傅热处理加工成一个(直径 40 厘米)没有接口的大圆环，然后再用细一点的钢筋做两个很小的小圆环，套在大环上。它的用途是在玩推铁环游戏时，金属之间碰撞时，会发出清脆的响声。只要你不停地在奔跑，铁环就不断地向前旋转，叮叮当当的响声就一直伴随着你走下去响下去。我们小时候几个小孩一起玩，看谁推得快就看你的体力好不好，看谁推得慢铁环不能停、不倒地，这就看你技术好不好。其实这种游戏有益于身体健康，是一种很有意义的体育活动，它可以培养锻炼你的长跑快跑的承受力，更能磨炼你的定力和耐力。可惜好多年了，再也没有人玩推铁环了。

踢毽子跳绳子

这两种游戏通常是女孩子玩耍的多，因为比较轻松简单清爽。毽子，它需要大公鸡的尾巴毛三五根,鸭子翅膀上的血管毛一根,小铜钱一只(古币),比小铜钱大一点的布片两块放在小铜钱上下各一片,用针把小铜钱缝在中间,再把鸭血管毛剪成鸡爪形也缝在小铜钱中间孔上,再插上大公鸡毛就制作完成,可以开始玩游戏了。一般三五人玩,看谁连续不断踢得次数多谁就是赢家。踢法,有跳环踢、向内向外踢。在踢毽子时最好穿棉鞋,因为棉鞋受力面大软性容易掌握节奏。

跳绳子,这种游戏更简单。如果单绳单人跳,只需一根三米左右的绳子;如果是单绳多人跳,绳子加长到五米左右,如要双绳多人跳,加一根绳子即可。这几种跳法看起来简单,跳起来也要一定技巧,掌握好一定的时机才能跳的顺畅连续。

推(捕)鳗鱼

正月里来是新春,春风吹来暖人心。心潮涌动童年事,事事情深事事亲。

我的家乡长兴岛是个天蓝、地绿、水清、空气清净的好地方,她还有着得天独有的天然环境。鳗鱼就是在这种环境和条件下繁殖、生存、生长的,它是长兴岛特产之一,因为它的生存生长的条件极为讲究。小时候听前辈们讲的民谣:火烧一半,海塌精光。意思是火烧时来得及还可以抢救一点财产,海塌时则把农民的命根子——土地——全塌光了。可海塌后,陆地变成了浅海,退潮时露出了像鱼鳞一样茫茫一片"铁板沙"的沙滩,鳗鱼正好在这片浅海沙滩中产子,而且还一定要在咸水和淡水相接的地方,才能生存生长繁殖。它的成熟期在每年的农历雨水至谷雨之间,谷雨过后就销声匿迹。

过了春节春天来了,推(捕)鳗鱼的季节到了,大家把推(捕)鳗鱼的工具都已准备完毕,过了正月十五就成群结队涌到海滩边。等到海潮退到微露沙滩时,大家就脱了裤子系在脖子上,光着屁股,肩背竹篓,手拿推网,嘴里嚎……嚎……嚎大喊着,排成横队一起下水推(捕)鳗鱼。那么为什么要排成横队一起下水呢?因为鳗鱼虽小,但它极为骄、贵、怪。如少数人先推,水面上有水泡,它见了水泡就跑得无影无踪,奇怪的是每年清明节那天任何人都推不到一条鳗鱼。

因此第一阵第一网必须排成横队统一向前推进,这是一条不成文的规矩,谁也不能违反,也没有人违反。到了第二网情况就变化了,谁的体力好、渔网好,这两样好的人推在前,反之只能落在后面。有的人干脆回头向反方向的地方推,这时海滩上几百人出现了星罗棋布、八仙过海各显神通、各碰运气的混乱热闹的场面,这种场景对我这个只上了四年学校的半文盲来讲是无法用文字把它描写和形容出来的。

推鳗鱼是一种又苦又累又冷又很有趣的重体力劳动。说苦说累，是因为在推鳗鱼的时候必须用足全身的力气，不能落后他人，否则人家吃鳗鱼，你只能吃网花水。说冷，在冰冷刺骨的带有咸味的海水中劳作，刚下水时冷得发抖，推了一二网后全身冒汗衣服全湿。说有趣，当你每一网收获在 0.5～5 斤时，这种苦呀累呀冷呀，全抛到九霄云外去了，这种感觉只有亲身体验过的人才有。

说到此，我还没有告诉大家渔网是什么模样的。这要先从鳗鱼长的什么样子说起。鳗鱼的身材长 8～9 厘米之间，身粗像平时用的铅笔那样，肚子略粗一点，有两只小眼睛。至于渔网，用两根细毛竹搭成三角形，中间扎一根横杠，配正上下重量的平衡点，再把渔网牢牢地扎在两根细毛竹的下部即可。

记得那是 1954 年，我 15 岁辍学在家，哭着闹着叫父母给我做一个推鳗鱼网，父母在万般无奈的情况下到渔船上用 2 元钱买了一块旧渔网，自己做了网架子，第一次和两个小伙伴去推鳗鱼。人小无经验，推了一段路程后发觉我大腿上有东西在刺我，渔网也失去了平衡，向前推不动了，没有办法只好把网拉出水面，可是网内很沉拉不上，只好拖到沙滩上，一看惊喜万分，白花花的一网全是鳗鱼。回家称了足足有 11 斤，父母看了脸带微笑眼流热泪，既高兴又心痛，高兴的是儿子小小年纪能分担家庭困难了，心痛的是这么小的年龄吃这么大的苦，真是可怜天下父母心。母亲留了一点鳗鱼自己吃，大部分拿到镇上出售。留下的母亲为我和妹妹做了鳗鱼铺鸡蛋和草头煮鳗鱼两道菜，这种鲜美可口的滋味现在回忆起来还是口水直流。

光阴如箭，时间到了 1964 年，国家投入了大量资金修筑海塘，长兴岛南塌的现象不复存在，浅滩逐步变成了深海，海水被污染，鳗鱼没有了生存产子的“铁板沙”沙滩基地，从此，推鳗鱼的历史宣告结束。

诱人的故乡

陈忠安

风光秀丽，气候宜人的长兴岛，因盛产柑橘并远销海内外而闻名遐迩。今又因世界知名企业上海振华港机(集团)公司的规模世界第一的港机出口基地和世界规模最大的中船造船基地先后落户长兴岛，而使故乡著称于世，扬名中外。

在汹涌澎湃的长江入海口，长兴岛宛如一艘"永不沉没"的特大型"航空母舰"，昂然屹立在波涛滚滚的长江口。如果将长江比拟为中国的一条巨龙，那么物产丰富、自然风光秀美的长兴岛就是这条巨龙口中的一颗璀璨的明珠。

"一年好景君须记，最是橙黄橘绿时。"在金橘飘香、稻黄橘熟的金秋季节，我陪同新闻界挚友专程赴长兴岛走访考察。我们乘沪航高速客轮出黄浦江吴淞口，途经波浪起伏的长江口三夹水，仅 30 分钟航程便到了焕然一新的马家港码头。随着时代的进步，长兴岛和上海市区的距离不断在缩短。20 世纪 70 年代初，记得我离开长兴岛时乘沪航小客轮航程至少要 90 分钟，且上下午仅有两班船。如今每天有八班轮船往返，其中还有一艘可载四十多辆大小汽车的车客渡航班，交通极为便捷。那天船靠码头，首先映入眼帘的是新建刚启用的外观设计新颖的候船厅大楼、矗立在马家港对面和附近的高大亮丽的长兴岛大酒店和"花园式工厂"长兴岛第二发电厂。在蓝天白云衬托下，它们显得格外醒目。是啊，10 年前这里还是先进村的一片农田和发电厂的一排陈旧的矮平房。

久违了的故乡发生了翻天覆地的变化。因我先后离开长兴岛已二十多年，平时又很少去故乡，故一上长兴岛，对故乡的一草一木颇感亲切。我们伫立在高大坚固的石坡围堤上，举目远眺，海堤外大片芦苇连绵不断，滩涂芦苇荡中不时有一群群野鸭子在嬉水觅食；圩堤内成片沉甸甸金黄色的稻穗迎风摇曳，一大片一排排纵横交叉的橘树上橙黄色的橘子挂满枝头，橘香随风飘逸，令人馋涎欲滴，看来今年又是一个风调雨顺的丰收年。

然而，谁又能想象到，在一百多年前，这里尽是一片沙滩和芦苇荡。据宝山志史料记载，长兴岛是由众多的小沙洲逐步连缀而成。多少年来，滔滔长江水夹带大量泥沙顺流而下，每年约有 4.68 亿吨，其中将近 3.8 亿吨沉积于长江入海口。由于潮汛的顶托作用，在 700 年前，这里已形成水下沙洲，350 年前开始陆续露出水面，咸丰年间虽已形成 6 个小岛，但仍“潮来一片白茫茫，潮落一片芦苇荡”。至解放前夕，中部的三四个岛屿均已连成一片，而东西两端的圆圆沙和石头沙，则是在 20 世纪 60 年代中期和 70 年代初，经当时的长兴人民公社组织出动万民填土筑坝，才将全岛连贯在一起。目前长兴岛海岸线长 60 公里，总面积(含滩涂 8.5 平方公里) 87.83平方公里，相当于 4 个多澳门半岛面积。

长兴岛开垦围地一百多年来，岛上世代农民“日出而作，日落而息”，以种粮田捕鱼虾为主。故乡水产资源十分丰富，仅鱼种就达一百多种。以前，渔民靠海吃海，农民以种植粮棉油农作物为生，是江南典型的“鱼米之乡”。党的十一届三中全会后，这里发生了显著变化，绝大多数粮棉油田被柑橘树替代。长兴乡和岛上前卫农场的柑橘科技工作者，经努力实践改写了上海地区不产柑橘的历史，昔日的“鱼米之乡”又成了上海乃至全国闻名的“柑橘之乡”。柑橘的种植面积和年产量逐年增加，全乡和农场共种植了三万多亩，年总产达 8 000 万公斤，分别比十多年前增长了十多倍，橘农们也增加了收入，得到了实惠。

十一届三中全会以来，尤其是近十多年来，故乡变化最大的是农民的住房和全岛道路建设。十余年前，家乡一位朋友告诉我，据他多年观察，在近万户农民住房中，全乡仅有一户上了年纪的老农仍住草屋白墙房子。这种 20 世纪 60 年代的老式房一去不复返了，取而代之的是二三层楼房和装饰一新的花园式楼房。“要致富、先筑路”，长兴岛这几年新建了许多高档次道路，目前市级道路有五条、区级道路有十条、乡级道路有七条，纵贯故乡东西南北。那天我们站在两快两慢的凤凰公路与潘园公路十字路口，只见公交巴士、旅游客车、小汽车、面包车、摩托车，以及外埠来运橘子的大小卡车，南来北往川流不息，此景此情犹如在繁华的大中城市。可是在 10 年前，凤凰公路和其他一些高等级道路地面，可全都是农田橘园，而贯穿岛东西的潘园公路则是狭窄、高低不平的乡间小公路，如今已被平坦宽敞的柏油马路和水泥公路所替代。三年前，国家有关部门又投数千万元巨资，修建了 60 公里长的环岛水泥防汛公路。我们漫步在一望无际的环岛公路，岛上的自然风光使我们心旷神怡，路旁的鲜花绿草、芦苇和堤内的成片橘树尽收眼底。“长兴岛美，美就美在柑橘树”，三万多亩橘树四季常青，郁郁葱葱，花果飘香。

我们一行人驱车在两旁鲜花争艳、水杉林立的凤凰公路和潘园公路上，但见马路两侧的橘园里一串串黄橙色橘子挂满枝头。不一会儿，我们来到了长兴岛中部被誉为“中国北缘地区第一园”的前卫农场上海橘园，巧遇在那里休闲的几位老农垦干部。闲聊中，知悉他们在20世纪五六十年代围垦的金带沙数千亩土地，如今都种植了温州蜜橘，并取得了显著的经济效益和社会效应。故乡的“上海蜜橘”首批出口加拿大和新加坡，是在15年前的1988年，使中断多年的上海口岸柑橘鲜果出口获得恢复，因而得到了时任上海市市长朱镕基同志首肯，并成为上海地区柑橘生产和出口基地。10年前长兴乡柑橘也先后出口加拿大、新加坡、俄罗斯和东欧等海外市场，而蜚声海外，颇受外商青睐。

绿树花草环岛，自然风光秀丽。气候宜人的故乡长兴岛，十多年前被朱镕基总理誉为“土净、水净、空气净”的三净岛，“是上海最难得的一块净土”。故乡不但“三净”而且还“声净”，离上海市区“甚近”，高速客轮仅需30分钟航程。江泽民、朱镕基在上海期间先后去长兴岛视察。1990年10月，朱镕基在视察长兴岛时，在宁静的岛上特地留宿一夜，对故乡的评价和期望都甚高。他当时对陪同视察的宝山区、长兴乡和前卫农场的干部提出“要把长兴岛建成鱼米之乡、花果胜地、旅游景点……”12年来，长兴乡党委和政府在生态旅游上做足了文章。历经多方努力，红星青少年德育基地、绿岛芦荡迷宫、先丰垂珠园、石沙野生动物养殖场、上海电影特技城、先丰度假村、长兴岛大酒店、台胞接待站及新建的长电“梦思园”度假村等一批旅游景点相继建成，并已先后接待了数以万计的中外来宾和游客及许多中小学生。

汽车途经前卫一条街，向北拐向车灯厂外围堤往西行进，不经意间你会发现一处“世外桃源”。置身其间，只见一处铁丝网围圈内，湖面开阔，四面绿树成荫，郁郁葱葱。湖中有岛，岛上有现代化别墅和苏州园林风格的楼台亭阁、九曲长廊、假山泳池、鸟鱼虫草。远望园内林木满目苍翠，近看花卉争艳野外气息浓郁。一直置身于喧闹的都市的人们，到此一游便有一种进入“世外桃源”的意境。这是长兴岛发电厂在新围垦的300亩长电圩中，按照“圩中有湖、湖中有岛、岛上有景、宾至有乐”的构思设计建造的“梦思园”度假村，总面积20万平方米。其中湖水面积12.5万平方米，湖中小岛乃按长兴岛形状缩微而成，可为游客提供高档的观赏与野外享受。

髫年时的我在故乡的红星村生活了好多年，小学也是在那里读书。在离红星村很远的地方，我们就瞥见到高矗天空的四台超巴拿马型起重机，这是上市公司振华港机集团投资10亿元人民币在那里建造的世界规模最大、技术一流的港口机械出口基地。长兴岛既有得天独厚的气候条件，又有宽广的海岸线。南岸有深水岸线长达20公里，平均水深22米，宽度为1 000米，可停靠30万吨级的大轮船，为此，市政府已将长兴岛功能定位为“港口产业岛”。市府特许给予振华港机3 500米海岸线和100万平方米滩地，自2000年11月28日打下第一根桩以来，已先后建成码头和生产车间并已投产，每年可生产80台岸桥和20万吨钢构件，年产值5亿美元。

去年年初，世界规模最大的造船基地在长兴岛正式启动，中船长兴岛基地围堤造填工程于年底竣工。在此前，沪港苏合资企业上海粤海长兴船务工程公司也投资3 000万美元，建造了具有7.5万吨等级的船坞修造厂。此外，上海交通大学也已经在长兴岛西部辟设了1 200亩科技园区。上海这些著名企业单位相继投资长兴岛，对故乡来说，不仅增加了地方可观的财税收入，而且还解决了相当数量的农村富余劳动力和下岗失业人员。

生机盎然的长兴岛，活力的阀门已经开启，面向上海和全国乃至世界的大门，已经打开，长兴岛综合性工业发展的春天，已经来临！

长兴乡党政领导欣喜地告诉我们，上海一些重量级的投资单位相继抢滩长兴岛，说明长兴岛的投资环境，尤其是优势的区位条件和海岸线、水资源等特殊资源条件，已获得社会的广泛认可，它必将带动长兴岛一、二、三产业的发展，并推进长兴产业结构的调整和新一轮规划实施的进程，为长兴经济发展积蓄了后劲，长兴乡人民正在为“热爱建设海岛，振兴繁荣海岛”而作出更大的努力。

愿生机勃勃的故乡，这颗长江口的耀眼明珠，焕发出更加璀璨的光芒！

《中国文艺》2005年第3期社会文化-纪实报道

迷人的海滩

黄玉昌

人过中年，记忆，逐渐清晰起来。

记忆中，那片海滩，如晨雾被撕开了一般，逐渐光亮了起来：那飘飘扬扬的芦花，那十里呈“一”字的长堤，那清亮亮漫漫涌来的江潮……春，来过，秋去了。那股咸腥的清香，却在悠悠的思绪中，四处弥散开来。

夏天的季节，夜总是来得迟一些。七八点钟的光景，已瞧不清楚远处的事物了，但近处还好些。父亲叫上了我，去海滩边抓蛸蜞。

那时，父亲还是年轻英俊的，浑身有使不完的力气。白天他在田里劳作，就是挑上一担很沉很沉的谷子，在弯弯窄窄的田垄上，还能跑得飞快。绝不是走路的样子，有节奏、有力量，他嘴里还能哼上一两个我始终听不明白的词；一根扁担，随着他小跑的节奏，在他肩上，如同跳舞般的，有节奏地上下震颤着。

我是特别喜欢随他去海滩的，不过，抓蛸蜞我是不敢的。蛸蜞很凶，有一双大螯，会钳人，跑起来要比螃蟹快得多。上海人见得少了，总把它认做螃蟹。其实它比螃蟹小些，身体壳子要方正些，厚些，腿上也比螃蟹有更多的、更黑的毛。

岛上有水的地方，就有蛸蜞。路旁、沟边、芦苇根下，到处都是，但还是海滩边最多。爬上高高的护堤，来到面江的一坡，就能听见“稀稀悠悠”的一阵阵响声。这些家伙鬼得很，听见人的脚步声，便搬开了八只脚叉子，浑乱地上上下下，想往洞里跑呢。

坡上是没有洞的，盖满了一块块水泥板，就是在接缝处，也用水泥糊上了，光滑平整得很，整个斜坡就像一床大大的“被”。赤着脚走上去，能从脚掌心传来阵阵的余热，舒服得很。只是走路的姿势似乎有点不雅，双脚踩不得水平，须得有点倾斜，下坡的脚比上坡的脚要多用点力才行，怎么看，都像一个瘸子在一拐一拐地走路。

父亲就像瘸子般，在坡上追着这些家伙。手抓脚踩，忙个不停。近处的跑去了，远处的还有，随便你怎么抓，是怎么也抓不完的。我一手探着手电，一手拎着铁桶，随在父亲后面，也像瘸子一般地跑。父亲抓住蛸蜞，会用力地朝我铁桶里甩，就像抓着了一个个烫手山芋急着扔出去那样……

不消多时，就能抓到半桶多。父亲拎着它回家，用上一根木棒，垂直地往下捣，捣碎了，就全倒给鸭吃，不留半点。就是现在很值钱的大蟹，那时，我们也是不稀罕吃的。

海滩上，到处是密密匝匝的芦苇，一望无际。风吹过，"沙沙"地响。芦苇花开盛了，灰白白的，茫茫一片。空气中，还有飞来的一朵朵芦絮，飘散开来，轻轻扬扬的……

到割芦苇的时候，我们小孩子最开心了。

我们斜靠在护堤上，看自家父母与别人家父母弯腰收割的样子。姐姐们已长成大人的模样了，也随着父母下滩割芦了。护堤上坐满了我们一些半丁大，给父母送水、送饭菜的孩子们，笑闹成一团。

转眼间，整个海滩就变成"癞子"一般，这里秃了一块，那里秃了一块，露出了黑色的滩涂。芦苇成片地倒下，被扎成一捆捆的堆在一边。在涨潮漫上来的时候，我们会用力地喊着各自的父母。滩上，也立时响起了诸多的回应声，以及相互的召唤声。堤上、滩上，于是热闹成一片……等父母们把一捆捆芦苇抢上堤岸的时候，我们就站在高高的护堤上，开心地数着被江潮卷去的，未抢上来的芦苇扎，猜测着，这次倒霉的又是谁家。

等到退潮，割去芦苇的海滩就清爽了很多，只留下了一道道浅浅的小沟。哥哥就会领着我，带上篮子和脸盆，以及竹子编成的闸把去捉小鱼虾。

只需随意地挑选一个沟，两端用烂泥筑好坝，往外舀水就可以了。水舀去过半时，还要在身后的水流处插上闸把，以防止小鱼虾误被随着水流一道舀去。每一次，都会捕到很多的虾，甚至还有螃蟹。运气好的时候，或许还有一两条青色、细细的鳗鲡。在午饭或晚饭的时候，都一起被我们端上了饭桌。

就是在冬天，月光下的海滩也是暖暖的。

在芦苇荡的外边，还有一条用石块铺成的"丁"字形的护坝，过了护坝，就是江面了。这个时节，江水退去远远的，裸露出一道道深深浅浅的鱼鳞状的铁板沙滩。赤着脚踏上去，松松软软的，如同走上了一大块黑色的蛋糕一般，而又绝不会下陷。

月光是那样迷人，江面上泛射出许多道银光，清亮清亮的。身后的芦苇荡婆娑成一片。偶而，会从芦苇丛中惊飞出一两只白色的海鸟来。

和姐夫一道去收海笼子,已是我上初中的时候了。

我们跨过护坝,走过铁板沙滩,穿上裹住全身的渔衣,趟进江水里。海笼子呈一条直线向外伸展着。它用尼龙丝渔网做成,分成若干节,每一节的外围,都有用竹条围住,做成提手。外口大,内口小,极像放大了的黄鳝笼子,鱼虾钻进去,是绝对出不来的。

等下到齐胸口水深的时候,便是海笼子最末一节了。这时,你会分明感觉得到腿上,腰间,或别的什么部位,被什么东西东撞一下,西顶一下的,耳朵里也会传来"刷、刷"的划破水的声音。可别慌,那是不要命的支鱼在水晕乱窜呢,海笼子里也多半是这些着急的家伙。当然,抽开笼口的尼龙绳,你还会有更多的惊喜,一群蹦跳的长江太子虾,或是一条瘦长的海白鱼……

早在几年前,家,因为动迁搬到了离海滩几里远的大华小区。不只是我们一家,还有许多户人家。因为振华港机、江南造船厂等一些大型企业搬到长兴,因此,海滩边的住户都纷纷搬离了。

只是,那片记忆中的海滩,早已不复存在了,再去看时,护堤还在。踏上护堤,已经只能仰望了。高大的、钢制结构的厂房,一排排地竖立在原来芦苇荡的地方,旁边还盖着一幢幢几十层高的办公大楼。一到夜晚,那一盏盏明晃晃的灯亮起来,如同白昼。置身于这一片辉煌之中,忽然间,你会如同做梦一般,仿佛来到了一座现代化的城市。

幸好,还会坐船往返于城市与海岛之间,你才会清楚地记得:是的,还是那片海滩。

听朋友说道,去往崇明的大桥已经架好了,连接浦东的江底隧道已经贯通了,西北片的青草沙水库,也在紧张的修建之中。

或许是长兴岛的名字好听吧,长兴长兴,长久兴旺,我这样想道。记忆中的海滩也好,眼前的长兴也好,都一如我与生俱来的,血管里的血液一样,日夜不停地,激荡着我的心灵。

就让那片海滩,那青青的芦苇、那灰白的芦絮、那赤褐色的铁板沙、那红白相间的桥吊,都永远——泛着迷人的光芒罢!

长兴谚语闪烁着长兴人民的智慧光芒

蔡德忠

中国灿烂的文化,凝聚着劳动人民的心血和汗水,是劳动人民智慧的结晶。同样地,长兴人民创造的众多的谚语,形象、生动、幽默、诙谐、有哲理性,无不折射出长兴人民智慧的光芒。现我略举数例,与大家共赏析。

例一:“初三潮,十八水,眨眨眼,没到嘴。”这句谚语的意思是:农历初三和十八的潮汛,来势迅速而且凶猛。这是对潮汛规律的一个经验总结。潮汛是由地球和月亮之间引力的变化而产生的一种自然现象。农历初三和十八是一个月中潮汛最大的时候,尤在夏季。长兴岛历史上发生的几次大潮汛,几乎都在这个时段内。这句谚语告诫大家,此时的防汛要格外用心,以免圩岸缺口;如去圩外劳作(割茭白草、采茭白米、摸鱼捉蟹等),一定要注意安全,掌握好潮来的时间和港汊的深浅,千万马虎不得。笔者小时候目睹的一幕,至今还记忆犹新。我家附近的19岁的姑娘徐某和她的未婚夫到海滩上去割茭白草,刚在港汊里打好茭白排,待潮来时把它拖向岸边。可是哪里知道,说涨潮就涨,潮水像奔腾的野马,汹涌而来,一眨眼工夫,水位顿时升高几尺,把打好的茭白草排涌得七零八散,坐在草排上的徐姑娘也被抛入河里,不懂水性的姑娘终于难逃厄运,年轻的生命被潮水葬送了。这句谚语是对大家真诚的告诫和衷心的叮嘱,也是对潮汛规律的一个经验总结。它说出了“初三潮、十八水”有捉摸不透的危险性。谚语只有12个字,多么生动、活泼,实是一句精彩的警告语,是长兴劳动人民智慧的结晶。

例二:“吃了两头大,各自寻投路。”这句谚语的意思是:过了元宵节,不能再耽在家里了,应当出去自谋生计了。元宵节的时候,岛上人有一种风俗,家家户户几乎都要用米粉做些食品,用以上坟祭祀。这些食品做得很精美,样式各异,有的像稻垛,有的像猪,有的像鸡,有的像元宝……还有一种叫做“卷团”的,它的形状像汽车的两个轮子连着一根轴儿,两边大,当中小,所以叫它“两头大”。吃了“两头大”,即过了正月半,应该出去干活了。旧社会的长兴岛人,大多是“穷搬沙”的穷苦农民,过着衣不蔽体、食不果腹的悲惨生活。有的农家实在揭不开锅盖,以乞讨为生。红星村的讨饭圩,因20家人家都以讨饭为生,乃得其名。你想想,过了正月半还赖在家里靠什么吃?难道喝西北风?应当出去讨饭过日子了。即使不讨饭的农民,也得下地劳动了。春天来了,只有播种,才会有秋天的收获。人生的路,就是一条奋斗的路,切忌懒散和懈怠。对我们现代人说,同样有借鉴意义。现在每年春节过后,全国涌动着由千千万万打工者组成的人流大潮,气势磅礴、浩浩荡荡,笑声、歌声、脚步声,汇成一首高亢激越的时代进行曲。每当我看到这种热烈的场面,脑子里不由自主地闪现出“吃了两头大,各自寻投路”的长兴谚语。但就其性质来说,发生了天差地别的变化,过去是为了谋生,现在是为了追求美好的人生,实现自己的梦想。趁早犁开封冻的土地,早早播下金色的希望,梦想收获成功的喜悦,也许是这句谚语的真谛。

例三:“莳好黄秧,望望爷娘。”这句谚语的意思是:出嫁的妇女,当夏播结束后,应当回去看看父母。此谚语在长兴岛流传甚广。过去上了年纪的人,当插好最后一棵秧的时候,直起腰来都爱说这句话,也许在提醒妇女们别忘了去看看爷娘。旧社会岛上的农家妇女,一旦出嫁之后,就被繁忙的家务和田间劳作缚住了手脚,很少有时间去看望爷娘。按照中国传统,孝顺是一种美德。鸟且有反哺之情,更何况人乎?莳好黄秧,望望爷娘,这是天经地义的事情。当夏播结束后,稍有一点空隙时间,再不去看望爷娘,就说不过去了。平时忙,脱不出身,还情有可原。所以,莳好黄秧之后,长兴岛妇女回娘家的甚多,她们换了一身干净的衣服,带着孩子拎着篮子,篮里装着咸鸭蛋、自家产的枇杷、自己缝制的布鞋等,欢欢喜喜地看望爷娘去,感激父母的养育之恩。恪守孝道,是中华民族的优良传统。谚语“莳好黄秧,望望爷娘”,实是敬老爱老教育的一份好材料。

(作者为长兴中心校原校长、中共党支部书记)

话说“饿煞喜酒，吃煞会酒”

蔡德忠

从前，长兴岛上流传着“饿煞喜酒，吃煞会酒”的说法。何故吃喜酒还会饿肚皮？似乎有点不可思议。现在的年轻人更不会理解这句话的意思了。其实，你只要细细想想旧社会平民百姓的生存环境和生活条件，就能悟出其间的道理。要知道穷人操办喜事实在不是一件容易的事。要办也只能办得简单、朴素，而且十分注意节俭。那时喜酒席上的菜肴，大多是自己生产的，像鸡、鸭子、蔬菜等，为办喜事往往要准备多年，平时省吃俭用。办酒的时候，台上一般摆上十只菜，俗称“十碗头”。冷菜有：海蜇皮子、酱煨蛋、白斩鸡、咸肉片；大菜有：红烧肉、鸡肉、鸭肉、肉包子、素什锦和鱼。但是大菜不都是满碗的，大多以蔬菜垫底，上面放上几块肉、几个肉包子，纯是装饰而已。而且，民间还有一个规矩，鱼是不能动筷子的。为什么？因为鱼和“富裕”的“裕”、“年年有余”的“余”是谐音，鱼象征着“富裕”、“年年有余”，为讨个好口彩，不能动鱼。一旦动了筷，岂非败坏了他家的幸运，那就不道德、不礼貌了。

我记得小时候的一个冬天，跟着父母去伯父家喝喜酒，人小不懂规矩，看见桌子上摆着鱼，很想吃，就用筷子去夹，因为天冷，鱼冻得硬邦邦的，怎么也夹不动。坐在我对面的父亲看见后，顿时眼睛瞪得圆圆的，一副怒气冲冲的样子，还不断地朝我使眼色，暗示我不能吃鱼，我害怕了，连忙把筷子缩了回去，直到吃好饭我再也没往鱼碗里伸过筷子。吃好喜酒回家去，我肚子还是空荡荡的，好像没有吃过什么。长大了，我才真正懂得了“饿煞喜酒”的真实含义。其实我们也难怪他们，贫苦的农民哪有钱大操大办喜事呢！但是他们的面子还是要的，“装饰”不就是为了面子吗？节俭才是他们真正的品质。

“吃煞会酒”又是怎么一回事？“会”就是乡村里的几个农民朋友组织的一种

“肴会”。会员一般近十人，他们不定时间的轮流做东，邀请朋友聚会、喝酒、聊天。但发起的第一个人，他家中办事资金发生困难，于是邀请朋友集资，你借给他几斗米，我借给他几块银元，他算是第一个做东者。这肴会，其实带有互相帮助的性质。以后谁挨到做东，采取“摇号”的办法，确定先后顺序，一般一年里安排两次肴会。肴会也有一个规矩，谁挨到做东时，他就能收回出借的钱物。挨到最后一个做东的，算是最吃亏的，因为借期最长，也没有利息。这，大家都认了，帮助别人嘛，还计较什么吃亏不吃亏的。做东的人，都诚心诚意，倾囊而出，酒水倒也办得体面，而且吃的时候没有什么清规戒律，又没有什么人的约束，开怀畅饮，谈天说地，海阔天空，实是一幅其乐融融的画面。

小时候，我也跟父亲去吃过一次会酒，那次是我干爹做东。干爹家杀了一只羊，主要是吃羊肉，还有煮豆荚、红烧芋艿等。那天尽管菜比较单一，但数量很多。香喷喷、糯稠稠的白米饭我连吃了两碗，肥嘟嘟、美滋滋的红烧羊肉我爱不释筷，那时我虽然眼睛馋，但肚里实在装不下了。席间，我再也没有看见父亲过去吃喜酒时那睁得圆圆的眼睛，他还笑嘻嘻的对我说：“鹏儿，羊肉你最喜欢，就多吃一点吧！”而大人们推杯换盏，热闹非凡。啊！这次会酒我吃的多开心啊，好像昨天刚发生的一样，“吃煞会酒”这句话一点不假。“会酒”中农民朋友们热烈的交流着情感，抒发着对未来的憧憬和梦想，谈论着社会的不公和冷暖，同时，也展现了农民朋友的那种憨厚、爽直、真诚、质朴、热情、好客的品质。

长兴方言之一

——长兴话与崇明话启海话相同

徐忠如

长兴方言属吴语太湖片苏沪嘉小片，由于四面环水，交通不便，比较不易受外部方言影响，因而是吴语北部边界地区比较稳定、比较古老的、很有特点的一种方言。它与上海市及其他郊县的方言有较大区别，而和崇明及江苏的启东、海门话相同，被称为"沙地话"。

长兴人说话很简练，"不要"就说"覅"，"不要吃"就说"覅吃"，"不要走"就说"覅走"，所以，上海独角戏演员喜欢用来当笑料，故意把"覅开"说成"OK"，把"不要"的意思说成了"要"，再引入发生在外国人与酒吧服务生之间的故事，逗人发笑。

其实，剔除人们对长兴话产生的误解，生活中的长兴话是很有道理的，所以它的生命力很旺盛。长兴以前是粮棉之乡，尤其棉花，盛开时像花的海洋，在长兴下地劳动就像下花地一样。所以，长兴人把"种地"说成是"种花地"，一字之差，诗意顿生。长兴人大多勤劳，下地劳动把中饭处理得十分简便，所以干脆把"中饭"说成是"点心"。长兴人把"勤俭节约"说成"做人家"，一个"做"字，就将长兴人勤俭持家的细致和精巧描述得既具体又传神。长兴人历来重视教育，所以，"小孩"称为"小官"，"新郎"称为"新小官"，寓意是从小好好读书，将来取得功名，走仕途之路。由于长兴人重教，许多话就直接继承了汉语中的文言词，文绉绉的，颇有文化意蕴，如"妻子"称作"娘子"，"自己"称为"吾"，"他"或"她"称为"伊"，"脸盆"称作"面锣"，"学费"称为"学钿"，"毛巾"称为"揩面布"，"穿衣服"称为"着衣裳"，"肚子胀"称作"肚膨气胀"，等等。长兴话还有一个特点就是生动，如把"跑得很快"说成"跳出来跑"，把人身上的"污垢"形容成"黑漆"，"厉害"叫"结棍来"，把"闪电"说成"忽闪"，把"心计"比作"花头巾"，将事情"没有进展"描绘成"蟹沫无声"，把"打嗝"过程刻画成“打急勾”，把“游泳”说成“汰冷水浴”，将做事“有头绪”说成“有经纬”，把“干爹”、“干妈”唤作“寄爷”、“寄娘”，等等。

长兴人把“啥”说成“哈”，上海人把“蟹”也说成“哈”，而长兴蟹多，长兴人把“笨”说成“乌”，有人就把笨小孩叫“乌小蟹”。其实，方言是当地老百姓的口头文化艺术，也是一个地方经济文化历史的注脚，加以关注和探究，定有收获。

长兴方言之二

——长兴话内部差别较大

徐忠如

长兴岛上的沙地方言分为长兴话和海星语两种，其中长兴话是崇明、横沙话，即本岛话；海星话则称为长江中下游汇集的话，两者之间有较大差别。长兴本地居民语言以崇明方言为主，有的词语与普通话读音区别不大，意思相同，如“烟”、“酒”、“冰”、“送”、“做”、“走”等。但是，较多的词语与普通话相比，或读音相同意思不同，或读音不同意思相同，或读音和意思都不一样。常见的有：

长兴方言把“水”读作“死”，而“死”说成“喜”；把“没有”说成“呒得”或“呒银”、“分银”；将“雾”说成“迷路”，“聪明”说成“下咱”，“看望”说成“咱忙”。普通话的“一直”“仍然”，长兴方言用“一落地”、“常规”替代。普通话说的“路上都是坑坑洼洼”，用长兴方言说“路浪托事田田窝”；普通话“这个小孩病仍然没有好”，长兴方言说“葛各小官常规勿吾爽”。

发寒热(骂人话)，都说“发寒热”，更多用“消灭、消缩”来咒骂人，如，消灭郎、消缩郎、消男灭女等。

垃圾畚箕(挑土用的畚箕)，说“垃圾畚箕”，也说“灰箕”。

地平(地板)，既指铺木板的，也指铺方砖的。其他地方称“地平”，是专指铺木板的。

麻将(麻雀)，叫“麻将”，这些“将”都读阴平调。

连树果，叫“树连菇”，也叫“连树菇菇”。

薄刀(菜刀)，叫“薄刀”，也叫“孛刀”，赤脚薄倒(光脚丫子)。

篮，叫“篮、大篮”、“谈篮”。

小丫头娘娘(称女孩子，娘读阴平调)，叫“小丫头娘娘”，也叫“小娘精”。二下田，叫“地里去，地里做”，也叫“田里去，田里做”。

一眼眼(一点点，眼读阳平调)，叫“一眼眼”，也叫“一麦麦”。

长兴的方言。有些合口韵字，常有读成 h、f 不分的情况。“昏、分”同音的例子如：贺龙＝舞龙，祝贺＝祝父，年货＝年富，货色＝富色，小伙子＝小夫子，结婚＝结分，打昏涂(打呼噜)＝打分涂，头爿昏(头晕)＝头爿分，戽水(踏水车，书面语)＝赴水，呼圆子(蒸团子)＝麸圆子，呼糕垫(蒸糕用具)＝麸糕垫，心慌(心跳)＝心方，大祸＝大舞；其他如光火的火读如斧，老虎的虎也读如斧，触火(生气)＝触斧，老虎头＝老斧头。还有灰、灰堆、扣灰(扒灰)、出灰、矿灰(石灰)、石灰的“灰”，以及光辉、某某辉(名字)的“辉”，都读如普通话的“飞”，标音也正巧相同，feiI(阴平调)。又如喜欢、欢喜的“欢”，贿赂、行贿、受贿的“贿”，也都读 f 声母。

这种“昏、分”同音的程度，不同地段不同的人情况有所不同。一般是越靠近海边，年纪越大的，“昏、分”读音相混的现象越多。“昏、分”读同的语音现象，和今崇明、川沙、浦东、南汇宝山、松江一带方音相似，这反映了长兴与江南沿海一带的历史渊源关系。对应到长兴方言，长兴岛话，与横沙、崇明、海门到启东之间的区域沙地方言相同。举个例子：“没有吃饭”＝伐宁切饭。例如：表示“非常”，用“咎关”、“亥里”，其中“亥里”较流行。如果说“很多”，大家都用“咎关”。

长兴方言之三

——长兴方言特点

徐忠如

从语音上来看，长兴话保留了相当多的古拙塞擦音。举个例子，陈和神、除和时，住和自等，在上海话中，声母都是干净的轻声S，而长兴话前者Z的发音则给人浑浊之感。这也是很多人认为长兴话笨拙难听的原因吧。虽然自己并不否认这一点，不过如果说这是一种古拙的存留的话，倒也是一种令人怀念的古风呢。

此外，韵母的声调也是长兴话的特点，她保留了阴平阳平阴上阳上阴去阳去阴入阳入八个调类，上海话经过时代的变迁已减少至五个。长兴话讲起来抑扬顿挫，近乎夸张。

在音调的感觉方面，自己并没有敏感的体会，但是许多长兴话，上海话里却没有特殊词汇对应，让我觉得颇为惊艳。比如在对人物身份的称呼方面，已婚男子叫"官人"，未婚女孩叫"小娘"。动词则更为有趣。人转过身不仅可用"转"，还会用"旋"，祭拜祖宗时的磕头居然会叫做"唱喏"。洗澡为"净"，搬是"掇"，做事称为"做营生"，更有"口碎"形容啰嗦，"聊清"代表清楚。在肯定回答他人的说话时，会说"然"或者"自然"。而上海人所经常嘲笑的"蟹"（HA）实则乃"何"的音变，但上海话已无此用法。从来没有叫"分宁"（音），这个是"弗曾"的音变。另外，没什么文化的大叔大婶们嘴里还会蹦出诸如"莫非"、"故所以"等词，用法都朴拙特别，竟有如临桃花仙源的古趣。另有一有趣的现象，在长兴方言中，和的表示通常用"脱"，上海话曾经有，但新上海人已习惯用"帮"，凑巧的是日本语的"と"也是同样的音和意，还有"毫少"（音OSO），是催人赶快的意思，这在上海话里依然存在，而韩国语和日本语也同样有此用法。此外，日本语中的"ぎ"等浑浊音在长兴话中的存在，更证实了其对吴音系统的完整保存。

长兴话中特有的形容词现象

长兴话的形容词大体上可分为基式和变式两大类。其中固有的原始形式称为“基式”。在基式基础上变化派生出来的形容词则为变式。就长兴方言来说,它的形容词中有相当多数是通过重叠变式而形成的。重叠使语言显得更加多样化,所表达的内容也更加丰富多彩。原本普普通通的原始形态的形容词,因为重叠可以变得精彩纷呈。形容词的重叠变式,一般可以分为前重叠式、后重叠式、插入性半重叠式和修饰性半重叠式几种。当然,在崇明方言的形容词中,分体双重叠类和整体双重叠类的形容词也有存在,只是不太普遍而已。

前重叠式形容词

所谓前重叠式形容词,就是基式形容词在后、修饰成分在前。用英文字母来表示即“AAB”式。

如长兴话中形容颜色的“彤彤红”、“碧碧绿”、“蜡蜡黄”;形容光照程度的“敞敞亮”、“赤赤黑”;形容物体形状的“滴滴圆”、“屑屑薄”;形容气候的“冰冰冷”、“煞煞冷”;劝别人不用心急为“滔滔较”;表示自已能完全胜任为“浪浪松”;将许多叫“交交关”。

后重叠式形容词

与前重叠式形容词恰恰相反,后重叠式形容词是基式形容词在前,修饰成分在后。用英文字母来表达则是“ABB”。

这类形容词在长兴方言中可以举上许许多多例子:

不感兴趣——茄答答　　花费冤枉——窖煞煞
同情别人——惨涕涕　　遭到暗算——阴冲冲
有点胆怯——寒势势　　心生害怕——吓佬佬
背里勾当——暗触触　　心术不正——鬼(读“季”)吊吊
撒娇取宠——嗲袅袅　　玩世不恭——洋带带
撒手不管——瘫拉拉　　感到冷意——寒走走

脾气随和——软秀秀　　　　　　性格懦弱——懦农农

正在兴头——热脱脱

上述所举的这些例子，都是形容人物的行为和心理时常常用到的。其实，长兴方言在形容事物的其他方面，这类后重叠式的形容词也屡见不鲜。

如形容物体形状外观的就有“长遥遥”、“短松松”、“细柳柳”、“粗答答”、“圆滚滚”、“方笃笃”等；形容人的身体长相的有“胖喃喃”、“瘦叽叽”、“矮短短”、“高亢亢”等，形容光照变化的就有“暗乎乎”“白许许”“亮耀耀”等；形容味道的有“咸甘甘”、“甜津津”、“苦液液”、“酸究究”、“辣蓬蓬”等；形容人的性格的有“文绉绉”、“武拉拉”等；形容空间程度的有“宽落落”、“紧够够”之类。

插入性半重叠式形容词

这类词是“A 里 AB”式样的四字格式。长兴方言里，也不少见，如形容人奸刁的“促里促掐”、形容人傻气的“乌里乌气”、形容人呆傻的“懵里懵懂”、形容人年老健忘的“落里落俗”、形容不清洁不干净的“龌里龌龊”、“邋里邋遢”、形容处事为难的“尴里尴尬”、形容不新鲜的“阁里阁宿”、形容损坏的“破里破次”、形容新鲜的“活里活只”、形容没来由的“脱里脱空”、形容不讲道理的“蛮里蛮痴”、形容刁钻少有的“挖里挖掐”等。需指出的是，这类插入性半重叠方式的形容词，在长兴方言里都为贬义性质。

修饰性半重叠式形容词

这类词是“ABAC”样的四字格式。长兴人似乎对某些词组情有独钟，特别喜欢，在修饰性半重叠式中出现的频率极高。形容人物的时候常用“头脑”两字，如“呒头呒脑”、“鹅头鹅脑”（傻的意思）、“鬼头鬼脑”、“虚头虚脑”、“花头花脑”、“怪头怪脑”、“妖头妖脑”、“笨头笨脑”、“寿头寿脑”、“噱头噱脑”、“滑头滑脑”、“木头木脑”等，这类修饰有“头脑”的词起码有好几十个。“头脑”是人体最重要的部分，“头脑”一般又指思维和记忆的能力。头脑不行了，一个人肯定没多大用处。所以长兴人在贬义形容某些人的时候首选的是“头脑”一词。“脚手”也是长兴人在描摹行动时常用的两个字，如“笨脚笨手”、“呆脚呆手”、“轻脚轻手”、“缩脚缩手”、“茄脚茄手”（做事不中用之意）、“捞脚捞手”（小偷小摸之意）、“绊脚绊手”、“大脚大手”（不算计之意)、“撙脚撙手”(管得紧之意)、“扎脚扎手”(不自由之意)、“辣脚辣手”(厉害之意)、“凶脚凶手”、“踢脚踢手”(碍事之意)。“脚手”是人的四肢,人的行动主要靠脚与手的配合来进行。用“脚手”来描写人物行动确属情理之中。“天地”是常见于崇明方言修饰性半重叠式形容词中的又一个词,如形容小孩顽皮捣蛋是“拆天拆地”、形容有人悲痛欲绝为“哭天哭地”、形容气愤难平为“骂天骂地”、形容不可一世叫“狠天狠地”、形容怨这怨那称“怨天怨地”、形容不肯退让为“争天争地”。“天地”者,天下也。用天地来叙述场面、场景,可谓再贴切不过了。从上述所举的众多例子可以看出,长兴的日常方言正是通过重叠式的形容词,才将纷繁复杂的社会、千变万化的世相描绘得精彩纷呈。

长兴方言之四

——长兴方言歇后语

一跤跌了埂岸上——两头不着实
飞机上钓蟹——悬空八只脚
石头上掼乌龟——硬碰硬
冬瓜藤长在茄树田里——瞎串
老鼠钻在书箱里——咬文嚼字
屋脊上贴告示——天晓得
船头上跑马——走投无路
棺材里伸手——死要
搽粉进棺材——死要面子
蛸蜞爬在芥菜上——尴尬
炖蛋不加水——硬屏(读“并”)
三只节头捏田螺——稳楸
木样师傅打娘子——斧头
瞎子磨刀——快特
瞎子切馄饨——心里有数
缺子沓鼻沸——无浪溢
蜡烛——勿点勿亮
矮男人家打娘子——早作准备
杨树叶怕落开头——胆子小来无得
驮子背遭扒——个样
卫生口罩——嘴上一套
电线木当筷子——大材小用
石卵子烧豆腐——软硬不均匀
肉骨头敲铜鼓——昏(荤)冬冬
和尚拖(读成 tō)辫子——得法(发)
胸口头放热水袋——焐心(高兴)
猫妮吃百叶——脚踏手揿(忙乱的样子)
韭菜炖蛋——冒充(葱)
裤子头着袜——脱空一段
稻柴人救火——自身难保
鳗鲡死在汤罐里——曲(屈)死
癞疙疤垫台脚——硬涨
挂化子泼特焦麦粞——否来
瞎子切死哈——只只好
困子遭疔拧——摊拉拉
羊子里无草——瞎钥
皮头里放屁——独吞
下巴底下雷响——吓一跳
山头浪开户口——独组宁

搜集整理：徐忠如

长兴方言之五

——长兴话常用词

一、代词

自家——自己
吾——我
吾里——我们
伊——他
伊特——他们
一家子、一杆子——一个人
俩家头——两个人
三家子——三个人
实其——这样
哪墩央里——在哪里

二、称谓

小阿舅——小舅子,妻子的弟弟
度阿舅——大舅子,妻子的哥哥
阿姨——妻子的妹妹
阿叔、阿伯——丈夫的弟、哥
丈人、丈姆娘——岳父、岳母
内侄——妻子哥、弟的子女
叔伯兄弟——堂兄弟
蛮娘——后妈(继母)
公婆——对丈夫父母的统称
太公、太婆——对丈夫爷爷、奶奶的统称
老伯——大伯父
老妈(mai)——大伯母
姑娘——姑母
阿婆——祖母,外祖母
我脱你——我和你
伊脱我俚俩——他和我们两个
娘道里——母子(女)之间
娘俩——母子(女)两个之间
腌五子——父子俩
弟兄俩——兄弟两个之间
哪墩——哪里
即墩——这里
革墩——那里
姊们淘里——姐妹之间

龙丈俩——丈人女婿
妈妈——伯母、叔母
妗姆——内弟媳
寄娘——过房娘、舅母、姑母、姨母、表伯母、表叔母
寄爷——过房爷、舅父、姑父、姨父、表伯、表叔

三、方位

拉里——哪里
港行——那里
边浪——旁边
伢头——外边
葛墩——那里
江行——这里
几边——左边
结墩——这里
勒勒嘿——在这里
里厢——里边

四、时间节气

蘖里——白天
蘖(日)头上角——上午八九点钟
小点心样郎——下午三四点钟
黄昏头——傍晚
蒙蒙天亮——天尚未亮
顷刻头浪——立即
来勿拒(及)——时间不够
年伲(尾)巴——年终
正月半——元宵节
八月半——中秋节
早蘖(日)头——早晨
点心样郎——中午
亚来——夜里
头铺(次)鸡啼——半夜以后
一歇歇——一会儿
立时三刻——时间很短
年头浪——年初
年四夜——农历十二月廿三
颠阳节——端午节

五、副词

胎生——确实、一定
胎生一息息——确实只是一会儿
拗(ao)要——不要
一落地——一直
拗(ao)去话伊——不要去说它
毫少——赶快
胎生话个——确实说了
胎生呒得办法——确实没有办法
硬劲——硬要
西晒日头——太阳偏西
难算得——难道
要末——或者

六、名称

镬子——锅子　小尖——镰刀　杀刀——铡刀
钩子——锯子(也可作普通话的“钩子”,意为悬挂物品的工具)　颈把子——脖子
武转——木工用的打眼(洞)的工具　节头——手指
笃子——口吃,或口吃的人　却棉(馒)头——膝盖　后枕——后脑勺
葛络——胳肢窝　指尅银——指甲　五龙——喉咙
小挽子——发髻　头西把子——小腿　度胖——大腿
臂丈子——手肘　肚子——猪、牛等牲畜的胃　疏伢——胡须
迷洋当——两道眉毛中间的地方　真肝——鸡、鸭等禽的胃　黄花郎——黄鱼
仔鱼——凤尾鱼　免提——鳗鱼　长生果——花生
寒豆——蚕豆　小安——豌豆　勇鸡——公鸡
芦几——“甜芦粟”,有节,抽穗。汁甜,似甘蔗　盒毛乌——蝌蚪
盐鸡——咸菜(一般用青菜、雪菜、芥菜、草头等腌制)　灶阿——蟑螂
知了——蝉　老米掂——虱子　坑棚——厕所
青塔皮——青苔　洒——柴,“洒草”　花里——指各种农作物
于巾——围巾　揩面布——(洗脸)毛巾　小揩面布——手帕
手巾——手帕　布袄——棉衣　藕头——纽扣
棉衣——席子(草席、竹席)　挖泥——掏耳屎的工具　抽头——抽屉
乌槛——门槛　死门汀——混凝土浇筑的地面
车砣——轮子　田缺——埂上挖出专门用于上水、放水的口子
盲——网,“捉鱼盲”　善川——芦、竹编、插的篱笆
嘎时——碗橱　啊苦菜——蒲公英　膨其头——马兰花草
草头——苜蓿　稀泥——芥菜　度米嘎——玉米秸秆
米浆——米粉煮成的婴儿食品　皮槽——肥皂
末事——东西,“七(吃)末事”　甲——脚　面罗——脸盆
勃刀——菜刀　蜀子——勺子　邻舍——邻居
鬼计——会计　银——人　洋针车——缝纫机
脚踏车——自行车　促线——缝衣针　术旋——木梳子
伤风——感冒　苍银——苍蝇　门子——蚊子
马相——一般指人的外表(衣着、体形)美丑

七、地名

蚀本——日本　新嘎波——新加坡　嘎拿答——加拿大
比如——秘鲁　端吗——丹麦　拿威——挪威
其利亚——叙利亚　贼士——瑞士　伢妈嘎——牙买加
卜京——北京　娘光——仰光　胡内——河内
贩羊——万象　高勇——高雄　毛端缸——牡丹江
长绳——长城　布镇——堡镇　阿窝赊——鸭窝沙
偏嘎赊——潘家沙　假放于——解放圩

八、逐渐消失的日用物品

锡壶——锡制,用于温酒的器具　罢壶——存放冷开水的茶具
广蜀、童蜀——铜制的舀水工具,装有木柄　烘缸——铜制,冬天取暖用
算川——纺纱工具,竹木制,手摇,配以锭子　火车——绕线工具,竹木制,手摇
卷洒——筛子的一种,专筛米麦等磨后的粉
航凳——木制,高脚,用于搭架晾晒物品
芦非——芦苇编织,用于摊晒粮食等物品　婆啊——稻草、水草编织的鞋
度裹甲(脚)——旧时农村男子冬天御寒的绑腿布
兜头布——旧时妇女扎在头上的土布或毛巾
便——芦苇编扎的笆,造房时用作屋面板　灰耙榔头——土灶抠灰的工具,木制
便头——木制,四齿,装上竹柄,用于翻动粮食、柴草的工具
凉尚(床)——旧时农村高级的床,床上雕龙刻凤镌花草,分拔步(床前装饰)
草枯(窝)——稻草编扎,立式,圆形,下大上小,冬天小孩站立在内保暖
印刷糕板——用于制作米粉食品的模板,板上雕刻多种图案
甘——竹条拼,牛皮扎,装柄可转动,用以拍打稻、麦(脱粒)
蓑衣——苇草或棕编织的雨衣

九、性质、感觉、状态

乌——傻　儒——软弱无能

儒松松——软弱无能
老实头——老实人
结棍——结实
推板——差劲
蠢——难看
清势——干净
凑便——顺便
疙瘩——不直爽、不痛快
利害——厉害、能干
写意——舒服
来事——行
弗太来——不行、不能干
鲜洁——鲜艳
好新——好多
独做人——孤僻、不入群
心工巧——聪明
闹热——热闹
厌气——无聊
得劲——起劲
透(tou)——浮夸、傲气
寿(sou)——浮夸
做客——过分客气不自然
六神勿准——胡编乱造
乌话——瞎讲
态——长得端正秀丽
现出出——很危险
话勿着头——拼命讲
恪(克)实——诚恳
牢实——结实耐穿、耐磨
标致——漂亮
响口——嗓门洪亮
娇见——打扮整齐有精神
尽力——勤快、卖力
热络——热情
聊清——脑子清爽,人少
孩利——病重
弗好过——恶心
弗来事——不行
弗勒心郎——不在意
悟爽——好受
弗宁听见——没有听见
凑便塔作——顺便
冷饮——寂寥
呒搭煞、呒吃头——不可搭理
呒心聊搭——没兴致
喜见人——可爱
推板一眼眼——相差一点点
做触落——假装
大脱西远——相差很远
情理弯曲——来龙去脉
窝心——称心
弗喜见人——不可爱或某种行为惹人讨厌
病话——骂人胡说
做人家——节俭

十、动作、形容、数量

斩——削,切
困——睡
眠——躺下
糙——檫

扛——抬
叠——放，堆
孩——喊
哈——斩、割：手被刀哈碎
九——缩：九头编脑
怨——折叠：把纸怨一下
改——靠：身体改在栏杆浪(上)
把——拜：把天把里(地)
欢——小孩不吵不闹：这孩子真欢
春——雷响、雷击：阵头(雷)春
门——问：门路
咱——看：咱忙病人
哄——嗅、闻、吻：哄哄米道(味道)
吞——熏：用热气吞一下
补——蹲：他补在树下
伐——倾倒：伐拉西(垃圾)
挑——割：挑羊草
迸——裂开：皮肤迸开
消——掀、揭
花——引诱、诱惑：她被他花上了
滚——烧、煮：滚蛋好吃
得——粘：得知了(蝉)
告——醒来：等他告了告诉他
莫——动作迟慢
冲——低下：头冲下来
栈——饱满：谷子栈了
卜——薄、稀：卜粥
宁——糯：米粉圆子真宁
鸽——挟：他鸽着一只公文包
隑(gai)——躺，斜靠
着(za)——穿
踞(ji)——跪
话——说
牙——啃
过——冲刷
尅——压：尅伤脚
摇——戳：用刀摇一个洞
忽——贴：脸忽着脸
光——摸：光他的小脚
旺——扶、握：旺牢这根柱头
颠——翻：颠个身
爽——歇：爽一爽
忙——望：东张西忙
笨——闻：笨到一股香气
爿——爬：我们去爿山
撬——卷：衣袖撬起来
嘎——锯：嘎洒爿(锯木材)
捉——割：捉稻
川——插、栽：川山芋秧
刮——裂开：皮肤刮开
洒——倒：洒开水
呼——蒸：免头(馒头)呼一下七
虫——撞、顶、捅：用竹节虫一下
呕——弯：呕着腰过去
腰——捆：腰稻子
以——喂：以米浆、以饭
斩——好：这幅画真斩
嘿——肿：手背嘿
蠢——丑：这女人真蠢
岬(瞎)——喝
塔——涂：面(脸)浪(上)塔点蠢粉
潽(pu)——液体沸腾溢出
笃(duo)——扔、掷
汰(da)——洗

斋(za)——看望、瞧

吃瘪——吃亏、碰壁

困觉——睡觉

解手——小便

颠身——在床上翻身

叫笑——讥笑

揩肉——洗澡

浪荡——休闲

滑水——倒水,泼水

少匹——"莫"的反义词,干净利索

得头——点头

落脱——遗失

笃脱——丢掉

勃高——摔跤

豪少——快点,"豪少跑"

蔪(zhan)蕃芋——削山芋皮

透气——呼吸

上火——点灯

转来——回来

口碎——噜苏

过过口——漱口

打花海——打哈欠

吃虱子——挨骂

困一些——睡一会

说困话——说梦话

下垭壅——施肥

跑亲眷——走亲戚

打相打——打架

通码头——到码头迎接

过干净——冲刷干净

孛(白相)——玩

蹲勒屋里——待在家里

楸(qiu)——不好

吃茶——喝茶

蹲坑——大便

扶身——从座位上起身

回身——转身

轧头——理发

揩面——洗脸

通风——挡风

讲神——聊天

则勾——打嗝

连头——梳头

搭嘴——应声搭腔

拆港——说谎

策反——相互打闹着

发否——得意洋洋,卖弄,也说"摸"

拆反——闹着玩

上落——来往

上镇——上街赶集

转去——回去

轧牙齿——争吵

孩一声——喊一声

嚼说话——说话

吃生活——挨打

打昏涂——打呼噜

蹲马桶——坐马桶

招盯咛——抓痒

跑班头——去外地贩卖东西

通人家——迎接

话便活——说不负责任的话

部(不)小鸡——孵小鸡

困下昼忽——睡午觉

嘎三胡——讲闲话

汏(da)干净——冲刷干净

精赤骨里——赤膊

抬饭,抬小菜——端饭,端菜

掇台子——搬桌子

上脱一记——干他一下

乱话连天——谎话连篇

部日头旺——晒太阳

掇(duo)得——搬,端

嚼舌头根——乱说

叠勒台浪——放在桌上

隑(gai)勒墙浪——靠在墙上

净(xing)头、净手、净衣裳——洗头,洗手,洗衣服

阴世——乘人不备下手

面迟——怕羞

乌戴——脏话,乱说

呀伊——睡觉(哄小孩用语),亦说“告告”

乌哇——痛,常对小孩说的话

亲斯——亲热

拆拍——随意帮着做点杂事

乌子——笨的人

乌心——开心

伐爽——爽气

下咱——聪明

分银——没有

对日——一直,不停:这几天对日落雨

徐头——整齐

湿索——不干,不滑爽

来事——可以,能够

勿高——不同意

侬(弄)事——挑拨,搬弄是非

做生活——干活

则笃困——侧睡

孩勒嘿——全部在(这里)

洋大大——不严肃

一艾艾——一点点

拆刮拉——形容新

肚里川——拉肚子

龙松——使人上当

寒寒——将就一下

促毒——生气,恼火

值钿——疼爱

戆绳——几个人在一起谈话

滥料——废料,喻人好吃懒做

搭浆——事情搞坏了

常规——仍然,还是

搭伐——很光滑

直陆——老实,无客套话

灵光——灵巧,好

干银——干净

极皮——赖皮

徐巧——正巧

笨头——尖锐的器械变钝了

要好——喜欢打扮:她蛮要好

喝(黑)痧——中暑

七(吃)生活——挨打挨骂

精光郎——全身赤裸

合扑拉——俯卧

瓜血血——千方百计占便宜

呒门头——骂人家不开窍,笨

少来些——不多

直车烟——不合时宜地抢着说

发寒藥(热)——发烧

灵武转——快速的转
七(吃)素饭——丧事中的吃喝
过蘗甲——过日子
一摊拉把——凌乱,杂乱
扦头皮——给人好处后常常无端提起
红呒(五)红陆(绿)——指女子嫁妆
黄之鸟鸟——枯黄,生长不旺盛
喝(黑)漆塔腊——黑色,无光泽
皮光滑秀——皮肤光滑
乌眉塔艾(眼)——各种颜色混杂,不分明
象刹五四——像模像样(一般指做作)
三跷裂瓜(怪)——不平稳,不端正
阴世瓜(怪)脑——阴刁,难捉摸
钻筋斗骨——绞尽脑汁乘机得利
作精倒瓜(怪)——寻衅,无端发泄不满
呒五(嘿)陆(六)肿——身上肿的地方很多
寻喜(死)陆(觅)活——寻找自杀的机会
十(贼)葛溜秋——行为神态似贼
乌里马里——不讲理,乱说乱话一通
挖苦颠倒——挖掘、拼凑理由,强词夺理
跌扑喊叫——紧急情况下的大喊大叫
怕羞识脸——人际交往中十分害羞

跳板刷——跳绳
踢毽踢——踢毽子
滑之妞妞——黏滑
假银(人)头——要强的人,带贬意
灰毛落托——灰色,无光泽
一塔刮腊子——总共(数量不多)
稀零逛冷——稀疏,不齐
毛(麻)里促墙陆——粗糙,不光滑
失零乒乓——散乱,不加整理
赤黑乌油——浓黑,有光泽
是(自)称能为——自以为能干
七跷八裂——不平稳,不统一
乌心黑胆——心黑,千方百计讨占便宜
出骨出世——作恶不留一点余地,彻底
戆头戆脑——语言、行为不正常,笨
青筋爆栈——身上经脉暴起
喜(死)样瓜(怪)欠——不爽当,怪异
拉胡拉搭——做事不利索,拖沓
一勃捞糟——杂七杂八说一通
哭作乌拉——装做痛苦、哭泣的样子
耙心拉命——急切希望得到
推三托四——寻找种种借口推诿

三长两短——不吉利,严重后果(一般指人失去生命)
七伤八死——身体受到伤害
挖心挖肺——彻底,毫无保留(一般指待人接物)

挖仔挖娘——痛苦难以忍受
有呒(无)要紧——做事不分轻重缓急
一落地念书——一直在读书
伊异样好——他特别好
无横无竖——没有什么事由
敌人(ning)——故意
你爱要伐——你还要吗

要紧三慢——紧要的时候不迟疑
拿七拿八——事情即将完成
异样——特别
异出样——特别
有心——故意
爱——再,还
竟有——实在,确实

竟有一先先——确实只有一会儿
恰恰——刚刚
为蟹(ha)——为什么
做哇——为什么,做什么
老——很
老早——很早
老晏——很晚
交关——很多
交关好——很好
孩——都
孩来特(de)——都来了
眼眼——刚刚
一眼眼——一点点
夜特(de)——天黑了
凑好为子——可能
急急活——差一点点
轮趟起——差一点点
大约乎——大约
无论无事——一定要
佛(fe)尖——否则
好嘞——幸亏
好得——幸亏
齐(xi)巧——恰巧
必过——不过只能
靠——最
靠里厢——最里边
裁(sai)——都
勃(鼻)涕他统——鼻涕流淌
我随手到个——我还刚刚到
爽心——索性
拳七打八——办事条件十分勉强
随手——刚刚
精拆骨里——赤膊
拆甲搏倒——赤脚
朝天柏拉——仰面朝天,仰卧
阿末结剎——最后
乌隔鸟鸟——不讲理,纠缠不清
牛皮吊筋——调皮,使人厌烦
落场落地——平时
舔子(嘴)掠疏(胡须)——食品迅速吃光后还想吃的动作和神态
看——最
吼里八欠——力不从心,硬撑,也表患哮喘病
定见——一定
吾(鹅)槽(啄)阿(鸭)子(嘴)——喻随意发表观点
定管——一定
广亲摸眷——寻访沾亲带故者去作客
着革日子——大前天
八肢拉甲(脚)——一般指睡觉时手脚极度分开
一变——一半
啥四个——三四个
省陆个——五六个
靠十个——近十个
跷八个——七八个
十廿个——近二十个
伲三十个——二三十个
百把个——近百个
千爽陆(六)——千六百左右
慢(万)七八——一万七百多

十一、味觉

甜津津　苦几几　咸甘甘　辣蓬蓬
酸吗吗　鲜笃笃　淡瓜瓜

十二、食物

点心——午饭
夜饭——晚饭
大米粞饭——玉米面做的干饭
半铺米饭——一半大米一半玉米面做的干饭
和米大米粞饭——大米与玉米面做的干饭
真麦饭——元麦面做的干饭
麦监条——各种麦面做成的条状面疙瘩
缸爿饼——大饼
汉烧饼——煎烧饼
绳肉——麻花
真肉——瘦肉
旺菜——青菜
黄芽菜——大白菜
肚里醪糟——动物内脏
烀园子——蒸团子
盐鸡——咸菜
活萁干腌鸡——没有卤汁的咸菜
咸酸粥——米和各种蔬菜或肉煮成的粥
饭穿粥——用剩余的干饭煮成的粥
干面——面粉
面(麦)老鼠——面疙瘩
滚蛋——煮鸡蛋,是待水开后整个蛋打下去
煸蛋——炒蛋
炖蛋——蒸鸡蛋羹
铺蛋——蛋打碎后做蛋汤
小安——豌豆
寒豆——蚕豆
菜瓜——甜瓜
下面——煮面条
耙寿——锅巴
番瓜——南瓜
白鱼——白鲢
寄鲈鱼——鳜鱼
线粉——粉丝
洋扁豆——白扁豆
黄鲢头——花鲢鱼
浜丝条——柳叶鱼

十三、用具

汰(da)篮——竹篮
甩篮——鱼篓
烧萁——淘米箩
镬帽——锅盖

广勺——水勺
系腰——围腰
电火——电灯
坑棚——厕所
二等车——载人的自行车
悬钩——悬挂竹篮等用具的钩子
美火油盏——煤油灯
行灶——没有烟囱的闷灶头
困场——床
小尖——镰刀
啊撬——铁锹
小车子——独轮车
脚踏车——自行车
家橱——菜橱

搜集整理：徐忠如

长兴方言之六

——长兴人的长牌歌

在长兴，以前有一种老年人常常玩的一种类似麻将的长条形纸牌，叫“长牌”，逢年过节或农闲时节，许多长兴人会四人一桌玩长牌。每逢红白喜事，也总有一两桌（每桌四人）玩牌的，他们边玩边唱，有的对答对唱，唱词各人应时随编，唱腔优雅悦耳，称之为“牌歌”。

牌歌是根据纸牌的名称而唱的，纸牌名称与麻将一样，分“万、饼、条”三大类。“万、饼、条”还有多种叫法，“万”也称“管”，“饼”有时也称“铜”、“桶”、“命”，“条”有时则称“根”、“须”、“粟子”等。

牌歌多有韵，唱者若有点文化，则所编之词高雅一些；唱者若欠缺文化，则所编之词粗俗一些。

先说“万”，从一万到九万是这么唱的：

大官人上门，满屋里笑声；二官人上门，灶门口蹲蹲；三弯头扁担，肩牌皮磨烂；四万万同胞，心齐是一；五万啰缠，有啥个搭讪；六只咯饭桶，吃脱臼米啰三斗；吃饭啰吃粥，命里头注定；八万咯家私，吃勿消瞎用；酒灌（九管即九万）嘞坛里，要吃就倒去。（注：“大官”、“二官”即是“一万”“二万”，长兴人称大女婿为“大官人”）

再说“饼”，从一饼到九饼是这么唱的：

一统咯江山，兴旺呀发财；贰饼啰两童，一样是兄弟；山西到山东，跑断伊脚筋；铜钿咯输赢，个个是高兴；乌洞洞瞎火，看勿见面孔；铜钿呀落脱（六饼），有啥人晓得；吃糕啰吃饼，各人呀高兴；绊痛啰跌痛，个个人心跳；救命咯先生，我俚咯恩人。

最后说“条”，从一条到九条是这么唱的：

笑嘻嘻对你，心里头有意；乌女婿上门，洋相是出尽；三更啰头里，肚腿里抽筋；四喜呀临门，笑煞咯小人；五调咯三声，有啥人答应；噜里呀噜苏，肚皮有点气；缉私营部队，黑心肠官人；拔一根芦头，撑半间山头；九条半地皮，家当是勿小。

长兴人玩牌，除了根据牌名编小唱以外，还有的在抓牌时也边数边唱，这一种也属牌歌之列。由于玩牌的门类众多，抓牌的张数也各不相同，有的抓 14 张，有的抓 22 张，有的抓 24 张，还有的抓 26 张，但在唱法上大体相同。这种牌歌应该是做庄人所唱的，因为他要保证其他三人不抓错，所以必须边抓边数，而用“一二三……”方法数下去显得单调乏味，就采用边数边唱的方法：

一小咯龄童，实在呀聪明；成双啰成对，福气是满门；三心呀两意，有啥人看气；试试你心肠，隔肚皮两样；糊里啰糊涂，日子就好过；六兆林部队，缺一个司令；七窍啰灵通，算计到啥人；八仙咯过海，各显呀神通；究竟久啥人，慢慢呀请问；敲牢呀著实，大家是一式；重起头加一，十一张小牌；贰六呀十二，对心呀中意；十三咯日子，十四啰看好；月半啰后头，十六里正好；十七岁小娘，还勿宁定亲；十八岁小娘，日夜啰思量；十九岁看人，贰十啰出门；念一啰回转，胖猴子骑凳；双个头十一，念贰张小牌；年三哕夜四，勿要呀出门；年四夜边头，要过年关头；念点你听听，张张呀勿错；念经官为六，大家啰勿握。牌歌一唱，趣味盎然，对于玩牌者或旁观者来说都是一种娱乐享受。若是红喜事，则更加增添喜悦的气氛；若是白喜事（丧事），则将减少一点悲伤的情绪。

搜集整理：徐忠如

长兴方言之七

——长兴谚语

一、农业谚语

人靠饭饱，田靠肥料。

农家第一宝，六畜挤满槽。

秀才要念书，种田要养猪。

好树结好桃，好种出好苗。

养仔三年蚀本猪，田里壮了勿得知。

季节不让人，种田赶时分。

三分种，七分管，九成熟，十成收。

只有懒人，呒得懒地。

二月清明一浪白，三月清明不见麦。

清明前后，种瓜种豆。

芒种、芒种，棉花黄豆乱种。

要得萝卜大，勿等六月过。

四月雾，粮食满仓库；六月雾，青草枯。

五十养子勿得力，五月种茄呒得吃。

六月不热，五谷不结。

小蒿在中腰，一个麦捆两人挑。

六月里三个阵（指雷雨），白米吃来剩。

六月十二借凉风，颗颗棉花如吊桶。

夏至种芝麻，头上一棚花。

夏至棉田草，胜似毒蛇咬。

头时棉花二时豆，三时里种赤豆。

(芋艿)六月勿壅，等于勿种。

玉米红绒十八天，元麦见秀四十天。

七月葱，八月蒜，小暑萝卜白露菜。

八月黄金满地铺，只嫌呒得手来掳。

朝西夜东风，提水来浇葱。

白露早，寒露迟，秋分种麦正当时。闰年不种十月麦。

彭祖活特八百，就怕拔棉花棋种麦，凿石头种麦，握泥种豆。

十年密麦呒得一年好，十年早麦呒得一年孬。

冻断麦根，牵断磨坑绳。腊月里做生泥，青草长成米。

二、气象谚语

春打六九头。

两春隔一冬，呒被暖烘烘。

春霜勿隔宿，连霜晒破屋。

雷打惊蛰前，四十蒙蒙不见天。

夏至无雨三伏热。

正要日长，夏至一扛，正要日短，冬至一赶。

雨落黄梅头，三天不落断黄梅。

春雾早消，晴天得靠；迷雾不开，雨随雾来。

雷响天边，大雨连绵，雷响天顶，雨过天晴。

小暑一声雷，黄梅依旧归，倒转黄梅十八天。

小暑不见日头，大暑晒开石头。

八月初三潮没祭(鬼)。

重阳无雨一冬晴，九月十三雨洋洋，黄豆箩上出青秧。

九月廿七催懒妇，十月呒风拖勿过(意即天要冷了，要准备寒衣)。

十月中，梳头吃饭当一工。

立冬下雨一冬阴，立冬西北风，来年五谷丰。

小雪雪满天，来年是丰年。

霜浓是晴天，霜多雪厚兆丰年。

冬至多风,寒冷年丰,干冬湿年。

头九冻破地,九九勿盖被。头九二九像春天,三九廿七,梧桐树冻来笔直;四九中心腊,河里冻镣老绵鸭;五九腊中心,冻断鼻梁筋;六九五十四,泥里出芦刺(发芽);七九六十三,布袄两头担;八九七十二,猫狗躺荫地;九九八十一,老汉田中立。

久晴大雾阴,久阴大雾晴;三朝迷雾刮西风(指深秋或初冬时节)。

东北风,雨太公;乌头风,白头雨。

东闪风,西闪空,南闪火门丹,北闪雨未来。

东虹日头西虹雨。

朝看南云涨,夜看北云推(下雨)。

朝撑勿晒,夜撑勿收:落得早,勿湿草,一落一个泡,明天干脚跑。

朝霞不出门,晚霞行千里。

青扛白扛,明朝晒杀和尚。(扛指“虹”)

乌云接日头,半夜雨稠稠。

八月南风二天半,九月南风当夜雨,十月南风跑勿及。

上看初三,下看十六,干干湿湿半个月。

雨中知了叫,报告晴天到。

蝼蛄叫,晴天到,青蛙乱叫,大雨要到。

鸡迟进窝天要变。

早呱风,夜呱雨,中午呱呱落勿及(“呱”指鸭叫)。

烟绕屋,有雨落。

腊月的雨,顿似草麦盖上被。

烟囱不出烟,一定阴雨天。

朝看天顶穿,暮看四脚悬(晴天)。

烟滚地,要下雨。

白露身勿露,寒露脚勿露。

早爽(风)一,夜爽(风)七,黄昏头起风一息息。

黄昏知了叫,明朝热得吱吱叫。

蚂蚁筑坝大雨来,燕子穿梭日头来。

日落半天红,无雨便是风。

云擘里日头,嫚娘的拳头。

十三十四月没乌处处,十五十六两头红,十七十八快手婆娘杀一只鸭。

初一月半子午潮,初八廿三正小汛。

初三、十八潮，无风赛马跑。

三天跑沙云，台风将来临；早晨猪头云，傍晚台风鸣。

海雷兆台风。

三、生活知识谚语

磨刀不误砍柴工

桑条自小育，长大育不成

不懂装懂，永世饭桶

一口吞不了饼，一锹掘不成井

吃勿穷，着勿穷，算计勿到一世穷

船到桥，直瞄瞄，船到岸，勿要乱

修房不修椃，一拖二三年

歪船勿倒，漏船不沉

迷雾不开有雨，话事勿开有几(鬼)

大鱼肉多，小鱼骨多，豆腐水做，“阎罗王”几(鬼)做

家鸡打得满宅转，野鸡打得着天飞

千算万算，勿局(如)老天一算

屁股朝风，要请郎中(朝风睡觉要生病)

莱肴吃点鲜头，说话听点音头

嘴上呒毛，做事不牢

平时不烧香，临时抱佛脚

嘴里甜似蜜，屁股辣似椒

男做女工，越做越穷

心头无事实笃笃

眼睛一眨，老母鸡变鸭

坐吃三餐海亦干

出门看天色，进门看脸色

脚正不怕鞋歪，身正不怕影斜

上梁不正下梁歪

双桥好过，独木难行

打不断亲，骂不断邻

远亲不如近邻,远水救不了近火
精打细算,钱粮不断
细水长流,吃穿不愁
若要富足,需要储蓄
白天不做亏心事,晚上不怕鬼敲门
好男不吃分来饭,好女不穿嫁来衣
丫头不断娘家路,客人不断杭州路
有种像种,冬瓜直笼统,茄子弯柄棕
呒铜钿个粮户,勿识字个先生
杀人不怕血腥气,阎罗王碰着对面几(鬼)
狗咬吕洞宾,勿识好人心
打人勿来先动手,种田勿来轧大帮
羊去吃草鹅去赶
吃末真功,着末威风,赌末精光,嫖末真空
大个磕磕拜,小个[illegible]来卖
得着风,便扯蓬,拾着鸡毛当令箭
人多哄啊哄,猫多勿捉虫(鼠)
丫头远远地送(嫁),媳妇低低地攀
踩脚姑娘盘脚嫂,各人争得自家好
秧好一半谷,妻好一半福
行得正,坐得正,哪怕与和尚合板凳
夹忙头里膀牵筋
低凳高台子,吃饭就到嘴
南京跑到北京,只要嘴里叔叔伯伯勿停
一天三大笑,毛病笑得好
爷有娘有,抵不上自有
钉煞个秤,生煞个性,偷食猫尼勿改性
三岁定八十
黄毛丫头十八变,临时上轿变三变
买房子看梁,定媳妇看娘
鞋有样,袜有样,媳妇勿好婆有样
男子十六挑爷担,女子十六着娘衣

家有贤妇,夫不迪枉祸
一条膛裙系成筋,勿知丈夫哈个心
好男不信枕边状
一爷娘生九种子
手心手背都是肉
债多不愁,虱多不叮
好马不吃回头草
邻居好,赛金宝
不听老人言,吃苦在眼前
让人三分,百事太平
看人挑担勿吃力,自己挑担步步歇
铜钿眼里翻跟斗
十场人命九场奸,一场人命赌铜钿
姜是老的辣,麻雀老的乖
不抽烟,不喝酒,活到一百勿用愁
换汤不换药
看人头,戴帽子
穷灶口,富水缸
碗底砣圆,吃人家饭难
你有街前草,我有麦门冬
坏扫帚对额畚箕
勿到沙场,宵夜思量,到了沙场,冷气叹声
出门不带三尺绳,跑特路上勿放心
好记性勿局(如)懒笔头
若要真,问小人
人情不是债,六尺镬子背来卖
瞎子当亮子吃煞("亮子"指明眼人)
叫人不蚀本,舌头打个滚
朋友朋友,就"防"个有
东台不管西台事,公公不管娘娘事
添客不杀鸡,凭空做客气
宁做坑棚板,勿做前后"嫚"(娘)

宁做天上鸟，勿做地上小(老婆)

蛇了红萝卜上蜡烛账

公要馄饨婆要面，太太婆要夹夹条

剃头洗脚，胜过吃药

量体裁衣，看菜吃饭，看鸡做笼

出门走路看风向，吃饭穿衣量家当

三天勿吃盐荠汤，脚股膀里酥汪汪

酒多伤身，气大伤人

宁在囤尖留，不在囤底愁

细水长流，遇灾不愁

知人知面难知心，菩萨也有千百等

粮户升合计，穷人不在乎

各人自有各人福，烂泥菩萨住瓦屋

一物对一物，菩萨对念佛

三代不读书，等于一圈猪

一个丫头吃两家茶，屁股打来像烂番瓜

野花美，野花香，摘到手里要遭殃

敲了木鱼不做岸，做了和尚不尝鲜

早洗头，晚汰脚，赛过天天吃中药

十网下水九网空，一网弄到老包工

天要下雨掩不住，娘要嫁人留勿住

牙痛不是病，疼来真要命

东造葫芦西造瓢

箩里拣花，拣来眼花

逢人只说三分话，未可全抛一片心

冷末冷的风，穷末穷的债

福无双至，祸不单行

筷头上出孽胚，棒头上出孝子

养猪养羊，本短利长；羊落羊，三年落一场

鸡对头，鸭明友

鸭在水中游，勿愁盐和油

四、歇后语

年初一吃酒板——第一朝(糟)
打开天窗说亮话——直截了当
老鼠钻进风箱里——两头受气
船头上跑马——走投无路
鸡蛋鸭蛋炒鹅蛋——混蛋
廿一天孵不出小鸭——坏蛋
两个哑子困一头——好来呒啥话
海滩头开店——外行
蚊子叮菩萨——认错人
寡妇嫁人——心不定
腰裙上系转裙——情上加情(裙上加裙)
江北驴子学马叫——南腔北调
跷脚驴子跟马跑——差一大截
讨饭人看戏——穷开心
烧香望和尚——顺便
贼喊捉贼——倒打一耙
小和尚念经——有口无心
小庙里大菩萨——独大
绣花枕头稻柴芯——外头好看里头空
大姑娘坐轿——头一回
马尾串豆腐——提不起来
额角头上搁扁担——头挑
钥匙挂在胸口上——开心
丈母娘看女婿——越看越欢喜
弄堂里拔木头——直来直去
白露日子的雨——到一处坏一处
生成的性,钉杀个秤——改不了
大懒差小懒,小懒差白眼——全是懒虫
一埭篱笆三个桩,一个好汉三个帮——互助互济

大水冲走龙王庙——不认自家人

癞蛤蟆想吃天鹅肉——痴心妄想

歪嘴吹鼓手——斜气(多)

狗嘴里落勿出象牙——坏人说不出好话

歪嘴吃鳗鲡——一弯弯顺

歪嘴吐口水——校(射)不正

鲳片落在带鱼里——独阔

带鱼掉进鳕片里——特长

挨进门,自搬凳——人家不欢迎

六月里穿暖鞋——日(脚)难过

父子俩打铁——吪饶让

打铁碰着补镬子——黑手碰黑手

外甥提灯笼——照旧(舅)

两个半炮仗(爆竹)——你想(五响)("你"与"五"均读作"吪")

石卵子烧豆腐——软硬不均匀

打破砂锅——问(纹)到底

癞子撑洋伞——无法(发)无天

棺材里伸手——死要钱

踏板上的蚊子——不在帐夹里

猪八戒照镜子——里外不是人

凉帽没有边——顶好

一拳打在棉花上——没回音

十五个人聊天——七嘴八舌

十五块布做衣裳——七拼八接

七尺布拦腰剪——不三不四

十字路口贴广告——众所周知

舌头上生疮——说不出话来

郎中翻车——失约(药)

围巾包癞头——危险(围癣)

焦麦粞烧羹饭——勿成末事(不成体统)

木匠弹线——开一只眼,闭一只眼

老鼠衔薄(菜)刀——寻死

聋子的耳朵——摆摆样
婆婆陪媳妇——呒工夫(公夫)
瞎子买扁担——寻翘巴
瞎子吃死蟹——只只好
癞子头上虱子——明摆
冬瓜藤牵在茄子田里——瞎缠
蕃芋田里挑担——藤牵(碰到不顺心的事而作罢)
老虎头上拍苍蝇——惹祸
蜻蜓吃尾巴——自吃自
石头上甩乌龟——硬碰硬
坑棚头吹鼓手——凑(臭)热闹
出头椽子——先烂
眉毛上挂尼线(针)——戳眼
年三十夜看皇历——没日子
茶壶里的馄饨——有货拿不出
飞机上吊蟹——悬空八只脚(太远)
骑马看书——走着瞧
裤子头着袜——脱空一段
驼子死了两头翘——又气又好笑
老太婆的嫁妆——古货
裁缝的尺子——量人不量己
癞蛤蟆垫台脚——硬撑
白笔画勒白墙上——白话(画)
冬瓜烧茄子——烂搭烂
驼子背"招耙"——一个样
麻袋里绣钉——自出(戳)本心
饿头里嗝气——穷争气
鳗鲡死在汤罐里——勿值得
陌生人吊孝——死人肚里有数
猫尼吃百叶——脚踏手揿(手忙脚乱的样子)
三只手指捏田螺——稳拿
上吐下泻——两头拔

医生戴口罩——嘴上一套

眼睛长在头顶上——目空一切

灶君菩萨上天——拣好话

烂泥萝卜——揩一段吃一段

挖脱萝卜——地皮宽

麻子搽粉——蚀煞老本

拾到鸡毛当令箭——煞有介事

空棺材出葬——目(木)中无人

响鼓不用重槌——一点就明(鸣)

杉木扁担——宁断勿弯

暗洞里绕脚——瞎缠

萝卜青菜——各人所爱

瞎子磨刀——快特

床底下放鹞子——就这么高

和尚打架——抓不到辫子

八十岁学吹鼓手——迟了

搽粉进棺材——死要面子

茶馆店搬家——重砌炉灶

狗咬拉屎人——吭良心

老鼠落在米囤里——吃不完

搜集整理：徐忠如

长兴方言之八

——长兴俗语

长兴方言中的俗语，语言简练概括，运用比喻、夸张等多种手法，有的指事，有的喻理，也有的涉及天文地理、时间节令。

俗语是长兴方言中的精髓。前面“方言”部分，对俗语（含谚语）作了较多列举，本文意在此基础上作补充列举。

饭末一口一口七（吃），沟要一段一段拷。（做事要有计划，要分先后顺序）

气刹气死要生病，开开心心活条命。（要乐观，不要消极）

满碗饭好七（吃），过头话难说。（说话要留有余地）

招财各（的）手，呒底各（的）斗。（指人只知道做，不会理财）

只要记，勿要气。（要记住失败和教训，要奋发努力）

甜瓜吃仔千千万，苦瓜吃仔在心头。（不要忘记苦难，要努力改变命运）

秧好稻好，娘好囡好。（根苗是十分重要的）

弄堂里厢拔木头。（喻实话实说）

节头（手指）头浪（上）出艾（眼）睛。（摸彩，靠运气）

种花里（作物）勿着一熟，寻娘子勿着一世。（成家立业是人的头等大事）

朝（早晨）糊涂易得过，亚（晚）糊涂苦里苦。（指人往往到了晚上才知道要完成一天的事）

十月中，施（梳）头七（吃）饭当一工。（农历十月中旬白天的时间很短）

是呒（你）各（的）财，坐仔有得来。（发财是命里注定的。唯心）

呒子（儿子）发财爷勿穷。（儿女有出息，父母也会幸福）

云浜（缝）里各（的）蘖（日）头，蛮（后）娘（妈）各（的）拳头。（对比，突出后妈的凶狠）

拍脱门伢(牙)往肚里咽。(把苦处埋在心里)

手召(搔)成疮,咽成病。(贪图舒服反倒有害)

三岁定八十。(性格和习惯是从小养成的)

种田勿来忙(望)四方,行船勿来开(看)大帮。(应该向别人学习)

只有懒人,呒得懒地。(只要勤劳就有收获)

勿要银(人)门前银话,几(鬼)门前几话。(不要做两面人)

勒光串头绳。(乱吃乱用,不留一分钱)

山头浪(山墙上)开户口(门),独做人。(不与人来往)

瓜仔(乖巧人)有饭七(吃),呆汉喝西风。(头脑不灵活会吃亏)

迷路(雾)勿开(消)就是雨,话事(劝解)勿开就有几(鬼)。(矛盾总不能解决肯定有人为因素)

有仔八尺做七尺。(办事要量力,要节约钱物)

先(前)半夜想想自家(己),后半夜想想勃(别)银(人)。(不要光为自己着想)

聋蚌(聋人)促(耳)朵摆摆样。(花架子,不派用)

雌烧其(螃蜞)爿勒(爬、钻)雌烧其洞里,雄烧其爿勒雄烧其洞里。(喻人做事太呆板)

麻将(麻雀)飞过看雌雄。(形容人有眼力,欺骗不了他)

老虎头浪(上)拍苍蝇。(胆敢与强暴势力斗)

叫银(人)勿蚀本,舌头浪(上)打个滚。(对人嘴甜不吃亏)

七(吃)仔促线话针(真)话。(喻人说实话)

橄榄屁股坐勿住。(喻人没有坐性)

单怕杨事(树)叶落破头。(形容人胆小怕事)

瞎子(瞎眼)料子(以为)亮子(眼明人)七(吃)刹(死)。(猜疑,误会)

三天勿吃盐鸡(咸菜)汤,甲果郎(脚)里酥汪汪(无力)。(素食也能养生)

钞票笃勒冷死(水)缸里。(喻白费财力)

末事(东西)拨勒狗七(吃)仔还会调调(摇)促巴(尾巴)。(喻人要懂得感恩)

打末打仔寡化子(要饭人),欺末欺仔屋里人。(专欺弱者,表现无能)

豆腐心肠铁咀巴。(嘴硬心软)

节头(手指)适(塞)勒咀巴里啊(也)勿咬银(人)。(性格温柔,不欺人)

灶肚(膛)勿嫌啥(柴)盎(差),呒子(儿子)勿嫌娘蠢(丑)。(子不嫌母丑)

眼睛脱轮轮,银(人)啊(也)七(吃)得进。(弹眼落睛,凶相吓人)

两只甲(脚)穿勒一只裤甲管里。(形容十分忙乱)

吃粥勿富，养雅(爷)勿穷。(吝啬、小气不发财，要孝敬老人)

狗头浪(上)一把，毛(猫)头浪(上)一把。(做事没有条理，杂乱)

三十勿发，四十勿富，五十、六十要走喜(死)路。(应该在年轻时就努力勤劳致富)

搜集整理：徐忠如

诗歌篇

诗言志。诗是心灵的呐喊，诗是生命的赞歌。有恨才有诗，有爱才有诗。诗是匕首，诗是投枪；诗是号角，诗是进行曲。生活中不能没有诗，生命中不能没有诗。

浩瀚的长江哺育的江口明珠——长兴岛，应该说是一个诗的故乡，从“吭唷，吭唷”的挑泥筑岸的喊担声里，流露出长兴岛人那种征服自然，改造自然的豪迈气概；从“风扫地，月点灯，扁担顿，独龙顿……”的长兴民谣中诉说着长兴岛人旧社会的苦难生活；从“盼星星，盼月亮，盼来救星共产党……”的诗作里倾吐着长兴岛人对党的一片深情……

如今，长兴岛遇上历史发展的好机遇。在建设海洋装备岛、生态水源岛、景观旅游岛的伟业中，好人好事风起云涌，经济发展一日千里，环境变化日新月异，怎么能不催发“诗人们”诗兴大发，欣然动笔作诗……

爱的奉献

蔡德忠

（一）

老师，这是一个多么亲切的称呼，
老师，这是一个多么庄严的字眼。
追求教师的职业，就是追求崇高，
选择教师的职业，就是选择奉献！

（二）

在"长小"百年的历史长河中，
教师们用挚爱谱写了多少感人肺腑的育人诗篇；
教师们用奉献编织了多少催人泪下的爱生故事，
一切、一切，仿佛都浮现在我们的眼前……

（三）

让我们述说几位老师的故事，
表达我们对老师的无比崇敬和深深的怀念。

（四）

有一位沈达贤老师，虽然离开我们 34 年了，但他的音容笑貌仍深深地留在我们的记忆里。
他生命的定格——永远在 49 岁的年龄。
深夜里,他办公室里还亮着烛光,
暴雨中,他还走在访问学生的路上。
多少次,他为学生缝补衣服,
多少回,他为困难的学生缴纳书费,学费。
他的家住在吴淞,却很少回家去看看,
他把学校就当作自己的家,
星期天也忙着读书,备课或走访学生。
他关爱学生,胜过孩子的父亲,母亲。
他传授知识,是那样认真而充满热情。
他用爱的春风熨平孩子创伤的心灵,
他用满腔的热情搀扶着学生阔步前进。
1978 年正是温课迎考升入中学的时候,
他全身心的投入,竟然到了忘我的地步。
他的脸黄的像涂过碘酒一般,也全然不顾
在同事的劝说下,他才恋恋不舍地离开班级去就诊。
可是——哪里知道,他一走竟成为永别。
噩耗传到学校,他的班级里顿时一片哭声:
(学生):"我们再也看不到您和蔼的笑容了,
我们再也听不到您亲切的教诲了,
您为了我们操碎了心、费透了神,
您为了我们付出了这么多、这么多,甚至年轻的生命。
沈老师啊,本来我们同学说好星期天要来看您的,
可是万万没有想到您甩下我们匆匆地走了,
我们还来不及向您问一声好……
我们还来不及向您汇报认真学习的情况。"
(教师):教师的去世,勾勒起学生多少怀念,
连最调皮的小不点也哭得喊地呼天……
(学生):"我们多像嗷嗷待哺的小鸟需要您的哺育,
我们多像花园里的小苗需要您的浇灌。
但请沈老师放心吧,我们一定按照党的需要锻炼成长!

沈老师,您一路走好,一路走好!”

(五)

还有一位学校党支部委员王志山同志,
他的故事同样激动人心,催人泪下。
党支部决定“抓差距、促平衡”的全面发展,
支委会上研究选派一名同志去村校改变面貌,
可是您当即举起右手,宣誓般地说:“我去!”
您明知家中困难重重,路途遥远,
家中三个年幼的孩子需要父亲的照顾,
五个人的承包地需要您去协助……
但您深明大义个人的利益应当服从党的利益,
您以一个共产党员的名义向困难发起了进攻。
毅然决然地打起铺盖奔赴一所村校,
和大家一起调查研究寻找影响学校发展的原因,
您以身作则在教师中树立榜样。
难教的课您上,困难的事您做,
您多像一匹驰骋千里的战马,
为改变学校的落后面貌在冲锋陷阵!
瘦弱多病的妻子因为繁重的农活累倒了,
可是您一天也没有耽误过学校的课程。
一天早晨,一向有早起习惯的您还没起床,
同事轻轻地跑到您床前唤您用餐,
可是您轻轻地走了,再也听不见战友的呼唤。
书记哭了,我们失去了一个多好的战士!
老师哭了,我们失去了一个多好的战友!
学生哭了,我们失去了一个多好的老师!
大家都说王老师是为党的教育事业累倒的。
敬爱的王老师啊,您没有死,您不会死的,
您的精神将永远活在我们的心里!

（六）

下面，让我们再听一听孙志琴老师的故事吧。
孙志琴老师，你是长兴小学里出了名的“超女”，
“超越自我”成了你永远攀登的阶梯。
你严谨的教学风格赢得同行的感动，
你精湛的教学艺术博得大家的称颂。
你在那将近三十年的教育生涯中，
踩下了一串串闪光的脚印，
谱写了一曲曲动人的故事。
你获得过市、县优秀教育园丁奖等许多殊荣，
你生命的光华像火焰一样红。
小学毕业班数学成绩你多次获得全县第一，
在成功的背后，你付出了多少智慧、心血和汗水，
只有你自己、你的学生、你的同事才会知道。
孙老师啊，你踏上教育工作岗位后的近三十年里，
都把爱撒向孩子的心田，
总是把“责任”刻在自己的心间，
演绎着一个人民教师的道德、责任和良心。
——天有不测风云，去年你年轻的丈夫突患绝症，
犹如一声响雷砸在你的身上，不知所云。
原本丈夫承担的全部家务需要你去担负，
家中年岁已高的老母亲也要由你去照顾，
还有患病的丈夫更需要你去呵护……
沉重的负担实在让你迈不开脚步，
但在事业与家庭的天平上，你倾向前者义无反顾。
亲人刚走，你又强压住内心的悲痛到校上课，
又创教学佳绩赢得学生和家长的一片称赞。
平时，你还忍受着过敏性体症带来的头晕、呕吐、失眠的痛苦，
一如既往地为党的教育事业辛勤地付出。
孙老师啊，你为了托起明天的太阳，

在教育的天地里搏击长空、千里驰骋。
你没有个人的奢求和欲望，
追求的只是优秀的教育质量和学生的健康成长。
你精心地传播着知识，殷殷地播种着希望。
你不管接到差班好班，总是全身心地付出，
你的目标总是“最好”、“第一”，不愿辜负家长的期望。
你像登山运动员一样顽强地攀登着、拼搏着，
创建最高的纪录向社会、向家长作丰厚的回报。
你为了不让一个学生掉队，补差成了你每天的“功课”，
你为了徒弟的进步，亲自为他们备课、上课、指导……
你爱学校、爱事业、爱学生一往情深，充满热忱，
你钻研业务、精益求精，不断跃上新的征程。
孙老师啊，你是平凡的，平凡得像大树的一片树叶，
但你又是伟大的，生命的价值在奉献中得到升华！
我们的战友孙老师啊，我们衷心地祝愿你：
在未来的教育生涯中，在“超越梦想”的攀登里
谱写出更加灿烂的诗章，描绘出更加美丽的图画。

2012年10月

注：此诗为长兴中心校百年华诞的庆祝文艺表演大会而作。

我们有了新学堂(童谣)

蔡德忠

(一)

大潮汐,如扫荡,
七尺堤,八尺浪,
四周一片白茫茫,
吾伲学堂被冲光。
大家心里好悲伤,
个个脸上泪汪汪。
明朝读书啥地方,
啥时造出新学堂。
共产党,像太阳,
照到哪里哪里亮。

长兴岛,刚解放,
区政府,挂心上,
建校当作第一桩,
募捐筹款有良方,
发动群众力量强。
你捐款,我出粮,
没有钱物做杂匠,
一等潮水退了场,
建校工作就开场。

(二)

炮仗响,脚底痒,
跑出去,看真相。
学校重建上正梁,
红纸裹在桁料上,
炮仗放得震天响,

糖果糕点抛下场,
吾伲心里多欢畅。
政府造起新学堂,
吾伲读书有保障。

(三)

枣子红,菊花黄,
吾伲开学上学堂。
新学堂,亮堂堂,
学堂一片新气象,
五星红旗空中扬,
草屋教室好宽敞。
老师亲热像爷娘,
同学友好兄弟样。
摸摸新书心飞扬,
党的恩情记心上。
感谢恩人毛主席,
感谢救星共产党。
好好学习创优良,
长大为国献力量。

注:1. 1949年长兴岛刚解放,遇大潮汐,凤凰小学全部被冲毁,区政府募捐建校,作者取此题材作童谣。

2. 此童谣选自《家乡的童谣——崇明百首优秀童谣作品集》一书,并获得中共崇明县委宣传部、崇明县精神文明建设委员会办公室、崇明县教育局、崇明县妇女联合会、共青团崇明县委、崇明县文学艺术界联合会2012年“家乡的童谣”崇明县优秀童谣评选二等奖。

长兴岛抒怀

蔡德忠

初春的早晨,我站立在小区的高楼的平台上,
沐浴着晨光,向长兴岛四周眺望,
啊! 多么神奇美丽的海岛,
感情的波涛在我心中激荡。

看那一座座耸入云霄的塔吊,
忙碌的吊起那“庞然大物”装运出港;
振华港机生产的吊机运往天涯海角,
演奏着中国港口机械的华丽乐章。

再看那江南船厂鳞次栉比的雄伟建筑,
显现出中国造船工业欣欣向荣的繁华景象;
一艘艘镌刻着“中国制造”的数万吨巨轮下海,
展示着东方巨龙的威武和造船工业的兴旺。

眺望长江第一桥——上海长江大桥
实现了海岛几代人千百年来的梦想;
她在中国造桥史上亦是一个伟大创举,
她沟通了过去和未来、理想与飞翔。

远眺那66平方公里水面的青草沙水库,

闪耀着党和政府为民造福智慧的光芒；
清澈的长江水途经“中国第一”的越江隧道，
流向上海的千家万户，流到那百姓的心坎上。

我愉悦的目光由远而近，俯视下方
只见新建的别墅处处、高楼幢幢；
江南大道上车流如梭，人行道上人流如织，
啊，昔日凄凉的小岛，今天竟成了繁华的“苏杭”。

顷而我的目光转向远方，
成片的橘树成了一片绿色的海洋；
倘若唐代诗人柳宗元再世，
他定会感慨万千重写关于橘的诗章。

人非石木，我好生感怀
长兴岛为何发展得如此辉煌，
是党的阳光？改革的春风？还是人民的力量？
我祝愿长江口中这颗璀璨的明珠永放光芒！

鸭窝沙，可爱的家乡

陆正国　樊敏章

（一）

奔腾不息的长江，
翻卷着千倾波浪，
流淌着青藏高原的乳汁，
弥漫着那泥沙的芬芳。
多少年冲刷，
多少年沉积，
露出少女般的面纱，
孕育着生命的希望，
啊，鸭窝沙
可爱的家乡！
我眷恋着你的传奇，
我深情的为你歌唱。

（二）

勇敢善良的先辈们，
历尽了万般辛殇，
围海造田，手抬肩扛，
构筑起梦中的天堂。
多少回心酸，
多少年期盼，
寻觅着心中的安康，
托起那人生的理想。
啊，鸭窝沙
可爱的家乡！
我眷恋着你的传奇，
我深情的为你歌唱。

（三）

改革开放的春风，
吹遍了我的家乡，

一百多年的沧桑巨变，
烙下了时代的辉煌。
多少个轮回，
多少个守望，
你屹立在世界东方，
怀着梦想扬帆远航。
啊，鸭窝沙
可爱的家乡！
我眷恋着你的传奇，
我深情的为你歌唱。

童年的海滩

1=G $\frac{4}{4}$

中速　抒情、怀念地

作词：黄玉昌
作曲：樊敏章　樊学章
编曲：陆正国　刘明阳

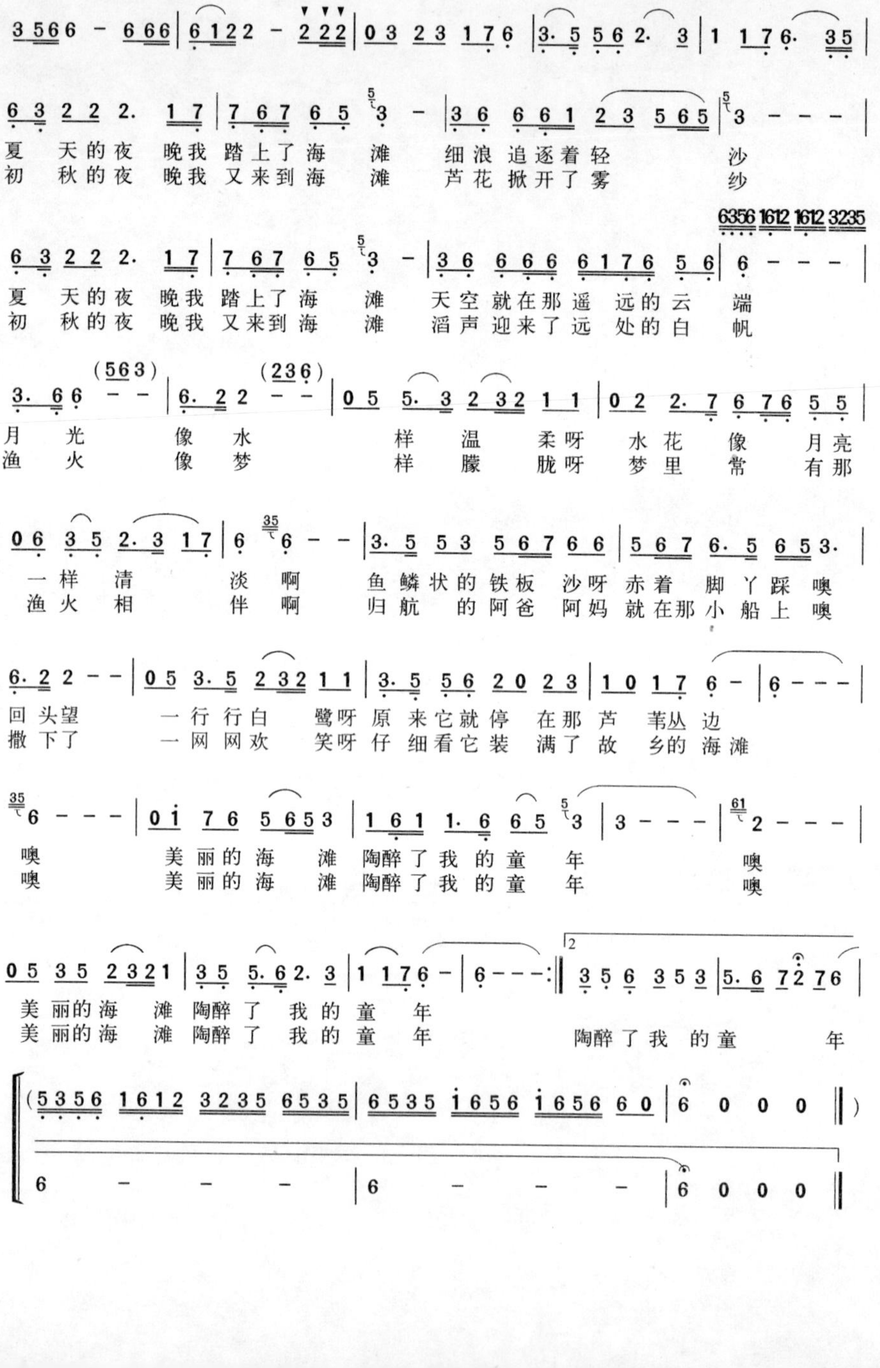

夏天的夜晚我踏上了海滩 细浪追逐着轻沙
初秋的夜晚我又来到海滩 芦花掀开了雾纱

夏天的夜晚我踏上了海滩 天空就在那遥远的云端
初秋的夜晚我又来到海滩 滔声迎来了远处的白帆

月光像水样温柔呀 水花像月亮
渔火像梦样朦胧呀 梦里常有那

一样清淡啊 鱼鳞状的铁板沙呀 赤着脚丫踩噢
渔火相伴啊 归航的阿爸阿妈 就在那小船上噢

回头望 一行行白鹭呀 原来它就停在那芦苇丛边
撒下了 一网网欢笑呀 仔细看它装满了故乡的海滩

噢 美丽的海滩陶醉了我的童年 噢
噢 美丽的海滩陶醉了我的童年 噢

美丽的海滩陶醉了我的童年
美丽的海滩陶醉了我的童年 陶醉了我的童年

长兴岛，我可爱的家

陈忠才

长兴岛啊长兴岛
美丽的水城可爱的家
长江在我脚下流
卷起层层雪浪花
江南港机
有我洒下的汗水
市民公园
有我亲手栽的花

长兴岛啊长兴岛
彩虹般的南岸缀满星斗
闪闪烁烁　闪闪烁烁
好像明珠遍地撒
可爱的长江哺育了我
永永远远　永永远远
水城爱我我爱她
长兴岛，我可爱的家

长兴岛上三件宝

蔡德忠

长兴岛上有三宝，
芦苇、蛸蜞、茭白草。
三件宝，真奇妙，
开发荒岛立功劳：
芦苇密，芦苇高，
保护海堤防大潮。
芦苇韧，芦苇牢，
建造草屋好材料。
蛸蜞肥，蟛蜞好，
春三二月当佳肴。
蛸蜞多，蟛蜞妙，
养鸭喂猪好食料。
蛸蜞还是好肥料，
稻子长得笑弯腰。
茭白头，当菜炒，
滋味美，营养好。
吃的大家乐陶陶。
茭白米，好蒸糕，
度过灾荒不烦恼。
茭白草，当柴烧，
烧菜煮饭少不了。
长兴岛上三件宝，
拓荒时代显功效。

注：本诗选自《家乡的童谣——崇明百首优秀童谣作品集》

获中共崇明县委宣传部、崇明县精神文明建设委员会办公室、崇明县教育局、崇明县妇女联合会、共青团崇明县委、崇明县文学艺术界联合会2012年“家乡的童谣”崇明县优秀童谣评选一等奖。

先进村民夸胡均

王金山

说胡均来道胡均，胡均是村好支书，
人人称赞个个夸，请听我们说分明。
先进是个多户村，人多地广镇中心，
当好村官很费劲，他有壮志肯攀登。
党群关系他抓紧，政策宣传不停歇，
作风民主心胸宽，带领全村向前进。
村里担子重千金，大事小事全关心，
村民生活他关心，各行各业他操心。
老弱病残放在心，体贴关心做到位，
民生工程想周全，为民造福献青春。
改革春风吹进村，党的政策暖人心，
坚持原则把好关，放开手脚大步走。
搞活经济头脑清，走南闯北脚不停，
广交朋友通四海，招财进宝为村民。
财源滚滚汇进村，家家实惠甜到心，
吃穿富裕住高楼，全村面貌大变新。
长江滚滚永向东，时代日日永向前，
喝水不忘挖井人，百岁老人常关心。
埋头苦干学前辈，一个脚步一个印，
做人低调不张扬，脚踏实地为百姓。
他是我村好当家，连任支书好几届，
全村老少都欢迎，他常任下最开心。
成绩突出民意深，市里表彰评先进，
光荣榜上有他名，为民造福得民心。

迷人的海滩

黄玉昌

夏天的夜晚
我踏上了海滩
细浪追逐着轻沙
天空就在遥远的云端
月光像水一样温柔
水花像月一般轻淡
鱼鳞状的铁板沙呀
排列的深深浅浅
飞起的一行白鹭呀
原来
它就停在芦苇丛边

噢,美丽的海滩
陶醉了我的童年
噢,美丽的海滩
陶醉了我的童年

秋天的夜晚
我又来到了海滩
芦花掀开了雾纱
涛声迎来了远处的白帆
渔火像梦一样朦胧哟
梦里常有那渔火相伴

归航的阿爸阿妈
就在那小船上哟
撒下了一网网欢笑啊
仔细看
它装满了故乡的海滩

噢,美丽的海滩
陶醉了我的童年
噢,美丽的海滩
陶醉了我的童年

如今的夜晚
我再次来到了海滩
一艘艘巨轮
排成一道整齐的海岸
岸边,飞溅的钢花呀
就像燃烧的火焰
密密的芦苇荡不见了

只有机器轰鸣的车间
船厂港机像两匹疾驰的骏马
长兴人民
奔向灿烂辉煌的明天

噢,迷人的海滩
陶醉了长兴的明天
噢,迷人的海滩
陶醉了长兴的明天

头字歌

——春风雨露润心头

王金山

曙光东起出日头，照亮全球角落头。
中国名声啸云头，全球名望抬了头。
回首过去皱眉头，国际地位矮人头。
国弱民穷多债头，南来北往常低头。
空喊口号嘴边头，一大二公闹昏头。
雷大雨没无盼头，黄粱美梦白了头。
集体生产热过头，命令主义压扁头。
冬去春来忙田头，庄稼长出缩进头。
市场经济多管头，自由买卖吃排头。
副业生产无搞头，宁愿白相晒日头。
小平巨手挥过头，劈风破浪摸石头。
打开铁链解封头，富民政策到人头。
市场开放有劲头，各尽所能得甜头。
改革春风吹醒头，崛起长兴有话头。
农民住进城里头，吃穿都是新花头。
大企落户有苗头，地方财政照排头。
高大厂房串云头，面貌改变有奔头。
马路通达无尽头，上班下班挤人头。
商品密集多店头，琳琅满目有选头。
人来人往轧前头，冷落小岛起潮头。
隔海相望无尽头，隧桥直通岛上头。
汽车直达市里头，急事不再皱眉头。
习主席接班来领头，治国治党好兆头。
经济腾飞走前头，中国梦实现眼前头。
依法治国放心头，兴邦实干冲前头。
法律保障到人头，不法分子难露头。
关心民生摆心头，老弱病残有靠头。
扶贫帮困有领头，爱心送到身边头。
各国友好开起头，全球朋友齐点头。
携手共进并肩头，同创未来喜心头。
这个头来那个头，全靠党的好领头。
国际地位大抬头，人民生活有奔头。

英模篇

长兴也是一块英雄的土地。在解放战争和抗美援朝的战斗中，有多少热血青年奔赴战场，浴血奋战，写下了多少“惊天地泣鬼神”的爱国主义和国际主义的壮丽诗篇。其中，有革命前辈李海波、王英同志等革命战士奋斗的一生，为人民服务的一生，还有杨德兴、邱国全等十几位同志壮烈牺牲了，后被命名为革命烈士。我们一想起他们，心里就感到特别的难过。我们今天的幸福生活，不正是他们用献血和生命换来的吗？我们永远不会忘记他们的英名，用自己的行动积极参加社会主义现代化建设，以优异的成绩告慰忠魂。

在社会主义和平建设年代，同样有生和死的考验，血和火的洗礼。革命烈士沙兴康和陆晨，同样是令人钦佩的英雄，他们用年轻的生命谱写了一曲正义之歌，奉献之歌。

本篇目中，还用较多的篇幅刊载了本岛先进集体和个人的光荣榜。这不仅是他们的光荣，也是我们长兴岛人的骄傲。愿大家像他们一样，有梦想，有追求，有奋斗，有一股浩然正气，有一种勇往直前的精神，在建设新长兴，实现四个现代化的伟大事业中，贡献出自己的光和热。

李海波同志生平

沈阳军区原参谋长李海波同志，因病医治无效，于 1991 年 1 月 26 日 10 时 10 分在沈阳逝世。享年 62 岁。

李海波同志是上海人。1945 年入伍，1947 年 9 月加入中国共产党。参加革命后历任苏中军区司令部警卫员，华东四纵司令部作战科见习参谋，军区司令部军训课参谋，师司令部作战科副科长，军司令部作训处副处长，军副参谋长、参谋长，副军长，驻苏联大使馆武官，沈阳军区副参谋长兼作战部部长、参谋长等职。是中共十三大代表。1988 年 9 月被授予中将军衔。曾获三级解放勋章。李海波同志在 46 年的革命生涯中，对共产主义具有坚定的信念，忠于党，忠于人民，忠于无产阶级革命事业，工作一贯勤勤恳恳，身先士卒，鞠躬尽瘁。在革命战争时代，他经受了艰难

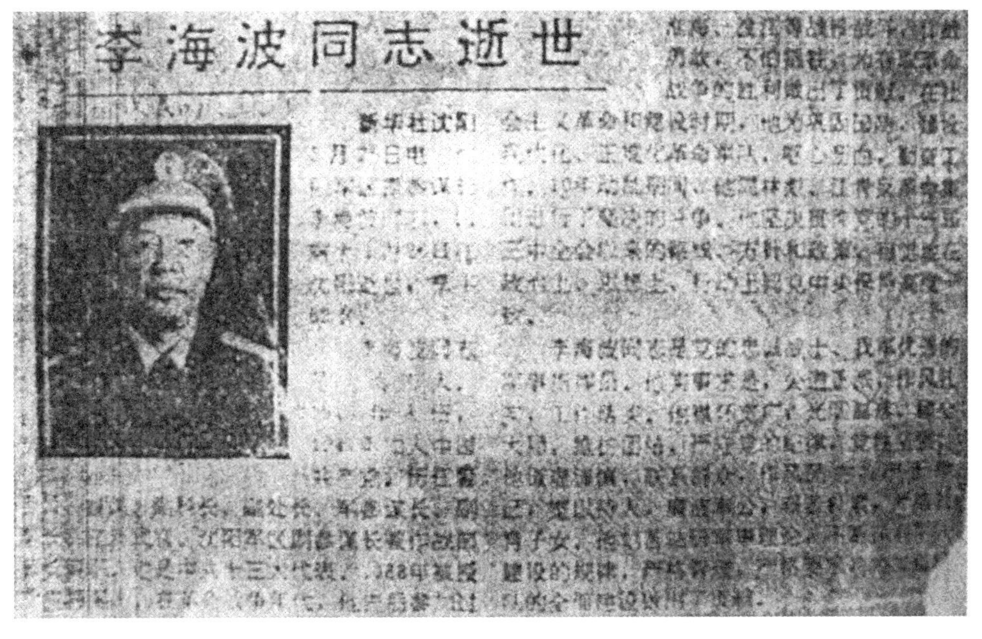

李海波同志逝世

困苦环境的磨炼和枪林弹雨的考验。他先后参加过淮海、渡江、舟山等战役，作战勇敢，不怕牺牲，智勇双全，为夺取革命战争的胜利，创建中华人民共和国做出了应有的贡献。在社会主义革命和建设时期，他参加了抗美援朝，为巩固国防，建设现代化、正规化革命军队，呕心沥血，勤奋工作。“文化大革命”期间，他同林彪、江青反革命集团进行了坚决的斗争。他在任驻苏武官时，认真贯彻我国外交路线、方针、政策，组织纪律观念强，圆满地完成了任务。在社会主义建设新的历史时期，他衷心拥护、坚决贯彻党的十一届三中全会以来的路线、方针、政策，自觉的在政治上、思想上、行动上同党中央保持高度一致。在制止动乱中，立场坚定，旗帜鲜明，坚决拥护党中央、国务院、中央军委的重大决策，为维护国家的稳定和军区部队高度集中统一做出了很大贡献。在长期的革命斗争生涯中，李海波同志发扬理论联系实际的革命学风，努力学习马列主义、毛泽东思想，自觉改造世界观，培养了优良的品德和作风。他实事求是，公道正派，作风扎实，工作落实，讲求实效，是善抓落实的典范。他襟怀宽广，光明磊落，顾全大局，维护团结，严守党的纪律，是党性坚强的模范。他谦虚谨慎，联系群众，作风民主。他严于律己，宽以待人，廉洁奉公，艰苦朴素，严格教育子女。他刻苦钻研军事理论，不断探索军队建设的规律，严格管理，严格要求，为加强军区司令部和军区部队的全面建设，做出了重大贡献，深受全区广大官兵的爱戴和尊敬。

李海波同志在病重期间，仍然关心军区部队的建设，主动要求做些力所能及的工作。他嘱咐后事从简，教育家属子女不给组织添麻烦，表现了一位老共产党员的高风亮节和博大胸怀。李海波同志的一生是革命的一生，战斗的一生，全心全意为人民服务的一生。他是党的忠诚战士，我军优秀的军事指挥员，他为中国人民的革命和建设事业贡献了毕生的精力，他的逝世，是我们军区部队的一个巨大损失。

李海波同志永垂不朽！

王英同志生平

中国共产党的优秀党员、忠诚的革命战士、南通军分区干休所正师职离休干部、原江苏省南通军分区副司令员王英同志，因病医治无效，于 2008 年 10 月 13 日 8 时 33 分在无锡逝世，享年 90 岁。

王英同志在长期的革命斗争和实践中，鞠躬尽瘁、艰苦奋斗、呕心沥血，为党和人民做了许多有益的工作，为革命战争的胜利和社会主义建设事业做出了积极贡献。我们对于王英同志的逝世感到万分悲痛，并向其家属子女致以亲切慰问。王英同志 1919 年 10 月出生于上海崇明县，从小饱受旧社会的磨难。1938 年 9 月，他抱着对日

革命軍人證明書

王英同志係一九三八年八月參加我軍現在[illegible]工作其家屬得按革命軍人家屬享受優待

此證

中國人民解放軍華東軍區第三野戰軍司令員 陳毅

政治委員 饒漱石

一九五二年四月[illegible]日

本侵略者和国民党反动派的刻骨仇恨参加了新四军,并于同年 12 月光荣加入了中国共产党,从此走上了救国救民的革命道路。参军入伍后,王英同志先后担任新四军一支队特务营一连一排排长、新六团一连一排排长;第三旅司令部侦察参谋、作战参谋;南通县警备团司令部侦察参谋;四纵十师司令部侦通科长、作战科长、特务营营长;高邮总队参谋长、扬州军分区作战股长、苏北军区司令部作战科科长、江苏省警备区警备团团长、解放军政治学院教员、南通军分区副司令员、顾问等职。在此期间,王英同志先后参加了苏中七战七捷战役、莱芜战役、鲁西南战役、孟良崮战役、济南战役、淮海战役、抗美援朝作战等。在险恶的战争中,王英同志不畏艰难困苦,不怕流血牺牲,果断指挥,冲锋在前,英勇杀敌,出色完成了一个又一个战斗任务,为夺取抗日战争、解放战争和抗美援朝作战的伟大胜利做出了积极贡献。王英同志 1955 年荣获独立自由勋章和解放勋章,1988 年荣获独立功勋荣誉章。1955 年被授予上校军衔。1978 年 7 月离职休养,享受正师职待遇。王英同志长期从事部队、民兵预备役作战训练和军事领导工作,有着丰富的作战训练、军事指挥和组织领导才能,为加强军分区部队战备训练和民兵预备役建设、提高部队和民兵战斗力做出了重要贡献。

离开领导工作岗位后,王英同志仍然关心党和国家大事,积极参加干休所各项活动,理解、体谅、关心工作人员,以实际行动支持干休所南园工程改造等各项建设,为加强干休所离休干部教育管理、推动干休所全面建设做出了突出贡献。在半个多世纪的革命生涯中,王英同志忠于党、忠于人民、忠于共产主义事业,把自己毕生的精力全部献给了党和人民。他政治立场坚定,党性原则强。他出身贫寒,对党和人民军队怀有深厚的感情。无论是在革命战争年代,还是社会主义建设时期,都始终坚信党的领导,一切听从党的指挥,对党忠诚,自觉把为共产主义事业奋斗作为自己终身追求;他为人师表,品德高尚。密切联系群众,团结同志,关心爱护部属,为人真诚,深受干部群众爱戴。他服务人民,余热生辉。从领导工作岗位上退下来后,自觉发挥余热,在年高体弱、身体多病的情况下,仍然坚持深入部队、学校、机关、企事业单位宣传革命传统,积极主动地给灾区和贫困地区捐款捐物,受到驻地军民的高度赞扬,发挥优良传统,始终保持了一个革命者的本色;他为人正直,立党为公,坚持原则,淡泊名利,自身要求严格,从不计较个人得失,树立了党员领导干部的崇高形象。王英同志的一生,是革命的一生,兢兢业业为党奋斗的一生,全心全意为人民服务的一生。他的逝世,使我们失去了一位好党员、好干部、好领导。王英同志虽然离开了我们,但他立党为公、服务人民的崇高思想,爱党、爱国、爱人民、爱军队的赤子情怀,英勇顽强、不怕牺牲的作风,实事求是、公而忘私的政治品格,艰苦奋斗、一心为党的政治本色,襟怀坦荡、光明磊落的人格风范,将永远留在我们心中,我们将永远怀念他!

王英同志,安息吧!

2008 年 10 月 15 日

资料均由樊敏章提供

黄竹梅(左)　王英　张梅英(右)

王英一家

长兴烈士英名录

一、杨德兴：一九二八年九月出生。解放军某部副排长(祖籍：跃进村)。在解放战争期间的一九四八年徐州、淮海战役中光荣牺牲。

二、黄丕岐：一九二一年八月二十五日出生。新四军一师某部班长(祖籍：合新村)。一九四三年六月在江苏兴化县戴窑吊鱼庙战斗中光荣牺牲。

三、蔡学书：一九二五年三月出生。第三野战军某部班长(祖籍：新建村)。一九四八年在江苏启东县九龙镇和国民党军队作战中光荣牺牲。

四、邱国金：一九三三年出生。志愿军六十七军二零一师六零二团战士(祖籍：红星村)。一九五一年十一月在朝鲜战争中光荣牺牲。

五、朱金康：一九二九年十月出生。志愿军六十三军一八八师五六二团高炮连战士(祖籍：跃进村)。一九五二年六月十五日，在朝鲜战争中光荣牺牲。

六、王士才：一九二七年出生。志愿军六十三军一八八师五六三团高机连战士(祖籍：跃进村)。一九五一年十一月二十五日，在朝鲜保卫开城战斗中光荣牺牲。

七、唐银发：一九二九年七月出生。志愿军六十三军一八八师五六四团三营八连战士(祖籍：潘石村)。一九五三年七月一日，在朝鲜保卫海防战斗中光荣牺牲。

八、王永康：一九二四年出生。志愿军六十七军六零二团一营机炮连战士(祖籍：红星村)。一九五一年十月二十八日，在朝鲜江原道九二三高地战斗中光荣牺牲。

九、施汉良：一九三四年出生。志愿军六十七军二零一师六零三团三营九连战士(祖籍：团结村)。一九五一年十月二十三日，在朝鲜江原道金化郡战斗中光荣牺牲，年仅十八岁。

十、袁小其：一九三零年出生。志愿军六十三军一八八师五六四团三营九连战士(祖籍：建新村)。一九五一年十二月二十三日，在朝鲜保卫开城战斗中光荣牺牲。

十一、倪华清：一九二八年九月出生。志愿军九兵团补训四团二营五连战士(祖籍：北兴村)。一九五二年一月十二日，在朝鲜保卫开城战斗中光荣负伤，送医院后无音讯。

十二、朱安邦：一九二八年九月出生。志愿军六十三军一八八师五六二团一营机炮连战士(祖籍：农建村)。一九五一年十一月十五日，在朝鲜保卫开城战斗中光荣牺牲。

十三、龚安连：一九三二年出生。志愿军六十三军一八八师五六二团一营二连战士(祖籍：跃进村)。一九五二年三月五日，在朝鲜保卫开城战斗中光荣牺牲。年仅二十岁。

十四、倪凤祥：一九二六年三月出生。志愿军六十三军一八八师五六四团三营八连战士(祖籍：北兴村)。一九五三年七月一日，在朝鲜保卫海防战斗中光荣牺牲。

十五、沙兴康，男，一九六三年出生于横沙岛。一九八七年，沙兴康进长兴派出所工作。一九九零年被任命为长兴派出所副所长。一九九三年八月二十四日，北兴村党支部书记张金祥报案说，村民黄景贤在村委会闹事，扬言要杀人。沙兴康随即与其他两位民警前往出警。在执行公务时，被黄景贤用偷到手的肉摊上的斩肉刀残忍的杀害，沙兴康时年38岁。

沙兴康牺牲后，中华人民共和国公安部授予他二级英雄称号，上海市人民政府授予他革命烈士称号。一九九三年九月十六日，宝山区人民政府隆重举行“追悼沙兴康烈士大会”。

十六、陆晨，一九九一年一月二十二日出生。上海市崇明县长兴镇大兴村人。二零一二年十二月应征入伍。二零一四年二月四日上午十时五十二分，宝山区民科路36弄内的上海环震包装制品有限公司发生火灾，陆晨在奋力抢救中壮烈牺牲。二月七日，公安部政治部追授陆晨同志为革命烈士，并颁发献身国防金质纪念章。中共上海市公安局委员会追认陆晨同志为中国共产党党员并记一等功，共青团上海市委员会追授陆晨同志“上海市青年五四奖章”。

资料整理：陈忠才

2014.8.25

火红的青春

郑智勇　朱秀婷

各位领导、同志们、朋友们，大家好！由共青团上海市委、上海市精神文明建设委员会办公室、市公安局政治部、市消防局、上海市希望工程办公室联合举办的"陆晨、孙络络英雄事迹报告会"今天在这里举行。2014 年 2 月 8 日，是大年初九，全国人民还沉浸在马年新春的喜庆之中。然而，在上海龙华殡仪馆大厅内却上演着一幕悲壮的生死离别。上千名普通百姓不顾刺骨的寒风，想最后再看一眼两位 90 后的英雄，这是一座城市对英雄的送别。白发老人鞠躬致敬，年轻白领泣不成声，战友们含着热泪向曾经的兄弟道一声走好。一位名叫倍倍，今年只有四岁的上海小女孩带着哭声说，我是在电视里知道这两位消防员叔叔的，他们是救火大英雄，我让外婆一定要带我来，向他们献花，我要送一送大英雄。

也许，大家对陆晨、孙络络的名字感到陌生？是的，陆晨，23 岁，在最近一次院校生预考中，成绩名列全支队前茅，如果顺利他有可能进入昆明或廊坊的一所指挥学院学习；孙络络，19 岁，在去年年底，评为 2013 年优秀士兵，他正在努力向士官的目标迈进。他们只是青年中的普通一员，和许多青年一样，对未来有着无限的憧憬，对青春、事业充满着美丽的梦想。他们非常朴实，非常平凡，像一粒不起眼的沙粒，静静地埋没在沙滩里……然而，2014 年 2 月 4 日的那场火灾检验了他们金子般的成色。那天，对于陆晨和孙络络来说，是一次平凡却又不同寻常的出警，美好的未来正在向年轻的他们招手，在大年初五全国人民阖家欢乐的时候，他们用年轻的生命谱写了一曲可歌可泣，壮丽无比的英雄赞歌。

2 月 4 日上午 10 时 52 分，上海市宝山区民科路 36 弄内的上海环震包装制品有限公司仓库发生火灾，由于起火地点主要生产、加工塑料气泡包装材料，仓库内存有大量的纸质原料和成品，火势猛烈。宝山消防支队罗店中队在第一时间迅速赶到现场,5支水枪分别堵截火势的蔓延。当时,陆晨和孙络络都在1号车上,是主战力量。孙络络是"头枪手",陆晨是1号车班长。他们在现场边排烟边搜索灭火,经过艰苦的扑救,火势得以控制。然而,仓库内部堆积的大量纸质原料和成品却依旧处于阴燃状态。现场指挥部果断决定进入火场,组织内攻。陆晨、孙络络、袁超超和班长张积福组成一个4人内攻小组,向火场内部挺进,开展近距离翻垛灭火。下午1点左右,孙络络和袁超超结束了一轮内攻排险,退到仓库门口休息片刻。孙络络给袁超超递上了一瓶矿泉水,帮他拧开了瓶盖说:"我先进去,你喝点水,休息休息再来。"就这样,孙络络义无反顾的再次攻入火场内部。然而,就在此时,犹如晴天霹雳一般,数十吨的横梁、楼板、砖墙突然倒塌,袁超超听到巨响,条件反射性地大喊一声:"小心!"……话音未落,倒塌的仓库瞬间将班长张积福带领的内攻小组4个人全部埋压在瓦砾下……消防总指挥一声令下,不惜任何代价抢救四位消防战士。首先被挖掘出来的是班长张积福和袁超超,他们二人身受重伤,被战友们紧急送往医院抢救。而此时,陆晨和孙络络却始终不见踪影,战友们声嘶力竭的呼喊他们的名字,用生命探测仪寻找朝夕相伴的战友……直到下午2点钟,搜救人员在坍塌厂房西侧的中间大梁下方发现了陆晨的遗体,下午4点54分,搜救人员在近十米深的废墟中找到孙络络的遗体。

陆晨,1991年1月22日出生,上海市崇明县长兴镇大兴村人;入伍前,曾在上海工会管理职业学院大学生党校学习,2012年12月应征入伍,上等兵警衔;孙络络,1995年11月26日出生,湖北省武汉市人,2012年12月应征入伍,共青团员,上等兵警衔。两名90后消防战士的人生永远定格在了2014年2月4日。

哀乐声中,送别两位英雄的追悼会,于2014年2月8日上午11点在上海龙华殡仪馆大厅内举行。花圈、花篮、挽联……泪水、哀乐、寒风……两位英雄的爸爸妈妈、亲朋好友来了,市里的领导来了,战友们来了,老师同学们来了,认识的和不认识的上海市民来了……男女老少带着惋惜、崇敬心情汇集在两位英雄的追悼会上。

大地在呜咽,寒春在落泪,任凭泪水流淌,任凭悲声切切。

人们呼唤着两位英雄,人们追思着他们生前的音容笑貌,人们念叨着他们平时的一点一滴,人们向两位年轻的英雄作最后的道别……

陆晨、络络,我是指导员李怀民,我来送你们了,你们的班长和中队战友都来了……我真的不明白,不明白呀,小年夜的时候,你们两个还在表演自己创作的小品《霸王餐》,还在说相声《上海闲话》,逗得战友们捧腹大笑,在佳节中让战友们享受着部队大家庭的温暖……可转眼之间,你们却躺在这冰冷的灵床上……陆晨,你是 2013 年 4 月，来到罗店消防中队的，你就对自己的未来有了规划。听你说过，在入伍之前，你已经是大专毕业生了，想当民警，来之前考过，但是感觉身体素质还不过硬，想先到部队锻炼一下，顺利的话，今年年底退伍，你还要回去考。你在平时执勤战备、业务训练、日常管理中，你的表现都得到了中队官兵的交口称赞。今年 1 月，你在宝山消防支队的考试中得了第四名，战友们为你励志成才的精神由衷的佩服。刚下中队时，你被分到了下铺。当你得知一个战友在训练中脚踝骨折时，便主动地把下铺让了出来，你说："我比较高，腿往下一放就快够着地了。"你多才多艺、运动项目拿手，1.88 米的你喜欢打篮球，你一直有个梦想，希望能有一天代表宝山支队参加总队篮球比赛。然而，这一天却再也不能实现了……络络，我的好兄弟，你才 19 岁呀，怎么就突然离开了我们……去年才入伍的你性格外向，幽默，为人和气。你体能出众，爬梯、中长跑都特别牛。你训练勤奋，入伍时进行队列训练导致膝盖积水，也未曾叫苦叫累，最终获得新兵连综合成绩考核第一。由于你体能优势，你被编入特勤班，负责最危急、最重要的救援任务。198 人的新兵营里，你成为参加最终队列汇演的 30 多人中的一个。到了基层消防队，你有不懂的立刻就会问，学得也特别快，所以长期担任水枪手。战友们说，如此重要的岗位交给你，真的很放心。现在，你们两位好兄弟永远地离我们远去了！你们知道吗？这几天，中队食堂开饭时，桌子上孙络络的饭碗里都盛满了饭菜，战友们还是像以往那样围坐在一起，只是那双筷子摆在一旁，空落落的。吃着吃着，战友们再也忍不住，泪水夺眶而出……太突然了，你们本应怒放的人生，伴随着使命与梦想，可是却永远定格在了 2014 年 2 月 4 日。无悔青春，无悔消防！你们就是那种力量，让我们泪流满面，也让我们继续砥砺前行！陆晨、孙络络，祖国不会忘记你们！

络络，我的宝贝儿子，妈妈来了，让妈妈好好看看你，你瘦了，你看看，妈妈给你带了你最爱吃的周黑鸭，你尝一口，你尝一口啊……孩子，大年三十晚上，你突然用部队的电话给我拜年，还让我猜猜你是谁？还用猜吗？在电话里，我说到部队陪你过年，你说不要。还说你是男子汉了，我去看你，战友们会说你娇气。可我现在真的后悔呀，没去看你，现在妈妈来了，可我再也看不见我的儿子了！络络，在汉口铁中读完初中后，你参军入伍。你说想到部队锻炼锻炼，争取干出点成绩。走的那天，一家老小去送别，那种离别和恋恋不舍至今我还历历在目。在你写给妈妈的信中，我看到你的成长和收获。你告诉妈妈训练中积极带头，甚至因为训练导致膝盖积水也没有耽误过一天。听到这个消息，你知道妈妈有多心疼啊？我在你的手机里看到,2013年12月10日,在一次通宵达旦的灭火战斗中,你和战友们相拥而卧,啃着馒头坚守在阵地上,那一刻我真的心酸落泪。你向妈妈报喜说新兵连综合成绩考核,你名列连队第一。你还知道在信里宽慰妈妈,让我要对自己好点,过得开心一点。每月几百元的津贴,你也都舍不得去花,说要等到回家的时候给我买礼物。大年三十晚上,他挨个给爷爷、奶奶、外公、外婆、叔叔、阿姨拜年。你小叔说,去年国庆节,他曾到上海的部队探望你,感觉你入伍后,更加成熟了,妈妈真为你感到高兴。你爸爸对我说,大年初二,你还跟他聊了天,说等天暖了到上海去。你决定把假期攒到一起,陪我和你爸爸好好在上海玩几天。可我和你爸真没想到啊,仅仅才隔了一天,我们母子竟然阴阳两重天……络络,你知道吗?你的QQ网络上,许多战友和朋友给你留言,看到这些,妈妈很欣慰。儿子,我的宝贝,你一路走好!

陆晨,爸爸来送你了,白发人送黑发人,我心疼啊,心疼……可是爸爸也是个有着30年警龄的老民警,我想得通,想得通……儿子,现在你该知道当民警的艰辛了吧?是啊,当人民警察不容易,当一名消防战士更不容易!面对着熊熊大火,面对着生死考验,你没有退却,你用实际行动保卫人民的财产,你为我们人民警察争了光,你为消防战士添了彩,爸爸为有你这样的儿子而感到自豪!儿子,爸爸还清楚的记得你小时候说过的话,你说你长大了以后也要当民警。至今,我为你童年想当民警的愿望感到欣慰,我曾对你说过,做民警是有条件的:第一是要老老实实做人;第二是要好好学习,有文化。当时你开心地答应了我说的条件。从此以后,那些出现在新闻报道中有着优秀事迹的民警们便成了你心里榜样式的人物。你带着做民警的目标成长着,从初中开始便独自前往上海市区求学,也逐渐变得更加独立、有担当。儿子,你还记得吗?2012年夏天,你迎来了实现当人民警察梦想的第一次挑战,你报考了警校,非常轻松地通过了文化考试和面试,不过体能测试这一项却令你有些自信不足。为了帮你通过体能测试,我每天都陪着你一起跑步。但我老了啊,跑不动了,所以你还是没跑好。最终,你在跑步测试中差了2秒没能合格,也与警校失之交臂。如果不是差这2秒钟,也许你就不会离开我们了。儿子,今年过年,你没有回家。大年初三,我们全家人都去了你们消防支队看望你,你爷爷、奶奶,你妈妈,你大哥、大嫂,还有你9个月大的小侄女,全家人欢聚一堂,照了一张全家福,那天我真是开心啊!可我们全家没有一个人能想到,仅仅隔了一天,你就永远地离开了我们。就一天啊,怎么就一天人就没了呢!大年初三的这张合影是我们陆家第一张全家福,却也是最后一张全家福。孩子,你原来一百八九十斤,现在脸小的啊……我知道你累了,好好休息吧。儿子,你放心吧,爸妈不会给你增加负担的，爸妈会坚强地活下去、好好地活下去。儿子，你安息吧！

陆晨、孙络络，我是班长，我们全班的战友为你们送行了。来之前，我们都说好了，见到你们绝对不哭，不哭……可我受不了，真的受不了……昨天我们还在一同打球，一同听音乐，一同学习，一同在火场冲锋陷阵，可你们两人一句话也没留下，就撇下出生入死的战友走了，你们不该呀……不该呀……陆晨、络络，你们还记得吗？去年盛夏，中队辖区月罗路2425弄小区内有一个下水道井盖丢失，被淤泥、生活垃圾和各种杂物堵住，导致整个小区臭气熏天，严重影响居民的生活。得到消息后，你们两人立刻和战友们自发来到小区，帮助清理下水道。你沿着梯子爬进下水道，不怕脏，不嫌累，徒手下到井下，直到将淤泥、垃圾清理干净。现场的群众无不为之感动，纷纷向你鼓掌致敬。在中队所在的罗溪社区，你这个高个子战士，是他们眼中出了名的“劳模”。每月5号学雷锋活动日，陆晨——你总是别出心裁地为驻地幼儿园、中小学校的同学送去“篮球公开课”、示范叠被子、讲解消防知识。还给辖区敬老院、社区卫生院当义工，为老人理发、按摩、洗衣服，让孤寡老人感受家庭的温暖与幸福。络络，你是我们中队年纪最小的战士，也是大家的开心果。你从小就养成了勤俭节约的习惯，从不乱花一分钱。可你总是悄悄从自己仅有津贴中，每月拿出150元钱购买生活用品送给罗店镇“美兰金苑”养老院的老人们。络络，你还记得吗？去年8月，在处置宝山一桩液氨泄漏事故中，你和战友们冒着中毒的危险，紧急疏散周围群众，只身深入泄漏区域排除险情。事后，你告诉战友王豪，其实你当时也挺害怕的，但一想到里面有人，就什么也顾不得了。陆晨、络络，现在你们走了，走的那么匆忙，芸芸众生被你们的英雄行为所感动，苍天大地为你们流下惋惜的眼泪，我们不哭了，你们将永远活在我们的心里。

2月8日，市委常委、市委政法委书记姜平，副市长、市公安局局长白少康等各级领导出席追悼大会。烈士家属、生前好友、公安民警、消防官兵、市民群众共一千余人参加追悼大会。两旁的挽联上写着：“洒热血写忠诚青春飞扬无愧红门，闯火海守平安不辱使命功重浦江”。在追悼会上，陆晨、孙络络的爸爸妈妈、亲朋好友在两位英雄的遗体前悲痛万分，久久不愿离去。战友们缓缓地走近两位英雄的遗体前，他们哭泣着，把手中黄花轻轻放在英雄的身上，他们想最后看一眼朝夕相处的兄弟，长长的队伍走了好长好长时间……

在长长行进的队伍中，一支六十多人的队伍来自上海工会管理职业学院。学生处老师王独伊对陆晨的印象非常深刻，她做了陆晨两年的辅导员。从一个入校非常腼腆的大男孩成长为学生会体育部的副部长。大二下学期，陆晨第一次向辅导员袒露了自己未来的打算，当一名人民警察或者去当兵。言犹在耳，可对梦想非常坚持的陆晨却再也醒不过来了。院长吴萌说，陆晨是我们学院的优秀学生代表，他体现出的英雄无畏和敢担重任的精神震撼和鼓舞了我们所有的人。陆晨的同学们聚集在殡仪馆大厅门口，可当他们看到静静躺在花床之上的却再也无法开口言语的陆晨时，心理防线终于崩溃了，泪如雨下。三年的同学情谊，让同学们永远记得那个帮助新生提行李，上下六楼，来回奔跑的陆晨；那个每次回崇明探家都要带回柑橘给同学们尝鲜的陆晨。啸叫刺冷的北风，仿佛也在鸣不平。实际上，追悼会现场，除了两位烈士的亲友和同学之外，许多市民也站在寒风中向英雄致敬。李红霞是龙华殡仪馆的保洁员，从追悼会开始，穿着工作服的她手持一朵鲜花默立在大厅之外，当两位烈士灵柩被抬出大厅时，李红霞再也控制不住自己的眼泪。事实上，来自安徽阜阳的李红霞根本就不认识陆晨和孙络络，从电视上得知了两位战士为救火而牺牲的事迹后，她早早来到殡仪馆大厅前，仔细清扫地上的垃圾，她喃喃地重复着："太年轻了，太年轻了，我要把这里扫干净，让孩子们体面的上路。"即使是一名外来务工者，李红霞依然感受到两位英雄传递出来的精神力量。在武汉，孙络络的家乡，2 月 9 日上午 11 点，一架载着孙络络骨灰的飞机缓缓降落在天河机场。常青花园社区的居民来了，孙络络老家——安陆市赵棚镇孙家湾村的乡亲们来了，老师和同学们来了。"孙络络，一路走好！""英雄魂归故里，家乡为你骄傲！"前来迎接的人们拉起一副副催人泪下的挽幛，捧着一束束黄色、白色的菊花，在风雪中等候英雄魂归故里。人们为什么敬仰他们？人们为什么为他们流泪？因为他们是守护我们平安的一群 90 后的大男孩，因为他们是我们城市的英雄。

陆晨、孙络络两位英雄的名字这些天来在浦江两岸，激荡在人民群众尤其是青少年的心间。19 岁、23 岁，多么灿烂的年华，生命多么美好而珍贵，可两位英雄为了换取人民财产的安全，献给了自己所从事的崇高事业。他们的壮举在使人们感到惋惜的同时，又能激发我们些什么呢？说实话，在采访整理烈士事迹的过程中，我们没有感到与众不同，他们真的很普通，非常的普通，几乎可以说，在他们短暂的人生历程中总结不出什么特别的闪光点。也许大家会问了，既然找不出什么卓越的事迹，那你为什么还要大张旗鼓的宣传？仅仅是为了让人们发出惋惜心疼的感叹吗？不，如果您这样看就显得狭隘、肤浅了。在这里，我想说的是：两位英雄是成千上万名消防战士的缩影，他们代表着一大群保卫我们城市平安的军人、民警和特殊职业的消防战士！您知道上海消防战士一年要扑救多少次火灾吗？抢险救灾多少次吗？您知道上海牺牲的消防战士有多少吗？受伤的消防战士有多少吗？或许我们从下面介绍中能给出您所需要的答案。

各位朋友：在整理烈士遗物中，我们看到了孙络络一封没有写完的家信，我给大家念一下："我来部队4个月了，每天过得都很充实，比以前在家里好多了，以前在家里就天天吃了玩玩了吃，现在觉得那样真的好没意思，还不让你省心……我在部队一切都好，你也不用担心，每天自己过得开心一点，对自己好一点，何乐而不为呢？"这是孙络络写给母亲的、至今还没寄出的一封信。宝山消防支队宣传科长田桦介绍说，这封信是在整理孙络络的遗物时发现的。战友们分析，可能因为训练忙，信没有及时发出，等想起来再发信时，可能已不是当时的心境，这封信也就一直放在了那里。在遗物中，还有另一封他的妈妈从武汉寄来的信，我也念一下："妈妈非常想念你，你从出生到现在从来没有离开那么长时间，刚开始我一点也不习惯，到现在才慢慢习惯了。时间过得真快，一转眼你就走了半年，在这半年里我觉得你变懂事了，不像以前那么倔强。在部队里面要听领导的话，跟同事关系要搞好，更要注意自己的身体，你已经不再是以前的小孩子，现在长大了是个大男人了，做事要有分寸。"朋友们，这仅仅是简单的两封书信吗？其实他告慰着所有关心着实现中国梦的人们，这一代人——90后、00后，他们是我们事业完全可以信赖和依靠的一代，是大有希望的一代。两位英雄的壮举再一次让我们看到，当代青年对实现中华民族伟大复兴的中国梦完全能够担当。

两地书，母子情。字字句句，见证着母子情深，记录了一位优秀战士的真实成长史，也彰显了两位英雄忠诚于党、忠诚于事业的崇高品质，舍生忘死、顽强拼搏的战斗作风，忠于职守、敬业履职的职业精神，除火患、报平安，救大火、打恶仗，全力做好各项安保工作，保障上海城市安全的精神风貌。据统计，上海消防战士平均每年扑救火灾八千余起、抢险救援两万余起，有不少人为守护上海城市安全献出了宝贵生命，年龄最大的40岁，最小的19岁。他们是和平年代牺牲频率最高的部队，也是一支能打胜仗的现代铁军。消防战士的职责就是要保护人民的生命财产，这个职业的价值需要用生命去诠释。但如果每次都这样，那代价也太大太大了。火灾大部分都是人祸引起的。根据公安部消息：2008年至2012年的五年间，全国消防干警因公牺牲144人……过新年了，万家团聚的日子。然而，我们知道有多少消防官兵仍默默地守候在消防车前。陆晨、孙络络两位烈士的英雄壮举不仅是个人行为的展现，更是上海消防战士这个群体的壮举。各位朋友，让我们向牺牲的烈士、受伤的官兵、全体消防战士致以最崇高的敬意！

为了表彰两位烈士的英雄壮举，中共中央政治局委员、上海市委书记韩正同志，上海市委副书记、市长杨雄同志，上海市委副书记李希同志等领导分别作了重要批示。2 月 7 日，公安部政治部追授陆晨、孙络络同志为革命烈士并颁发献身国防金质纪念章，中共上海市公安局委员会追认陆晨、孙络络同志为中国共产党员并追记一等功，共青团上海市委员会追授陆晨、孙络络同志“上海市青年五四奖章”。

陆晨、孙络络同志壮烈牺牲了，将青春年华定格在烈火熊焰中。留给人们的感动，源于生命抉择的震撼，源于胸怀梦想的坚持，源于真情为民的情感，也源于职责使命的担当。英雄远逝，本色长存，励志磨炼，火红青春！

光荣榜

一、集体(1987—2013)

年份	单位名称	先进称号
1987	长兴乡人民政府	上海市教育先进乡
1988	长兴乡经营管理站	上海市农业局先进集体
1989	长兴供销五金交电批发站	(1988 年度)上海市商业先进集体
1990	长兴排灌站	全国先进灌区
1990	长兴乡审计办	上海市审计局先进集体
1991	长兴乡土地管理局	上海市土地管理系统土地分所先进集体
1991	长兴凤凰药店	上海市模范集体
1991—1992	先丰村	上海市文明单位
1992	长兴乡文化站	上海市一级文化站
1992	长兴乡人民政府	上海市先进文化乡镇
1992	先丰村	上海市市级卫生村
1992	长兴乡经营管理站	上海市农业局经营管理先进集体
1992	长兴海塘管理所	上海市水利系统基层思想政治工作先进集体
1993	长兴乡人民政府	全国中药材生产、收购先进集体
1993—1994	先丰村	上海市文明单位
1993	长兴道班	上海市模范集体
1993.2	长兴乡农科站	上海市晚秋“秀水 122”引种实验应用二等奖
1993.2	长兴乡农科站	上海市单季晚稻栽培优化组合技术二等奖
1994—1995	长兴道班	全国文明道班
1994	宝山区社会福利院	上海市 1993 年度区属福利事业单位第三名
1994	长兴乡人民政府	全国绿化百佳乡镇
1994	长兴乡中心小学	上海市教育先进集体
1994—1995	先丰村	上海市安全小区

续表

年份	单位名称	先进称号
1994—1995	先进村	上海市安全小区
1995.2	长兴乡农科站	上海市单季晚稻乳芽抛栽技术二等奖
1995—1996	长兴道班	上海市绿化先进集体
1996	长兴乡人民政府	上海市农村"双学双比"先进组织奖
1996	先丰村	上海市卫生村
1996	长兴乡中心小学	上海市体育先进集体
1997	长兴乡人武部	"强我国防，兴我中华"全国国防知识竞赛组织工作三等奖
1997—1998	长兴海塘管理所	上海市绿化先进单位
1997—1998	长兴工商所	上海市工商局文明单位
1997—1998	先丰村	上海市新型村
1997—1998	长兴乡人民政府	上海市绿化先进集体
1998	马家港边防派出所	上海市先进集体
1998.2	长兴乡人民政府	上海市农村"双学双比"先进组织奖
1999	马家港边防派出所	上海市先进集体
1999	马家港边防派出所	上海市拥政爱民先进集体
1999.12	长兴柑橘公司	上海市农产品百家优秀营销组织及大户奖
1999	长兴道班	全国文明道班
1999	长兴乡人民政府	上海市1998年度民兵基层建设达标先进单位
1999	先进村	上海市先进人民调解委员会
1999	马家港边防派出所	上海市青年文明号
1999	马家港边防派出所	上海市先进党支部、先进团支部
1999—2000	长兴海塘管理所	上海市绿化先进集体
1999—2000	长兴工商所	上海市工商局文明单位
2000.2	长兴乡人民政府	上海市绿化示范乡镇
2000.12	长兴乡人民政府	上海市"学知识、学科学、学技术"先进集体
2000	宝山区社会福利院	上海市2000年度业务考核达标单位
2000	宝山区社会福利院	上海市1999—2000年度三八红旗集体
2000—2001	长兴乡妇联	上海市农村妇女"双学双比"竞赛活动先进协调组织奖
2001	长兴乡科协	上海市农村党员基层干部、实用技术培训工作先进集体
2001	建新村	上海市优秀集体
2001	长兴海塘管理所	上海市2000年度行业管理先进单位
2001	长兴乡档案室	机关档案工作"市二级先进"
2001.5	马家港边防派出所	上海市基层建设先进单位
2001—2003	长兴工商所	上海市工商局文明单位

续 表

年 份	单 位 名 称	先 进 称 号
2001—2002	长兴岛发电厂	上海市第十一届文明单位
2001—2002	长兴乡第一合作果园	上海市第十一届文明单位
2001—2002	上海市消防总队第四支队先进村	上海市第十一届军民共建社会主义精神文明先进集体
2001—2002	上海市消防总队第四支队长兴岛发电厂	上海市第十一届军民共建社会主义精神文明先进集体
2002	马家港边防派出所	上海市拥政爱民先进单位
2002	先进村	上海市拥军优属先进单位
2002	先进村	上海市信用村
2002	新港村	上海市文明村
2002	建新村	上海市文明村
2002	鼎丰村	上海市文明村
2002	鼎丰村	上海市卫生村
2002	宝山区长兴福利院	上海市开拓老龄事业先进集体
2002.11	宝山区长兴福利院	上海市民政系统养老护理员技能操作比赛优秀组织奖
2002	马家港边防派出所(张玉祥、郑兆华、孟季深、陆水祥等)	上海市精神文明十佳好事
2002	马家港边防派出所	上海市精神文明建设"十佳好事"
2003	北兴村	上海市卫生村
2003	圆东村	上海市卫生村
2003	合心村	上海市卫生村
2003	先丰村	上海市文明村
2003	建新村	上海市文明村
2003.2	南巡出租汽车公司	上海市安全行车先进集体
2003.12	南巡出租汽车公司	上海市出租汽车文明行业模范集体
2003	长兴边防派出所	公安部边防局二等功
2003.1	上海市为中建设工程发展有限公司	全国守合同、重信用企业
2003	先丰村	上海市五好村党组织
2003.11.7	上海市为中建设工程发展有限公司	上海市洋山深水港海港新城"顽强拼搏奖"
2003	马家港边防派出所	上海市基层建设先进单位
2003	马家港边防派出所	上海市先进党支部
2004	马家港边防派出所	公安部边防局"集体三等功"

续 表

年 份	单 位 名 称	先 进 称 号
2004	马家港边防派出所	全国公安系统“青年文明号”
2004	创建村	上海市科普村
2004	先丰村	上海市科普村
2004	先进村	上海市科普村
2004	鼎丰村	上海市科普村
2004	同心村	上海市科普村
2004	圆东村	上海市科普村
2004	长兴法庭	上海市“先进法庭”
2004	上海市为中建设工程发展有限公司	全国守合同、重信用企业
2004	长兴中学	上海市中学生报读报、用报“先进学校”
2004	石沙村	上海市卫生村
2004	创建村	上海市卫生村
2004	红星村	上海市卫生村
2004	长明村	上海市卫生村
2004	新港村	上海市卫生村
2004	大兴村	上海市卫生村
2004	鼎丰村	上海市卫生村
2004	建新村	上海市卫生村
2004	丰产村	上海市卫生村
2004	圆东村	上海市卫生村
2004	先进村	上海市卫生村
2004	北兴村	上海市卫生村
2004	合心村	上海市卫生村
2004.11	长兴乡党委宣传科	沿海地区非公有制经济组织思想政治工作“石狮杯”征文优秀奖
2004	前卫新村小区	2004 年度上海市文明小区
2004	鼎丰村	2004 年度上海市文明村
2004	建新村	2004 年度上海市文明村
2004	丰产村	2004 年度上海市文明村
2004	圆东村	2004 年度上海市文明村
2004	先进村	2004 年度上海市文明村
2004	北兴村	2004 年度上海市文明村
2004	合心村	2004 年度上海市文明村
2004	新港村	2004 年度上海市文明村

续 表

年 份	单 位 名 称	先 进 称 号
2004	长兴供电公司—武警上海消防总队四支队横沙中队长兴班	上海市军民共建社会主义精神文明先进集体
2004	长兴乡先丰村党支部	2003 年度上海市“五好”村党组织
2005	长兴乡司法所	上海市先进集体
2008	上海长兴供电公司	2007—2008 年度(第十四届)
2008	长兴乡合心村	上海市文明单位
2008	鼎丰村	2007—2008 年度上海市文明村
2008	光荣村	2007—2008 年度上海市文明村
2008	建新村	2007—2008 年度上海市文明村
2010	长兴中心校	2009—2010 年度(第十五届)上海市文明单位
2010	合心村	2009—2010 年度(第十五届)上海市文明村
2010	鼎丰村	2009—2010 年度(第十五届)上海市文明村
2010	光荣村	2009—2010 年度(第十五届)上海市文明村
2010	建新村	2009—2010 年度(第十五届)上海市文明村
2010	北兴村	2009—2010 年度(第十五届)上海市文明村
2010	前卫新村小区	2009—2010 年度(第十五届)上海市文明小区
2012	长兴镇	上海市一届市运会广播操三等奖
2012	长兴镇档案室	机关档案工作达标单位(市一级)
2013	中船二期征地长兴指挥部	记集体二等功(市级)

二、个人(1986—2013)

年 份	姓 名	性 别	单位及职务	先 进 称 号
1986	孙蕙兰	女	乡计生办	上海市计划生育先进个人
1987	孙玉琴	女	乡科普助理	上海市农村科普积极分子
1987	沈永珍	女	长明村八队养兔专业户	上海市“三八”红旗手
1987	朱锦昌、王信妹	夫妻	农建村农民	上海市“五好家庭”
1987	陈跃明、管兰英	夫妻	丰产村农民	上海市“五好家庭”
1987	顾松元、陈云娣	夫妻	光荣村农民	上海市“五好家庭”

续 表

年份	姓名	性别	单位及职务	先进称号
1987	宋石兴	男	义务兵(士兵)	三等战功
1988	侯尚斌	男	先锋村党支部书记	上海市劳动模范
1988	黄士明	男	圆沙小学校长	上海市“优秀园丁”奖
1988	蔡德忠	男	长兴中心小学书记、校长	上海市“优秀园丁”奖
1988	陆振达	男	长兴中学教师	上海市“优秀园丁”奖
1988	钱文赛	男	创新小学校长	上海市“优秀园丁”奖
1989	魏正邦	男	团结村调委干部	上海市人民调解先进工作者
1989	袁永培	男	先进村党支部书记	上海市劳动模范
1989	尹惠生	男	乡司法助理	上海市乡镇法律先进工作者
1989	陈跃明	男	丰产村种粮专业户	上海市劳动模范
1989	施　兴	男	长兴中心小学副校长	上海市优秀教育工作者
1989.9	陈启明	男	长明职校校长	上海市优秀教育工作者
1990	陶玉芳	女	长征村九队队长	上海市“三八”红旗手
1990	姚淑兰	女	乡妇联主任	上海市优秀妇女工作者
1990	顾凤英	女	长征村五队队长	上海市“双学双比”竞赛先进女能手
1991	徐琴芳	女	长兴中学教师	上海市“优秀园丁”奖
1991	施　兴	男	长兴中心小学副校长	上海市优秀小学青年校长
1991	徐玉娟	女	长兴中心小学教师	上海市园丁奖
1991	曹汉贞	女	丰产小学教师	上海市园丁奖
1991	周林根	男	长兴中心小学教师	上海市园丁奖
1991	黄学佳	男	申兴造纸厂厂长	上海市劳动模范
1991	陈跃明	男	丰产村种粮专业户	上海市劳动模范
1992	顾晓雪	男	长兴文化中心站站长	上海市先进群文工作者
1992	孙玉琴	女	乡科普助理	上海市农村科普先进工作者
1993	金小忠	男	先丰村副主任	上海市劳动模范
1993	唐友仁	男	长兴中学教师	上海市园丁奖
1993	黄菊萍	女	长兴中心小学教师	上海市园丁奖
1993	王思伟	男	长兴职业技术学校	上海市园丁奖
1993	杨龙涛	男	长兴中心小学副校长	上海市园丁奖
1993	沙兴康	男	长兴派出所副所长	公安部二级英雄、上海市革命烈士
1993—1994	浦小花	女	石沙野生动物养殖场场长	上海市“三八”红旗手
1994	邵一兵	男	长兴中心小学教师	上海市中小学先进德育工作者
1995	杨百灵	男	中心幼儿园园长	上海市园丁奖

续 表

年 份	姓 名	性 别	单位及职务	先 进 称 号
1995	孙玉琴	女	乡科普助理	全国农村科普先进工作者
1995	唐见松	男	光荣村党支部书记	上海市劳动模范
1995	罗永灵	男	长兴中心小学教师	上海市园丁奖
1995	钮金娣	女	长兴乡经营管理站审计办	全国1%人口抽样调查全国先进个人
1995	施玉英	女	团结村副主任	上海市"三八"红旗手
1995—1996	徐学明	男	乡卫生助理	国家行政记大功、嘉奖各一次
1995—1996	黄兴康、盛学芳	夫妻	跃进村村民	上海市"五好文明"家庭
1996.1	钮金娣	女	长兴乡经营管理站审计办	上海市统计工作先进工作者
1997	龚德金	男	中心校德育基地主任	上海市园丁奖
1997	陆振国	男	乡村建办主任	上海市农村粪管改厕工作先进个人
1997	蔡德忠	男	长兴中心小学党支部书记、校长	上海市尊老爱幼先进个人
1997.9	钮金娣	女	长兴乡经营管理站审计办	全国第一次基本单位普查全国先进个人
1997	秦士忠	男	长兴中学校长	上海市优秀教育工作者
1998	盛建明	男	乡武装部部长	上海警备区教导大队优秀学员
1998	徐学明	男	乡卫生助理	上海市劳动模范
1998	陈跃明	男	丰产村种粮专业户	上海市种粮状元
1998	盛建明	男	乡武装部部长	上海警备区国防工程维修管理先进个人
1998	陈来法	男	长兴乡联防队	上海市"十佳工纠队员"
1998	盛建明	男	乡武装部部长	上海市人民政府、上海警备区民兵武器装备管理先进工作者
1998	王善根	男	长兴岛发电厂厂长	上海市建设功臣
1998	蔡汉祥	男	长兴岛发电厂厂长助理	上海市记功个人
1998	袁金祥	男	长兴岛发电厂、供电所副所长	上海市记功个人
1998.1	俞　萍	女	义务兵(士兵)	全军优秀士兵
1998.1	俞　萍	女	义务兵(士兵)	海军优秀士兵
1999	孙学妹	女	长兴中心小学教师	上海市园丁奖
1999—2000	曹　莺	女	乡团委书记	上海市新长征突击手
2000	徐荣森	男	乡党委书记	上海市记功个人
2000	汤二囡	女	先丰村村民	上海市"双学双比"竞赛种植能手
2001	姜善琴	女	班长(民兵)	上海警备区海上民兵导弹连训练优秀学员

续　表

年　份	姓　名	性　别	单位及职务	先　进　称　号
2001—2002	黄照明	男	先丰村村委	上海市劳动模范
2001	陈佩华	男	长兴中心小学平安分校教师	上海市园丁奖
2001	蔡德忠	男	长兴中心小学党支部书记、校长	上海市家庭教育先进工作者
2001—2003	张玉祥	男	鼎丰村党支部书记	上海市劳动模范
2001—2003	王茂忠	男	个体户	上海市先进个体劳动者
2002.8	钮金娣	女	长兴乡经营管理站审计办	全国第二次基本单位普查上海市先进个人
2002	浦小花	女	石沙野生动物养殖场场长	上海市养殖能手
2002	浦小花	女	石沙野生动物养殖场场长	全国各族妇女“双学双比”女能手
2002	顾裕明	男	乡工会主席	2002年度上海市优秀工会工作者
2002	张玉新	男	马家港边防派出所	公安部边防局“二等功”
2003	张玉新	男	马家港边防派出所	公安部全国特级优秀人民警察
2003.1	钮金娣	女	长兴乡经营管理站审计办	全国第二次基本单位普查全国先进个人
2003	胡　均	男	先进村村主任	上海市先进村主任
2003	李志同	男	先丰村会计	上海市全国先进村组财会
2003	郑兆华	男	马家港边防派出所	上海市边防总队“三等功”
2004	邱锦颖	女	长兴中心小学教师	上海市园丁奖
2004	姜善琴	女	班长(民兵)	上海警备区海上民兵导弹连训练优秀学员
1986—2004	徐建飞等12人	男	义务兵(士兵)	三等功
2006	陈　斌	男	长兴镇人民政府信访办主任	2004—2005年度上海市先进信访干部
2007	倪选荣	男	长兴四兴公司经理	2004—2006年度上海市劳动模范
2007	樊小水	男	圆东村党支部书记	2004—2006年度上海市劳动模范
2010	胡　均	男	先进村党支部书记	2007—2009年度上海市劳动模范
2013	袁丽娟	女	长征村党支部书记	上海市“三八”红旗手(2011—2012年)

资料来自《长兴乡志》

编后记

历经一年的努力,《崛起的长兴岛——长兴岛的故事》一书终于和广大读者见面了。该书从不同的侧面阐述了长兴岛的过去、现在和未来。

长兴岛的沧桑巨变,有目共睹:从环洞舍、茅草房到漂亮舒适的楼房别墅;从泥涂灶、煤球炉到液化气、天然气、太阳能;从田埂小道烂泥路到宽敞整洁的柏油路、水泥路;从蜡烛火煤油灯到电气化、不夜天……特别是振华港机、江南船厂等世界级大企业上岛落户,浩瀚的青草沙水库建成供水,规模宏大的长江隧桥开通,以及规划建设国家一级渔港,打造"长江第一滩"等一个接一个重大项目的相继实施,这一切都昭示着一个社会主义的新长兴已经崛起。长兴岛,这个名不见经传的江口小岛将成为举世瞩目的海洋装备岛、生态水源岛、景观旅游岛。

常言道:一方水土养育一方人。长兴岛像一位圣洁的母亲,用自己的乳汁养育了一代又一代海岛儿女,今天,儿女们用浓重的笔墨为母亲著书立传,回报母亲的大爱,这是人类的天性使然。我们这些土生土长的长兴岛儿女自发著书立传,编写长兴岛的故事,倾诉热爱家乡之情,讴歌伟大的党和伟大的时代,弘扬海岛人民坚韧不拔的创业精神,这是我们编写此书的目的和意义。

使我们感到惭愧的是,《崛起的长兴岛——长兴岛的故事》一书有诸多不足,如编排的内容不够丰富,未能充分地展示长兴岛的发展历程与巨大成就;各类图片资料较少,直感效果差;还有某些文章似乎"草根"有余,文采不足等。对此我们谨向广大读者致歉。

尽管《崛起的长兴岛——长兴岛的故事》一书存在许多缺点与不足,但是编委们却并不因此而感觉太多的遗憾。因为他们都是年过花甲的退休老同志;因为他们也曾经为长兴岛的崛起努力奋斗过;因为他们在有生之年尽心尽力做了一件自己认为非常有意义的事情;毕竟他们永远是长兴岛的儿女。

《崛起的长兴岛》编委会

2014年8月

鸣谢

在我们编辑出版中,得到了一些单位和个人的支持,谨此表示感谢:

上海剑德建筑工程有限公司

上海中宜市政工程有限公司

上海进茂房地产经纪事务所

先进村袁永培

先进村费琢成